ser Protagonista

BIOLOGIA

CADERNO DE REVISÃO

BIOLOGIA
ENSINO MÉDIO

ORGANIZADORA
EDIÇÕES SM

Obra coletiva concebida, desenvolvida
e produzida por Edições SM.

São Paulo,
1ª edição 2014

Ser Protagonista Biologia – Caderno de Revisão
© Edições SM Ltda.
Todos os direitos reservados

Direção editorial	Juliane Matsubara Barroso
Gerência editorial	Angelo Stefanovits
Gerência de processos editoriais	Rosimeire Tada da Cunha
Colaboração	Adriano de Campos, Ana Carolina Ferrari, Sandra del Carlo, Sylene del Carlo Emerique, Thereza Cristina Pozzoli
Coordenação de edição	Ana Paula Landi, Cláudia Carvalho Neves
Edição	Talita de Cássia Glingani Sebrian
Assistência de produção editorial	Alzira Aparecida Bertholim Meana, Flávia Romancini Rossi Chaluppe, Silvana Siqueira
Preparação e revisão	Cláudia Rodrigues do Espírito Santo (Coord.), Izilda de Oliveira Pereira, Rosinei Aparecida Rodrigues Araujo, Valéria Cristina Borsanelli
Coordenação de *design*	Erika Tiemi Yamauchi Asato
Coordenação de arte	Ulisses Pires
Edição de arte	Melissa Steiner Rocha Antunes
Projeto gráfico	Erika Tiemi Yamauchi Asato
Capa	Alysson Ribeiro, Erika Tiemi Yamauchi Asato, Adilson Casarotti
Iconografia	Priscila Ferraz, Tatiana Lubarino Ferreira
Tratamento de imagem	Robson Mereu
Editoração eletrônica	Setup Bureau
Fabricação	Alexander Maeda
Impressão	A.R. Fernandez

Dados Internacionais de Catalogação na Publicação (CIP)
(Câmara Brasileira do Livro, SP, Brasil)

Ser protagonista : biologia : revisão : ensino
  médio, volume único / obra coletiva concebida,
  desenvolvida e produzida por Edições SM. —
  1. ed. — São Paulo : Edições SM, 2014. —
  (Coleção ser protagonista)

Bibliografia.
ISBN 978-85-418-0364-9 (aluno)
ISBN 978-85-418-0365-6 (professor)

1. Biologia (Ensino médio) I. Série.

14-00661   CDD-574.07

Índices para catálogo sistemático:
1. Biologia : Ensino médio 574.07

1ª edição, 2014

 Edições SM Ltda.
Rua Tenente Lycurgo Lopes da Cruz, 55
Água Branca 05036-120 São Paulo SP Brasil
Tel. 11 2111-7400
edicoessm@grupo-sm.com
www.edicoessm.com.br

Apresentação

Este livro, complementar à coleção *Ser Protagonista*, traz o conteúdo resumido dos principais tópicos que constituem o programa curricular do Ensino Médio.

Ele foi organizado sob a forma de temas seguidos de atividades, o que possibilita ao aluno fazer uma revisão criteriosa do que aprendeu e, ao mesmo tempo, aferir seu domínio dos assuntos por meio da realização de uma série de exercícios de vestibular selecionada com precisão para cada tema.

No final do livro, há um gabarito com respostas, para que o aluno possa conferir e corrigir os exercícios que realizou.

Edições SM

CONHEÇA SEU LIVRO

O *Ser Protagonista* **Revisão** retoma os conteúdos da disciplina e propõe a resolução de questões dos principais vestibulares do país.

Cada tema apresenta uma síntese dos principais conteúdos e conceitos estudados, proporcionando uma revisão do que foi estudado durante os três anos do Ensino Médio.

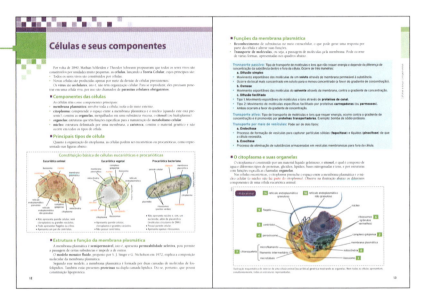

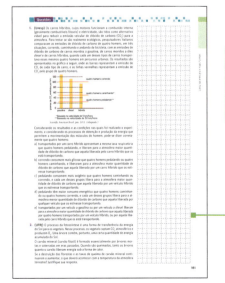

Relacionadas ao tema, questões de vestibulares de universidades de todo o Brasil contribuem para a compreensão e fixação dos conteúdos revisados.

Este espaço é destinado a resoluções de exercícios e anotações.

SUMÁRIO

- Seres vivos: características e constituição ... 06
- Principais teorias sobre a origem da vida ... 10
- Células e seus componentes ... 12
- Obtenção de energia pelas células ... 18
- Divisão celular, síntese de DNA, RNA e proteínas ... 22
- Ciclos de vida e reprodução humana ... 28
- Embriologia ... 34
- Tecido epitelial, pele e anexos ... 40
- Tecidos conjuntivos ... 44
- Tecidos muscular e nervoso ... 50
- Sistemática ... 54
- Vírus e bactérias ... 58
- Protoctistas e fungos ... 64
- Grupos de plantas ... 68
- Anatomia e morfologia das angiospermas ... 74
- Fisiologia vegetal ... 78
- Animais: poríferos, cnidários e moluscos ... 82
- Animais: platelmintos e nematoides ... 88
- Animais: anelídeos, artrópodes e equinodermos ... 92
- Animais: cordados ... 98
- Fisiologia humana I ... 104
- Fisiologia humana II ... 110
- Fisiologia humana III ... 114
- Genética I ... 120
- Genética II ... 124
- Genética III ... 130
- Biotecnologia ... 136
- Evolução e história da Terra ... 140
- Seleção e adaptação ... 146
- Genética de populações ... 150
- Ecologia ... 154
- Relações ecológicas e populações ... 160
- Biomas ... 166
- O ser humano e o ambiente ... 174
- Usos da energia e suas fontes ... 180
- Gabarito ... 182

Seres vivos: características e constituição

Características dos seres vivos

Os seres vivos apresentam diversas características que os diferenciam dos não vivos, como:

- São constituídos por **moléculas orgânicas** (açúcares, proteínas, gorduras e ácidos nucleicos) e **inorgânicas** (água e sais minerais).
- São formados por **células**, dentro das quais ocorrem reações químicas (**metabolismo**). Podem ser **unicelulares** ou **multicelulares**.
- Precisam de nutrientes, que obtêm pelo processo de **nutrição**. Esta pode ser **autotrófica** (como nos fotossintetizantes, que são capazes de produzir o próprio alimento) ou **heterotrófica** (como nos animais).
- Reagem a estímulos do ambiente, o que lhes permite manter o equilíbrio interno (ou **homeostase**).
- São capazes de se reproduzir, garantindo a continuidade da espécie.
- Ao longo de várias gerações, passam por mudanças que podem originar novas espécies (processo denominado **evolução**).

Níveis de organização

Os seres vivos apresentam diferentes níveis de organização. O nível **atômico** é representado pelos átomos, que constituem as **moléculas**. Estas formam **organelas**, estruturas com funções específicas presentes no interior das **células**.

As várias células, por sua vez, formam os **tecidos**, que se reúnem na constituição de **órgãos** com funções específicas. Os órgãos podem atuar em conjunto com outros órgãos, formando os **sistemas**.

Vários sistemas constituem um **organismo**. Organismos de uma mesma **espécie** que interagem entre si compõem uma **população**; e populações de diferentes espécies que vivem e interagem num mesmo espaço geográfico caracterizam uma **comunidade**.

Os **ecossistemas** abrangem interações entre as comunidades e os fatores não vivos de um espaço geográfico. Na categoria mais abrangente, temos a **biosfera**, conjunto de todos os ecossistemas do planeta.

Substâncias que constituem o organismo vivo

A **água** é o principal componente dos seres vivos (50% a 90% de um organismo) e tem grande importância para eles por algumas de suas propriedades:

- Dissolve inúmeras substâncias; por isso, é chamada de **solvente universal**.
- Sua molécula (H_2O) é **polar**, pois o átomo de oxigênio é parcialmente negativo, e os átomos de hidrogênio, parcialmente positivos, o que cria uma diferença de cargas elétricas (ou **polaridade**).
- Entre suas moléculas formam-se **ligações de hidrogênio**, que conferem à substância a propriedade de **coesão**, que, por sua vez, proporciona **tensão superficial** e **capilaridade** à água.

Além de água e sais minerais, os seres vivos são constituídos de substâncias em que predominam átomos de carbono (C), hidrogênio (H), oxigênio (O), nitrogênio (N), enxofre (S) e fósforo (P). Produzidas pelos próprios seres vivos, essas substâncias (chamadas de **substâncias orgânicas**) podem ser: carboidratos, lipídios, proteínas, vitaminas e ácidos nucleicos.

Carboidratos

Os **carboidratos** são a principal fonte de energia para os seres vivos. Também denominados hidratos de carbono, glicídios ou açúcares, sua fórmula genérica é $(CH_2O)_n$.

Eles podem se unir através da **ligação glicosídica** e também podem se associar a proteínas (**glicoproteínas**) ou aos lipídios (**glicolipídios**).

Monossacarídio é uma molécula de carboidrato com três a sete átomos de carbono. Dois monossacarídios unidos formam um dissacarídio, e vários, um polissacarídio.

A sacarose é um dissacarídio composto de glicose (à esquerda) e frutose (à direita).

Lipídios

Os **lipídios** são moléculas apolares, com baixa solubilidade em água, formadas por átomos de carbono, hidrogênio e oxigênio e, muitas vezes, fósforo, enxofre ou nitrogênio.

Os lipídios podem ser de diversos grupos: ácidos graxos, gorduras, ceras, esteroides e fosfolipídios, que apresentam distintas funções nos seres vivos.

Essas substâncias servem principalmente como reserva energética – em animais, no tecido adiposo; em vegetais, nos frutos e nas sementes –, além de constituírem as membranas celulares, os hormônios e as vitaminas.

Proteínas

As **proteínas** são formadas por **aminoácidos**, os quais podem ser de 20 tipos diferentes e se unem pelas chamadas ligações peptídicas.

Uma cadeia de diversos aminoácidos recebe o nome de **polipeptídio**. Uma proteína é formada por um ou mais polipeptídios, organizados em uma estrutura tridimensional.

Alguns aminoácidos não são produzidos pelo corpo; chamados de **aminoácidos essenciais**, eles são obtidos pela alimentação.

As proteínas têm funções diversas, como transporte de substâncias, contração muscular, entre outras.

Enzimas são proteínas que atuam como **catalisadores**, isto é, contribuem para o aumento da velocidade de reações químicas mas sem sofrer alterações no processo.

Elas têm ação específica, isto é, cada enzima atua em uma ou em poucas reações. Isso pode ser explicado pelo **modelo chave-fechadura**: a forma da enzima permite que ela se encaixe perfeitamente na molécula sobre a qual atua (chamada substrato).

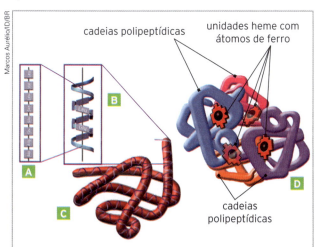

Representação das estruturas espaciais de uma proteína. **A – Estrutura primária**: a sequência de aminoácidos; **B – Estrutura secundária**: ligações entre aminoácidos conferem formato torcido à molécula; **C – Estrutura terciária**: a estrutura secundária sofre torções e dobra-se sobre si mesma; **D – Estrutura quaternária**: várias subunidades com estrutura terciária se unem, como na molécula de hemoglobina representada na figura. Cores-fantasia.

Se a estrutura (ou **forma nativa**) de uma proteína é alterada, a função dela se modifica. Mudanças de temperatura e pH podem **desnaturar** a proteína, isto é, alterar sua estrutura, fazendo-a perder sua função **irreversivelmente**.

Vitaminas

As **vitaminas** participam de vários processos metabólicos e podem estar ligadas a processos **antioxidantes** nas células. Sua falta no corpo causa **avitaminose**. Seu excesso causa **hipervitaminose**. Ambos são prejudiciais ao corpo.

Escorbuto, raquitismo, cegueira noturna e hemorragias são alguns exemplos de consequências de avitaminoses de vitaminas C, D, A e K, respectivamente.

Podem ser **hidrossolúveis**, como a vitamina C e as do complexo B, ou **lipossolúveis**, como as vitaminas A, D, E e K.

Sais minerais

Os **sais minerais** são substâncias inorgânicas fundamentais para os seres vivos: eles participam da estrutura do organismo e da regulação de processos orgânicos.

Em ambiente aquoso, geralmente estão na forma de íons, como os íons sódio (Na^+) e potássio (K^+), que atuam na transmissão de impulsos em células nervosas.

Grande parte dos sais minerais pode ser obtida de alimentos de origem vegetal, como frutas e verduras.

Os ácidos nucleicos

Existem dois tipos de **ácidos nucleicos**, o **DNA** (ácido desoxirribonucleico) e o **RNA** (ácido ribonucleico).

Os ácidos nucleicos são formados pela ligação de estruturas denominadas **nucleotídios**, que estão unidas por meio de **ligações fosfodiéster**. Cada nucleotídio é formado por um grupo fosfato, uma pentose e uma base nitrogenada.

Há cinco tipos de bases nitrogenadas: **adenina, guanina, citosina, timina e uracila**. A adenina e a guanina são **bases púricas**, ou purinas. Citosina, timina e uracila são **bases pirimídicas**, ou pirimidinas.

Principais características do RNA e do DNA

	RNA	DNA
Tipo de cadeia	Simples	Dupla As duas cadeias estão unidas por meio de ligações de hidrogênio entre pares de bases nitrogenadas. A dupla cadeia apresenta-se com forma helicoidal, chamada dupla-hélice.
Tipo de açúcar	Ribose	Desoxirribose
Bases nitrogenadas	Adenina, citosina, guanina e uracila	Adenina, citosina, guanina e timina Formam pares: A-T, C-G
Função	Regula a produção de proteínas	Codifica as informações genéticas

Assim como as proteínas, o DNA pode desnaturar quando submetido a elevadas temperaturas e extremos de pH, mas a **desnaturação**, neste caso, é **reversível**, ao contrário do que ocorre na desnaturação de proteínas.

Questões

1. (UFC-CE) As vitaminas foram descobertas há cerca de 100 anos e, a partir dos anos 80, invadiram as prateleiras das farmácias, na forma de suplementos vitamínicos, com dosagens acima das recomendadas pelas organizações de saúde, o que ainda hoje gera muita discussão sobre os benefícios ou malefícios que esse "banho" de vitaminas pode acarretar ao organismo. Contudo é relevante saber a importância das mesmas para a saúde e de quais fontes alimentícias podemos obtê-las.

Considere o quadro a seguir.

Vitamina	Sintoma de carência no organismo	Fontes alimentares
A	1	Fígado, leite, cenoura
B_1	2	Cereais integrais, carnes magras
C	3	Frutas cítricas
D	4	Peixe, leite, gema de ovo
K	5	Vegetais com folhas verdes, tomate

Assinale a alternativa que preenche corretamente o quadro anterior, substituindo, respectivamente, os números 1, 2, 3, 4 e 5 pelos sintomas causados devido à carência de cada vitamina no organismo.

a) Cegueira noturna, hemorragias, escorbuto, raquitismo e disfunção do sistema nervoso.
b) Escorbuto, cegueira noturna, raquitismo, disfunção do sistema nervoso e hemorragias.
c) Cegueira noturna, raquitismo, hemorragias, escorbuto e disfunção do sistema nervoso.
d) Disfunção do sistema nervoso, raquitismo, escorbuto, cegueira noturna e hemorragias.
e) Cegueira noturna, disfunção do sistema nervoso, escorbuto, raquitismo e hemorragias.

2. (PUC-PR) Os ácidos nucleicos são moléculas formadas pelo encadeamento de um grande número de unidades chamadas nucleotídeos. Cada nucleotídeo é formado por uma base nitrogenada, uma pentose e um radical fosfato.

Em relação às substâncias químicas que formam os nucleotídeos, considere as assertivas:

I. Existem cinco tipos principais de bases nitrogenadas: adenina (A), guanina (G), citosina (C), timina (T) e uracila (U).
II. A adenina e a guanina são bases pirimídicas por possuírem em comum um anel da substância conhecida como pirimidina.
III. O açúcar presente nos ácidos nucleicos pode ser a ribose ou desoxirribose.
IV. O RNA aparece associado à proteína nos cromossomos, possuindo filamento de nucleotídeos duplo.

Assinale a alternativa correta:
a) Apenas I está correta.
b) Apenas II e IV estão corretas.
c) Apenas I e III estão corretas.
d) Todas estão corretas.
e) Todas estão INCORRETAS.

3. (UFRGS-RS) Cinco amostras com ácidos nucleicos foram analisadas quimicamente e apresentaram os seguintes resultados:

I. 1ª amostra: ribose
II. 2ª amostra: timina

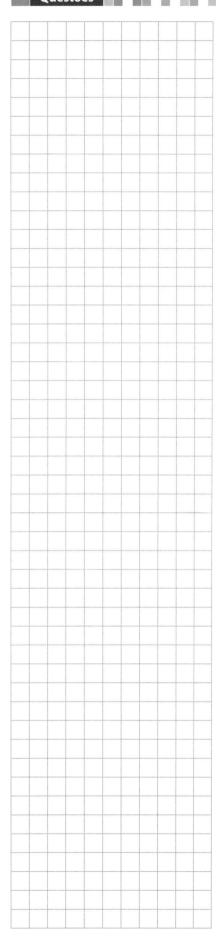

III. 3ª amostra: dupla-hélice

IV. 4ª amostra: uracila

V. 5ª amostra: 20% de guanina e 30% de citosina

Entre estas amostras, quais se referem a DNA?
a) Apenas I e II.
b) Apenas I e III.
c) Apenas II e III.
d) Apenas II e IV.
e) Apenas II e V.

4. (Fatec-SP) A alta ingestão de lipídios sempre foi associada ao desenvolvimento de doenças do sistema cardiovascular. Devido a esse fato, muitas pessoas reduzem drasticamente a ingestão desse importante macronutriente sem saber, muitas vezes, que eles são parte fundamental dos tecidos vivos e de diferentes etapas do nosso metabolismo.

No nosso organismo, podemos encontrar lipídios com papel estrutural e também regulatório, respectivamente:
a) nas membranas plasmáticas e nos hormônios.
b) na matriz óssea e nos adipócitos.
c) na bainha de mielina (neurônios) e no sangue (colesterol).
d) no citoplasma e no núcleo das células.
e) nos dentes e no músculo cardíaco.

5. (UFC-CE) Sobre as substâncias que compõem os seres vivos, é correto afirmar que [1]:
01. os carboidratos, os lipídios e as vitaminas são fontes de energia para os seres vivos.
02. a água é a substância encontrada em maior quantidade nos seres vivos.
04. além de sua função energética, os carboidratos estão presentes na formação de algumas estruturas dos seres vivos.
08. as gorduras constituem o principal componente estrutural dos seres vivos.
16. os seres vivos apresentam uma composição química mais complexa do que a matéria bruta, sendo formados por substâncias orgânicas, como as proteínas, os lipídios, os carboidratos, as vitaminas e os ácidos nucleicos.

Resposta: Soma (__)

6. (Fuvest-SP) Considere as seguintes características atribuídas aos seres vivos:

I. Os seres vivos são constituídos por uma ou mais células.

II. Os seres vivos têm material genético interpretado por um código universal.

III. Quando considerados como populações, os seres vivos se modificam ao longo do tempo.

Admitindo que possuir todas essas características seja requisito obrigatório para ser classificado como "ser vivo", é correto afirmar que:
a) os vírus e as bactérias são seres vivos, porque ambos preenchem os requisitos I, II e III.
b) os vírus e as bactérias não são seres vivos, porque ambos não preenchem o requisito I.
c) os vírus não são seres vivos, porque preenchem os requisitos II e III, mas não o requisito I.
d) os vírus não são seres vivos, porque preenchem o requisito III, mas não os requisitos I e II.
e) os vírus não são seres vivos, porque não preenchem os requisitos I, II e III.

---

[1] Dê como resposta a soma dos números associados às alternativas corretas.

Principais teorias sobre a origem da vida

A origem da vida na Terra tem sido explicada de formas diversas ao longo da história da humanidade, e ainda hoje existem diferentes hipóteses.

Abiogênese e biogênese

Na Antiguidade, alguns filósofos, como Aristóteles, defendiam que a vida podia se originar de substâncias ou materiais não vivos, como a lama. Até o século XVII prevaleceu a ideia de que os organismos também poderiam ser gerados espontaneamente a partir de alguns materiais e condições favoráveis, e não apenas pela reprodução, teoria que recebeu o nome de **abiogênese** ou **geração espontânea**.

A teoria da abiogênese começou a ser seriamente contestada quando, em meados de 1600, o italiano Francesco Redi demonstrou por meio de experimentos que larvas de moscas não se originavam espontaneamente de pedaços de carne, como se pensava.

Por volta de 1860, o químico e pesquisador francês Louis Pasteur realizou experimentos com o intuito de derrubar a teoria da geração espontânea. Pasteur ferveu caldo de carne em frascos de vidro de gargalo alongado (os frascos de "pescoço de cisne"), que permitem a passagem de ar, mas impedem a entrada de microrganismos. Semanas depois, ele constatou que não havia surgido microrganismos em nenhum dos frascos.

Posteriormente, ele quebrou o gargalo de um dos frascos e verificou que, após alguns dias, apareciam microrganismos no caldo nutritivo (mas não nos frascos cujo gargalo continuava intacto), provando que os microrganismos que contaminaram o caldo estavam no ar e que a matéria orgânica esterilizada era incapaz de gerar novos organismos.

Experimentos, como os de Redi e Pasteur, forneceram evidências suficientemente fortes de que os seres vivos são gerados apenas por meio da reprodução de outros indivíduos. Essa teoria é chamada de **biogênese** e passou a ser amplamente aceita a partir do século XIX.

Surgiu uma nova questão para a ciência: se os seres vivos não são gerados pela matéria inanimada, como teria surgido a vida na Terra? Atualmente duas hipóteses são as mais aceitas: a **teoria da evolução química** e a **teoria da panspermia**.

Teoria da evolução química

Também conhecida como **teoria da evolução molecular**, foi proposta por Thomas Huxley, no século XIX, e retomada por Aleksandr Oparin e J. Haldane na década de 1920. A teoria considera que moléculas orgânicas teriam se formado de moléculas inorgânicas da atmosfera primitiva da Terra.

Estas teriam se acumulado nos oceanos e dado origem a moléculas mais complexas, que teriam formado estruturas dotadas de propriedades fundamentais para a vida: a **individualidade**, que é a capacidade de isolar-se do meio externo, favorecendo a ocorrência de reações químicas (ou **metabolismo**), e a **capacidade de duplicação**.

Em 1953, Stanley Miller e Harold Urey construíram um aparelho que reproduzia as condições da Terra primitiva. Após uma semana foi constatada a presença de substâncias orgânicas, entre elas, aminoácidos, num forte indício da validade dessa teoria.

Panspermia

Em 1865, o biólogo alemão Hermann Richter propôs que "germes de vida", que estariam dispersos no cosmo, poderiam ter chegado à Terra no interior de meteoritos, protegidos das bruscas mudanças de temperatura e das radiações letais do espaço.

Recentemente, com as descobertas de moléculas orgânicas em meteoritos, cometas e outros corpos celestes, essa hipótese ganhou nova força.

Os primeiros seres vivos

Segundo a **hipótese heterotrófica**, os organismos primordiais alimentavam-se de moléculas orgânicas e inorgânicas presentes no ambiente e obtinham energia por processos simples, como a **fermentação** (como certas bactérias e fungos atuais), que não necessitam do gás oxigênio.

Já para a **hipótese autotrófica**, mais aceita atualmente, os primeiros seres vivos seriam capazes de produzir as moléculas utilizadas em sua alimentação e obtinham energia por meio de **quimiossíntese**: síntese de moléculas orgânicas a partir de reações químicas diversas, sem a utilização do gás oxigênio e da energia luminosa. Atualmente, se conhecem bactérias quimiossintetizantes.

A **hipótese endossimbiôntica**, proposta por Lynn Margulis, procura explicar a origem das mitocôndrias e dos cloroplastos, organelas celulares que teriam surgido de bactérias fagocitadas por células maiores e que teriam mantido uma relação de simbiose com essas células, transformando-se ao longo da evolução. Uma das evidências disso é o fato de mitocôndrias e cloroplastos atuais apresentarem material genético próprio e serem capazes de replicação e síntese proteica.

Questões

1. (UFRGS-RS) A coluna da esquerda, a seguir, apresenta o nome de teorias sobre a evolução da vida na Terra; a da direita, afirmações relacionadas a três dessas teorias.

Associe adequadamente a coluna da direita à da esquerda.

1 – Abiogênese
2 – Biogênese
3 – Panspermia
4 – Evolução química
5 – Hipótese autotrófica

( ) Os primeiros seres vivos utilizaram compostos inorgânicos da crosta terrestre para produzir suas substâncias alimentares.
( ) A vida na Terra surgiu a partir de matéria proveniente do espaço cósmico.
( ) Um ser vivo só se origina de outro ser vivo.

A sequência correta de preenchimento dos parênteses, de cima para baixo, é:
a) 4-2-1.
b) 4-3-2.
c) 1-2-4.
d) 5-1-3.
e) 5-3-2.

2. (Fatec-SP) Oparin acreditou que a vida na Terra poderia ter surgido a partir de substâncias orgânicas formadas por combinação de moléculas, como metano, amônia, hidrogênio e vapor de água, presentes na atmosfera primitiva de nosso planeta. Depois teriam ocorrido a síntese proteica nos mares, a formação de coacervados e o surgimento das primeiras células.

Levando-se em conta os processos de formação e as maneiras de utilização dos gases oxigênio e dióxido de carbono, a sequência mais provável dos primeiros seres vivos na Terra é a de organismos:
a) heterótrofos anaeróbicos/autótrofos/heterótrofos aeróbicos.
b) heterótrofos anaeróbicos/heterótrofos aeróbicos/autótrofos.
c) heterótrofos aeróbicos/autótrofos/heterótrofos anaeróbicos.
d) autótrofos/heterótrofos anaeróbicos/heterótrofos aeróbicos.
e) autótrofos/heterótrofos aeróbicos/heterótrofos anaeróbicos.

3. (Unicamp-SP) Em 1953, Miller e Urey realizaram experimentos simulando as condições da Terra primitiva: supostamente altas temperaturas e atmosfera composta pelos gases metano, amônia, hidrogênio e vapor-d'água, sujeita a descargas elétricas intensas. A figura a seguir representa o aparato utilizado por Miller e Urey em seus experimentos.

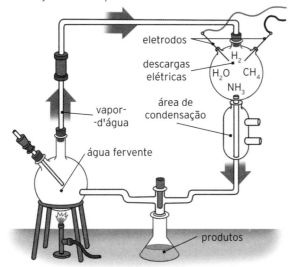

a) Qual a hipótese testada por Miller e Urey neste experimento?
b) Cite um produto obtido que confirmou a hipótese.
c) Como se explica que o O_2 tenha surgido posteriormente na atmosfera?

Células e seus componentes

Por volta de 1840, Mathias Schleiden e Theodor Schwann propuseram que todos os seres vivos são constituídos por unidades muito pequenas, as **células**, lançando a **Teoria Celular**, cujos princípios são:
- Todos os seres vivos são constituídos por células.
- Novas células são produzidas apenas por meio da divisão de células preexistentes.

Os **vírus** são **acelulares**, isto é, não têm organização celular. Para se reproduzir, eles precisam penetrar em uma célula viva, por isso são chamados de **parasitas celulares obrigatórios**.

■ Componentes das células

As células têm como componentes principais:
- **membrana plasmática:** envolve toda a célula; isola-a do meio externo.
- **citoplasma:** compreende o espaço entre a membrana plasmática e o núcleo (quando este está presente); contém as **organelas**, mergulhadas em uma substância viscosa, o **citosol** (ou hialoplasma).
- **organelas:** estruturas que têm funções específicas para a manutenção do **metabolismo celular**.
- **núcleo:** estrutura delimitada por uma membrana, a **carioteca**; contém o material genético e não ocorre em todos os tipos de célula.

■ Principais tipos de célula

Quanto à organização do citoplasma, as células podem ser eucarióticas ou procarióticas, como representado nas figuras abaixo.

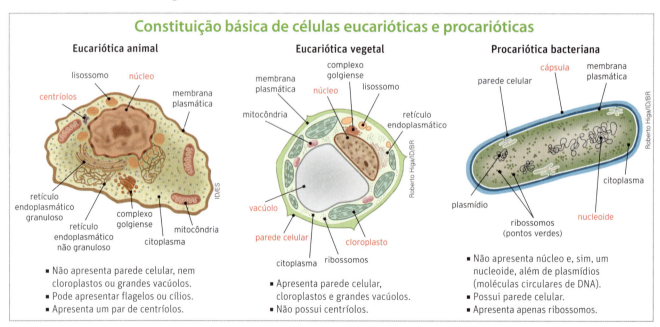

■ Estrutura e função da membrana plasmática

A membrana plasmática é **semipermeável**, isto é, apresenta **permeabilidade seletiva**, pois permite a passagem de certas substâncias e impede a de outras.

O **modelo mosaico fluido**, proposto por S. J. Singer e G. Nicholson em 1972, explica a composição molecular da membrana plasmática.

Segundo esse modelo, a membrana plasmática é formada por duas camadas de moléculas de fosfolipídios. Também estão presentes **proteínas** na dupla camada lipídica. Diz-se, portanto, que possui constituição lipoproteica.

Funções da membrana plasmática

- **Reconhecimento** de substâncias no meio extracelular, o que pode gerar uma resposta por parte da célula e alterar suas funções.
- **Transporte de moléculas**, ou seja, a passagem de moléculas pela membrana. Pode ocorrer de várias formas, apresentadas nos quadros abaixo.

Transporte passivo: Tipo de transporte de moléculas e íons que não requer energia e depende da diferença de concentração da substância dentro e fora da célula. Ocorre de três maneiras:

  a. Difusão simples
- Movimento espontâneo das moléculas de um **soluto** através de membrana permeável à substância.
- Ocorre do local mais concentrado em soluto para o menos concentrado (a favor do gradiente de concentração).

  b. Osmose
- Movimento espontâneo das moléculas do **solvente** através da membrana, contra o gradiente de concentração.

  c. Difusão facilitada
- Tipo 1: Movimento espontâneo de moléculas e íons através de **proteínas de canal**.
- Tipo 2: Movimento de moléculas específicas facilitado por proteínas **carregadoras** (ou **permeases**).
- Ambos ocorrem a favor do gradiente de concentração.

Transporte ativo: Tipo de transporte de moléculas e íons que requer energia, ocorre contra o gradiente de concentração e é promovido por **proteínas transportadoras**. Exemplo: bomba de sódio-potássio.

Transporte por meio de vesículas: Pode ser de dois tipos:

  a. Endocitose
- Processo de formação de vesículas para capturar partículas sólidas (**fagocitose**) e líquidos (**pinocitose**) de que a célula necessita.

  b. Exocitose
- Processo de eliminação de substâncias armazenadas em vesículas membranosas para fora da célula.

O citoplasma e suas organelas

O citoplasma é constituído por um material líquido gelatinoso, o **citosol**, o qual é composto de água e diferentes tipos de proteínas, glicídios, lipídios, bases nitrogenadas e íons, e por estruturas com funções específicas chamadas **organelas**.

Nas células eucarióticas, o citoplasma preenche o espaço entre a membrana plasmática e o núcleo celular (o núcleo não faz parte do citoplasma). Observe na ilustração abaixo os diferentes componentes de uma célula eucariótica animal.

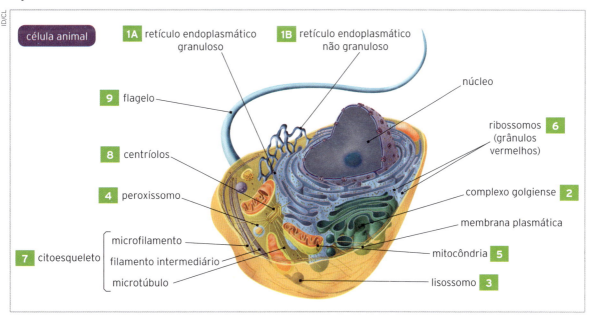

Ilustração esquemática do interior de uma célula animal (eucariótica) genérica mostrando as organelas. Nem todas as células apresentam, simultaneamente, todas as estruturas representadas.

Organelas das células eucarióticas
Retículo endoplasmático (RE): é composto de tubos, canais e bolsas interconectadas, se estendendo desde a membrana plasmática até a carioteca. Pode ser granuloso ou não granuloso de acordo, respectivamente, com a presença ou a ausência de ribossomos aderidos à sua membrana. **1A Retículo endoplasmático granuloso (REG):** produz proteínas que desempenham papel tanto dentro como fora da célula. Exemplo: enzimas digestivas do organismo humano. **1B Retículo endoplasmático não granuloso (RENG):** sintetiza lipídios e esteroides.
2 Complexo golgiense (CG): é formado por um conjunto de bolsas achatadas. Recebe as proteínas sintetizadas no REG, carregadas pelas **vesículas transportadoras**. Sintetiza polissacarídios. Produz os **lisossomos**.
3 Lisossomos: são vesículas produzidas pelo CG, que contêm enzimas digestivas (**hidrolases ácidas**). São responsáveis pela digestão intracelular.
4 Peroxissomos: têm aspecto semelhante ao lisossomo, mas diferem no conteúdo. Contêm enzimas chamadas **oxidases**. Decompõem moléculas orgânicas, como aminoácidos e lipídios, produzindo **peróxido de hidrogênio**, que neutraliza substâncias tóxicas à célula, como o álcool. Em seguida, o peróxido de hidrogênio é degradado por outra enzima, a **catalase**.
5 Mitocôndrias: possuem duas membranas, uma interna e outra externa. As dobras da membrana interna formam as **cristas mitocondriais**. O interior é preenchido pela **matriz mitocondrial**, líquido viscoso que contém RNA, DNA, ribossomos, enzimas e íons. São responsáveis pela respiração celular, processo que produz ATP, molécula que armazena energia.
6 Ribossomos: corpúsculos constituídos por RNA ribossômico e proteínas, responsáveis pela síntese proteica.
7 Citoesqueleto: é uma rede de proteínas organizadas em microtúbulos, microfilamentos e filamentos intermediários. Desempenha função estrutural, conferindo forma à célula e evitando o rompimento da membrana plasmática. Promove vários tipos de movimento, como o de contração das células musculares, o ameboide, o dos cílios e dos flagelos e a ciclose, que desloca as organelas pelo citoplasma.
8 Centríolos: são estruturas cilíndricas formadas por microtúbulos. Atuam na divisão celular.
9 Flagelos: longos e pouco numerosos, permitem a locomoção das células em meio líquido, como nos espermatozoides e nos protozoários. **Cílios:** curtos e numerosos.
Plastos: presentes apenas em células vegetais. Principais tipos: – **Leucoplastos:** sem pigmentos, sintetizam e armazenam substâncias de reserva. – **Cloroplastos:** contêm clorofila, um pigmento verde. Realizam a **fotossíntese**.
Vacúolos: são vesículas preenchidas por solução aquosa. Estão presentes nas células vegetais, onde ocupam grande parte do citoplasma. Participam da digestão intracelular e do equilíbrio osmótico da célula. Armazenam substâncias úteis ou tóxicas.

Cromossomos

Durante a divisão celular, a cromatina encontra-se altamente condensada, constituindo os **cromossomos**. Nessa situação, o material genético está duplicado, portanto os cromossomos apresentam duas **cromátides** unidas pelo **centrômero**.

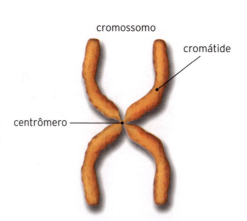

Cromossomos na espécie humana

Os gametas humanos (óvulos e espermatozoides) possuem 23 cromossomos diferentes entre si.

Na fecundação, os 23 cromossomos do espermatozoide se reúnem aos 23 cromossomos do gameta feminino formando um zigoto com **23 pares** de cromossomos, chamados **cromossomos homólogos**.

As células que apresentam dois conjuntos de cromossomos são chamadas de **diploides (2n)** ou células **somáticas.** As células que apresentam apenas um conjunto de cromossomos, como os gametas, são chamadas de células **haploides (n)**.

Cariótipo humano

O conjunto de cromossomos de uma célula chama-se cariótipo. O cariótipo humano é formado por 22 pares de cromossomos (chamados **autossomos**), que estão presentes nas células de mulheres e de homens, e um par de **cromossomos sexuais**.

Os cromossomos sexuais são de dois tipos: X e Y. O par XX determina o sexo feminino e o XY, o sexo masculino.

■ Núcleo celular

O núcleo é a estrutura celular presente nas células eucarióticas que contém o material genético e o mantém separado do citoplasma. Ele comanda a síntese de proteínas, que ocorre no citoplasma, e controla a atividade celular.

São estruturas presentes no núcleo:

Cromatina

A **cromatina** é o conjunto formado por DNA e proteínas chamadas **histonas**; pode ser classificada em dois tipos:
- **Heterocromatina:** regiões da cromatina que permanecem constantemente condensadas.
- **Eucromatina:** é a maior parte da cromatina e constitui-se de regiões que se descondensam quando o material genético é expressado.

Carioteca

A carioteca é a estrutura que delimita o núcleo e separa o seu conteúdo do citosol. Ela é formada por duas membranas justapostas, com um espaço interno.

A carioteca apresenta **poros** circundados por uma estrutura proteica que atua na seleção das substâncias que entram ou saem do núcleo.

Nucléolo

O nucléolo é uma região intensamente corada, próxima à carioteca, constituída de RNA ribossômico e proteínas.

Nucleoplasma

O nucleoplasma é o meio onde está mergulhado o conteúdo do núcleo: filamentos de cromatina, proteínas ribossômicas, moléculas de ATP, nucleotídios, íons, etc.

Material genético

O material genético presente no núcleo celular de eucariotos é composto de longos filamentos de DNA condensados e associados a proteínas.

Questões

1. (UEL-PR) Na tabela, a seguir, estão assinaladas a presença (+) ou a ausência (−) de alguns componentes encontrados em quatro diferentes tipos celulares (A, B, C e D).

	Tipos celulares			
Componentes	A	B	C	D
envoltório nuclear	+	−	+	−
ribossomos	+	+	+	+
mitocôndrias	+	−	+	−
clorofila	−	+	+	−
retículo endoplasmático	+	−	+	−

Os tipos celulares A, B, C e D pertencem, respectivamente, a organismos:
a) procarioto heterótrofo, eucarioto heterótrofo, procarioto autótrofo e eucarioto autótrofo.
b) procarioto autótrofo, eucarioto autótrofo, eucarioto heterótrofo e procarioto heterótrofo.
c) eucarioto heterótrofo, procarioto heterótrofo, procarioto autótrofo e eucarioto autótrofo.
d) eucarioto autótrofo, procarioto autótrofo, eucarioto heterótrofo e procarioto heterótrofo.
e) eucarioto heterótrofo, procarioto autótrofo, eucarioto autótrofo e procarioto heterótrofo.

2. (EEWB-MG) A Teoria da Endossimbiose, criada por Lynn Margulis em 1970, propõe que as organelas que compõem as células eucarióticas tenham surgido como consequência de uma associação simbiótica estável entre organismos. Mais especificamente, esta teoria postula que os cloroplastos e as mitocôndrias têm origem num procarionte autotrófico que viveu em simbiose dentro de outro organismo, também unicelular, obtendo proteção e fornecendo ao hospedeiro a energia necessária para as atividades metabólicas. Deste modo, a célula eucariótica atual seria uma quimera formada por três genomas: o nuclear, o cloroplastidial e o mitocondrial. Sendo assim, podemos concluir que a teoria da endossimbiose propõe uma explicação para:
a) o surgimento da célula procarionte.
b) o surgimento dos autótrofos.
c) o surgimento dos heterótrofos.
d) o surgimento da célula eucarionte.

3. (Uerj) No fígado, o transporte de glicose é realizado por difusão passiva mediada por proteínas transportadoras da membrana plasmática.

Em um experimento, cuja base consistiu em cultivar células hepáticas em um meio adequado, foram seguidos os seguintes passos:
- adicionar ao meio de cultivo uma concentração de glicose suficiente para manter, já no primeiro minuto, seu transportador saturado;
- medir, a partir do primeiro minuto de incubação, a velocidade V do transporte de glicose para o interior dos hepatócitos;
- bloquear, após três minutos de incubação, o metabolismo da glicose já absorvida, por meio da adição de um inibidor da enzima glicoquinase.

Nos gráficos a seguir, os valores de V são medidos em função do tempo de incubação:

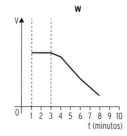
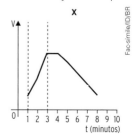

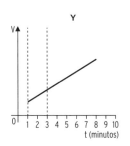
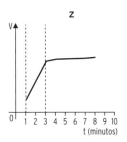

O resultado do experimento descrito está representado na curva do gráfico indicado por:
a) W.
b) X.
c) Y.
d) Z.

4. (Fuvest-SP) Quando afirmamos que o metabolismo da célula é controlado pelo núcleo celular, isso significa que:
a) todas as reações metabólicas são catalisadas por moléculas e componentes nucleares.
b) o núcleo produz moléculas que, no citoplasma, promovem a síntese de enzimas catalisadoras das reações metabólicas.
c) o núcleo produz e envia, para todas as partes da célula, moléculas que catalisam as reações metabólicas.
d) dentro do núcleo, moléculas sintetizam enzimas catalisadoras das reações metabólicas.
e) o conteúdo do núcleo passa para o citoplasma e atua diretamente nas funções celulares, catalisando as reações metabólicas.

5. (Udesc) As células dos seres vivos são recobertas por uma finíssima película denominada membrana plasmática. Ela apresenta cerca de 7,5 nanômetros de espessura, não sendo possível a sua visualização em microscópio ótico. Entre as suas funções estão a de proteção e reconhecimento celular, e a de transporte de substâncias para dentro e fora da célula.
a) Identifique e nomeie as estruturas indicadas pelas letras A, B e C, na figura abaixo.

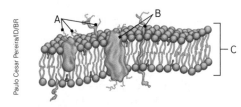

AMABIS, J. M.; MARTHO, G. R. *Conceitos de Biologia*. São Paulo: Moderna, 2001.

b) Diferencie transporte ativo de transporte passivo.
c) Explique o mecanismo da osmose.

6. (Unicamp-SP) Suponha que as células de um tecido foram fragmentadas, separando-se um tipo de organela em cinco tubos de ensaio. Em seguida, alguns componentes químicos de três tubos foram identificados, como especificado a seguir.

Tubo I – Grande quantidade de DNA e RNA; proteínas histônicas e proteínas de membrana.

Tubo II – Fosfolipídeos; proteínas de membrana, RNA ribossômico e proteína de ribossomos.

Tubo III – Fosfolipídeos; proteínas de membrana e clorofila.

a) Qual é a organela presente em cada um dos três tubos?
b) Cite outro componente químico que poderia ter sido encontrado no tubo III.
c) Cite duas organelas que poderiam ter sido encontradas nos tubos IV e V, indicando um componente químico característico de cada uma delas.

Obtenção de energia pelas células

■ Respiração celular aeróbia

Os seres vivos obtêm dos alimentos a energia necessária para a sobrevivência. A energia contida nessas moléculas é liberada gradualmente por meio de processos químicos e é armazenada em uma molécula especial, o **trifosfato de adenosina** ou, simplesmente, **ATP**.

A **respiração celular aeróbia** é o processo utilizado pela maioria dos seres vivos para obter energia a partir da glicose. Veja os principais tópicos sobre esse processo:

- É um processo de oxidação, no qual o gás oxigênio atua como oxidante.
- Pode ser resumido pela equação:

$$C_6H_{12}O_6 + 6\,O_2 \longrightarrow 6\,CO_2 + 6\,H_2O + \text{ENERGIA}$$

- Durante a respiração aeróbia, uma molécula de glicose gera 38 moléculas de ATP.
- A respiração aeróbia ocorre em três etapas: **glicólise**, **ciclo de Krebs** e **cadeia respiratória** (ou **cadeia transportadora de elétrons**).
- A partir de uma molécula de glicose, a glicólise e o ciclo de Krebs produzem 2 ATP cada um e geram 10 moléculas de NADH e 2 de $FADH_2$, que são moléculas com elétrons altamente energizados.
- Na cadeia respiratória, ocorre a síntese de 34 moléculas de ATP.

Glicólise

É uma fase anaeróbia (não há participação de gás oxigênio, que pode ou não estar presente). Ela ocorre no citosol.

Na glicólise, uma molécula de glicose ($C_6H_{12}O_6$) é quebrada e transformada em duas moléculas de **ácido pirúvico** ($C_3H_4O_3$) e duas de água.

Ciclo de Krebs ou ciclo do ácido cítrico

O ciclo de Krebs inicia a fase aeróbia, momento em que a presença do gás oxigênio é obrigatória. Ocorre na matriz mitocondrial.

Cada molécula de ácido pirúvico produzida na glicólise entra na matriz mitocondrial e se transforma em **Acetil-CoA**. Nessa etapa são produzidos CO_2 e NADH.

A **Acetil-CoA** une-se a uma molécula de **ácido oxalacético**, formando **ácido cítrico**.

O ácido cítrico inicia um ciclo de reações oxidativas do qual participam enzimas catalisadoras, transformando-o novamente em ácido oxalacético e fechando o ciclo.

Cadeia respiratória

As moléculas de NADH e de $FADH_2$, produzidas na glicólise e no ciclo de Krebs, são capturadas por complexos proteicos localizados nas **cristas mitocondriais**, que contêm, também, proteínas capazes de capturar elétrons, chamadas **citocromos**.

Ao final, os elétrons são capturados por moléculas de oxigênio, produzindo água.

$$2\,e^- + 2\,H^+ + \tfrac{1}{2}\,O_2 \longrightarrow H_2O$$

A energia liberada pelos elétrons ao passar pelos citocromos bombeia íons H^+ da matriz para o espaço entre as duas membranas da mitocôndria.

Ao voltar para a matriz, os íons H^+ passam por um complexo proteico, a **ATP sintetase**, que produz ATP.

As reações da cadeia respiratória são chamadas também de **fosforilação oxidativa**.

■ Fermentação

Os seres vivos podem obter energia de processos químicos que degradam os alimentos sem utilizar **gás oxigênio**. O principal desses processos anaeróbios é a **fermentação**, mais simples e menos eficiente que a respiração celular. O rendimento energético da fermentação de uma molécula de glicose é de apenas duas moléculas de ATP.

Todas as etapas da fermentação ocorrem no citosol. A etapa inicial é a glicólise. Na etapa seguinte, dependendo do organismo que realiza a fermentação, o ácido pirúvico pode ser transformado em ácido lático (fermentação lática), álcool etílico (fermentação alcoólica) ou ácido acético (fermentação acética).

Fermentação acética

A fermentação acética é realizada por bactérias dos gêneros *Acetobacter* e *Acetomonas*, que transformam o álcool etílico, e não a glicose, em ácido acético. Esse processo é utilizado na fabricação do vinagre, produzido a partir de vinho ou suco de uva.

■ Fotossíntese

A **fotossíntese** é o processo que transforma a energia luminosa do Sol em energia química armazenada nas moléculas de glicose. A glicose produzida pela fotossíntese está na base de diversas cadeias alimentares. Esse processo também libera gás oxigênio, essencial aos organismos aeróbios.

A fotossíntese é realizada pela maioria das plantas (com exceção de algumas espécies parasitas), pelas algas e por algumas bactérias. Nas células eucarióticas, a fotossíntese ocorre nos **cloroplastos** – organelas citoplasmáticas que contêm **clorofila**. A clorofila é o principal pigmento fotossintetizante: ela absorve a energia luminosa e dá início às reações que levam à produção de glicose.

O processo compreende um conjunto de reações químicas que transforma gás carbônico e água em glicose e gás oxigênio. A equação geral da fotossíntese é:

$$12\ H_2O + 6\ CO_2 \xrightarrow{luz} C_6H_{12}O_6 + 6\ H_2O + 6\ O_2$$

As reações da fotossíntese ocorrem em duas etapas:
- A **etapa fotoquímica** ou fase clara só ocorre na presença da luz.
- A **etapa química**, também chamada fase escura, ocorre na presença ou na ausência de luz, mas depende dos produtos das reações da fase clara.

Etapa fotoquímica

Ocorre nos tilacoides dos cloroplatos. Em presença de luz, a molécula de água é quebrada – **fotólise da água** –, liberando átomos de oxigênio.

Nessa etapa também ocorre a **fotofosforilação**, isto é, a síntese de ATP a partir da luz. A energia luminosa é captada pela clorofila e convertida em energia química, armazenada em moléculas de ATP.

A fotofosforilação pode ser acíclica ou cíclica.

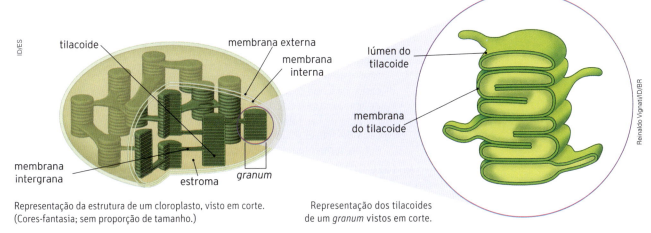

Representação da estrutura de um cloroplasto, visto em corte. (Cores-fantasia; sem proporção de tamanho.)

Representação dos tilacoides de um *granum* vistos em corte.

Etapa química

Essa etapa ocorre no **estroma** e depende da ação de enzimas que realizam a **fixação do carbono**.

A etapa química envolve uma sequência cíclica de reações, chamada de ciclo de **Calvin-Benson** ou **ciclo das pentoses**, e produz moléculas de glicose. Parte dessas moléculas é utilizada pelas mitocôndrias da célula vegetal na respiração celular e outra parte é transformada em outros carboidratos, como sacarose ou amido.

■ Quimiossíntese

A **quimiossíntese** é um processo biológico que produz glicose a partir de gás carbônico e água. A energia utilizada nesse processo não vem da luz, mas de reações químicas que oxidam compostos inorgânicos do ambiente, como o ferro (Fe), o ácido sulfídrico (H_2S), o íon amônio (NH_4^+) e o nitrito (NO_2^-).

Esse processo é realizado por certas bactérias e arqueas (procariontes que vivem sob condições extremas) autótrofas, denominadas **quimiossintetizantes**.

Questões

1. **(UFRGS-RS)** Assinale a alternativa que preenche corretamente as lacunas do enunciado abaixo, na ordem em que aparecem.

   A fermentação é um processo utilizado por diferentes organismos para obtenção de energia. Ela pode ser láctica ou alcoólica. Na fermentação _____, realizada por _____, ocorre a formação de _____ e _____.
   a) láctica – bactérias – ácido láctico – CO_2.
   b) alcoólica – leveduras – etanol – CO_2.
   c) alcoólica – bactérias – etanol – ácido pirúvico.
   d) láctica – leveduras – ácido láctico – ácido pirúvico.
   e) láctica – bactérias – ácido pirúvico – CO_2.

2. **(UFU-MG)** Após correr uma maratona, os atletas sentem dores e uma sensação de queimação nos músculos, causadas pelo esforço físico intenso e pelo acúmulo de grandes quantidades de uma certa substância nas células musculares. Com relação ao descrito, considere as afirmativas a seguir.
   I. A dor é causada pelo excesso de ATP, produzido pela respiração celular.
   II. Devido à intensa atividade física desenvolvida, os músculos recebem quantidade insuficiente de O_2 e realizam fermentação.
   III. A produção de ácido lático, responsável pelas dores e a queimação nos músculos, durante a fermentação, acontece no citosol das células musculares.
   Marque a alternativa correta.
   a) II e III são corretas.
   b) I e III são corretas.
   c) I e II são corretas.
   d) Apenas I é correta.

3. **(Fuvest-SP)** A cana-de-açúcar é importante matéria-prima para a produção de etanol. A energia contida na molécula de etanol e liberada na sua combustão foi:
   a) captada da luz solar pela cana-de-açúcar, armazenada na molécula de glicose produzida por fungos no processo de fermentação e, posteriormente, transferida para a molécula de etanol.
   b) obtida por meio do processo de fermentação realizado pela cana-de-açúcar e, posteriormente, incorporada à molécula de etanol na cadeia respiratória de fungos.
   c) captada da luz solar pela cana-de-açúcar, por meio do processo de fotossíntese, e armazenada na molécula de clorofila, que foi fermentada por fungos.
   d) obtida na forma de ATP no processo de respiração celular da cana-de-açúcar e armazenada na molécula de glicose, que foi, posteriormente, fermentada por fungos.
   e) captada da luz solar por meio do processo de fotossíntese realizado pela cana-de-açúcar e armazenada na molécula de glicose, que foi, posteriormente, fermentada por fungos.

4. **(UEG-GO)** A fase anaeróbica da respiração ocorre no citosol da célula, na ausência de oxigênio, sendo constituída pela formação de duas moléculas de ácido pirúvico e liberação de duas moléculas de ATP a partir da glicólise. Já a fase aeróbica ocorre nas mitocôndrias, em presença de oxigênio, sendo dividida nas sequências de reações do ciclo de Krebs e na cadeia respiratória. Em relação ao processo de respiração, é INCORRETO afirmar:
   a) Em procariotos, mesmo na presença de oxigênio, o processo de respiração é ineficiente em virtude da falta de algumas enzimas mitocondriais.
   b) Na ausência de oxigênio, o metabolismo pode ser desviado para a fermentação, pois, apesar de a glicólise não ser dependente de oxigênio, o ciclo de Krebs e a cadeia respiratória o são.
   c) Na ausência de glicose, outros compostos orgânicos como lipídios e proteínas podem ser utilizados para síntese de acetil-CoA.
   d) A cadeia respiratória ocorre nas cristas mitocondriais e envolve o aproveitamento dos $NADH_2$ e $FADH_2$ obtidos no final do ciclo de Krebs.

5. **(Unesp)** Paulo considerou incoerente afirmar que as plantas promovem o sequestro de carbono pois, quando respiram, as plantas liberam CO_2 para a atmosfera. Consultando seu professor, Paulo foi informado de que a afirmação é:
   a) correta. O tempo durante o qual as plantas respiram é menor que aquele durante o qual realizam a fotossíntese, o que garante que consumam mais CO_2 atmosférico que aquele liberado.
   b) correta. O tempo durante o qual as plantas respiram é o mesmo que aquele durante o qual realizam a fotossíntese, contudo, a taxa fotossintética é maior que a taxa de respiração, o que garante que consumam mais CO_2 atmosférico que aquele liberado.

c) correta. Embora as plantas respirem por mais tempo que aquele empregado na fotossíntese, esta permite que as plantas retenham o carbono que é utilizado na constituição de seus tecidos.
d) incorreta. As plantas acumulam carbono apenas durante seu crescimento. Em sua fase adulta, o tempo durante o qual respiram é maior que aquele durante o qual realizam fotossíntese, o que provoca a reintrodução na atmosfera de todo CO_2 que havia sido incorporado.
e) incorreta. Além de a respiração e a fotossíntese ocorrerem em momentos diferentes e não coincidentes, o volume de CO_2 liberado pela respiração é o mesmo que o volume de CO_2 atmosférico consumido pela fotossíntese.

6. (UFPB) O esquema a seguir mostra parte das reações da cadeia respiratória que ocorre nas membranas internas das mitocôndrias, com detalhe para a produção de ATP (adenosina trifosfato), de acordo com a teoria quimiosmótica.

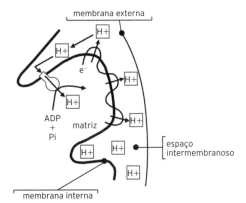

Considerando a estrutura mitocondrial, o processo destacado na figura e a utilização do ATP pelas células, identifique as afirmativas corretas[1]:
( ) O ADP é transformado em ATP, a partir da energia resultante de um gradiente de prótons, liberada durante as reações da cadeia respiratória.
( ) A síntese de ATP é maior em células que realizam intenso trabalho, como as células da musculatura cardíaca.
( ) O ATP é a moeda universal de transferência de energia entre os produtores de bens (respiração celular) e os consumidores de bens (trabalho celular).
( ) A quantidade de invaginações (cristas) da membrana interna é inversamente proporcional à atividade celular.
( ) O cianeto, um veneno de ação rápida que bloqueia o transporte de elétrons, não altera a síntese do ATP.

7. (UFC-CE) Leia os versos a seguir e responda o que se pergunta:

> Luz do sol,
> Que a folha traga e traduz,
> Em verde novo,
> Em folha, em graça, em vida,
> Em força, em luz.
> Caetano Veloso

a) A qual processo metabólico das plantas o poeta está se referindo?
b) Que estruturas e moléculas orgânicas devem estar presentes nas células desses organismos e que são indispensáveis para realizar este processo?
c) Qual é a equação geral deste processo e que comparação pode-se fazer com a equação geral da respiração celular aeróbica?
d) Que diferença ocorre com este processo, quando o mesmo é realizado pelas sulfobactérias, microrganismos que vivem em ambientes anaeróbios?
e) Se você tivesse que escolher entre duas lâmpadas, uma azul e outra verde, para iluminar as plantas de um aquário, qual seria a escolha correta, objetivando-se uma maior eficiência do processo cujo nome é solicitado no item **A** desta questão? Por quê?

---
[1] Indique as alternativas falsas (F) e as verdadeiras (V).

Divisão celular, síntese de DNA, RNA e proteínas

As células possuem a capacidade de se reproduzir, dando origem a outras células. O **ciclo celular** é o período que se estende desde a formação de uma célula até o momento em que ela se divide, formando **células-filhas**.

O ciclo celular apresenta duas grandes etapas: a interfase e a divisão celular.

▪ Interfase

É a fase de maior duração do ciclo celular. Há intensa atividade metabólica; a célula aumenta de tamanho e produz todas as substâncias necessárias para o processo de divisão.

A interfase é subdividida em três fases: G1, S e G2.
- **Fase G1:** ocorre intensa atividade cromossômica e síntese de RNA mensageiro para a produção de proteínas no citoplasma.
- **Fase S:** ocorre a síntese de DNA para a duplicação do material genético.
- **Fase G2:** finalização da duplicação dos cromossomos, que agora possuem duas cromátides unidas pelo centrômero.

▪ Divisão celular

É a etapa em que ocorre a divisão do núcleo celular (**cariocinese**) e, em seguida, do citoplasma (**citocinese**), gerando células-filhas e finalizando o ciclo celular.

Nas células animais, a citocinese é conhecida como **citocinese centrípeta**, ou de fora para dentro. Nas células vegetais, o processo inicia-se do interior da célula em direção à membrana plasmática, sendo chamada **citocinese centrífuga**.

A divisão celular pode ser de dois tipos:
- **Mitose:** divisão de uma célula em duas células-filhas que possuem o **mesmo número** de cromossomos que a célula-mãe. É responsável pelo crescimento corporal dos organismos e garante a reposição das células de tecidos que envelhecem ou são eventualmente lesados.
- **Meiose:** divisão de uma célula em quatro células-filhas que possuem a **metade do número** de cromossomos da célula-mãe. Ocorre na maioria dos eucariontes e está relacionada, principalmente, à produção de células reprodutivas, chamadas **gametas**.

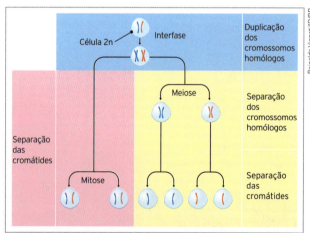

A quantidade de DNA, que vamos chamar de **q**, se altera ao longo do ciclo celular. No início da interfase, **q = 1** e, após a fase S, **q = 2**. Se a célula passar por mitose, as células-filhas terão **q = 1**. Se passar por meiose, as células-filhas terão $q = \frac{1}{2}$.

Permutação ou *crossing-over*

O processo de **permutação** ou ***crossing-over***, que ocorre apenas na meiose, resulta na troca de segmentos entre as cromátides de cromossomos homólogos, o que aumenta a variabilidade genética das células-filhas. Os cromossomos que sofrem permutação são denominados **recombinantes**.

■ Fases da mitose

Mitose			
Prófase	**Metáfase**	**Anáfase**	**Telófase**
■ Início da condensação dos cromossomos ■ Migração dos centrossomos e início da formação das fibras do fuso acromático ■ Desintegração da carioteca	■ Cromossomos condensados ■ Cromátides ligadas às fibras do fuso ■ Cromossomos alinhados no equador da célula (placa metafásica)	■ Separação das cromátides-irmãs ■ Posicionamento das cromátides-irmãs em polos opostos da célula	■ Descondensação dos cromossomos ■ Organização das novas cariotecas ■ Desorganização do fuso mitótico ■ Citocinese formando duas células diploides

Ilustrações: Roberto Higa/ID/BR

■ Fases da meiose

Meiose I			
Prófase I	**Metáfase I**	**Anáfase I**	**Telófase I**
■ Cromossomos se condensam ■ Cromossomos homólogos emparelham-se lado a lado, formando as **tétrades** ■ Ocorre a permutação ■ Desintegração da carioteca ■ Formação do fuso acromático	■ Cromossomos condensados ■ Centrômeros dos cromossomos homólogos ligam-se às fibras do fuso ■ Cromossomos homólogos alinham-se no equador da célula (placa metafásica)	■ Separação dos cromossomos homólogos ■ Posicionamento dos cromossomos homólogos em polos opostos da célula	■ Descondensação dos cromossomos ■ Desintegração do fuso acromático ■ Organização das novas cariotecas ■ Citocinese I formando duas células com DNA duplicado

Meiose II			
Prófase II	**Metáfase II**	**Anáfase II**	**Telófase II**
■ Condensação dos cromossomos ■ Reorganização do fuso acromático ■ Desorganização da carioteca ■ Dispersão dos cromossomos pelo citoplasma	■ União dos cromossomos às fibras do fuso ■ Deslocamento dos cromossomos formando a placa metafásica	■ Migração das cromátides-irmãs para polos opostos da célula	■ Descondensação dos cromossomos ■ Organização das novas cariotecas ■ Desorganização do fuso acromático ■ Citocinese II formando quatro células haploides

Divisão celular, síntese de DNA, RNA e proteínas

Duplicação do DNA, genes e síntese de RNA

■ Duplicação do DNA

A molécula de DNA é constituída por duas cadeias pareadas que se enrolam em espiral formando uma **dupla-hélice**.

A **duplicação** ou **replicação do DNA** é um processo relacionado à divisão celular: ocorre na fase S da interfase, durante o ciclo celular.

Nesse processo, as ligações de hidrogênio que unem as duas cadeias se abrem e cada uma delas atua como molde para a produção de uma nova cadeia.

As moléculas de DNA produzidas possuem uma parte antiga e outra recém-formada. Esse processo recebe o nome de **duplicação semiconservativa** ou **replicação semiconservativa**. Dele participam várias enzimas.

■ Genes

A informação do DNA está organizada em conjuntos de nucleotídios chamados genes. Cada gene possui a informação para a produção de moléculas de RNA, que, fora do núcleo, orientam a produção de proteínas.

Todas as células possuem as mesmas informações genéticas, porém cada tipo celular expressa somente parte da informação, o que caracteriza sua função específica. Esse mecanismo é chamado de **regulação gênica**.

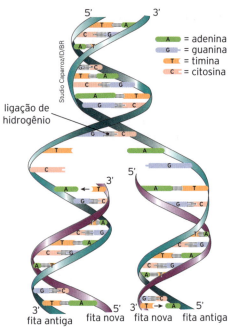

Esquema da duplicação do DNA. As novas cadeias estão representadas em roxo. Cores-fantasia.

■ Mutações

Apesar de estável, a molécula de DNA pode sofrer algumas alterações, chamadas **mutações**: alterações genéticas que afetam um ou mais gene.

A maioria delas ocorre de forma espontânea, a partir de erros no emparelhamento de bases ao longo do processo de replicação, mas pode ser causada, também, por agentes mutagênicos físicos, como a radiação ultravioleta, ou certos fármacos.

Por seus efeitos, a mutação pode ser neutra, benéfica ou desfavorável.

■ Síntese de RNA

O RNA é sintetizado a partir do DNA por um processo chamado **transcrição gênica**.

A transcrição gênica ocorre no interior do núcleo e é catalisada pela enzima **RNA-polimerase** (veja esquema abaixo).

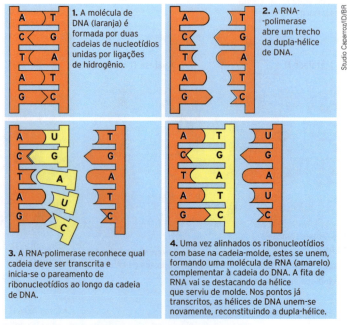

Esquema da transcrição gênica.

■ Tipos de RNA

A transcrição gênica pode produzir três tipos de RNA – o RNA ribossômico (RNAr), o RNA transportador (RNAt) e o RNA mensageiro (RNAm).

- O **RNAr** é produzido por genes localizados nos trechos de cromossomos que compõem a **região organizadora do nucléolo**. As moléculas de RNAr combinam-se a proteínas e formam os **ribossomos**.
- O **RNAm** codifica a sequência de aminoácidos da proteína a ser produzida. No RNAm, cada conjunto de três bases forma um **códon**, que codifica um aminoácido.
- O **RNAt** é uma molécula pequena com duas extremidades. Numa delas, liga-se o aminoácido, e, na outra, há uma sequência de três bases nitrogenadas chamada **anticódon**, que se liga ao códon correspondente, localizado no RNAm.

■ O código genético

O código genético é a relação de correspondência entre os códons do RNAm e os aminoácidos. Cada códon corresponde a apenas um aminoácido, e, como na natureza só existem 20 tipos de aminoácidos, mais de uma trinca pode codificar o mesmo aminoácido. Por isso se diz que o código genético é **degenerado**.

Existem trincas que não codificam aminoácidos, mas o começo e/ou o fim da formação das proteínas, que ocorre em três etapas: iniciação, alongamento e terminação.

■ Síntese de proteínas

Também chamada de **tradução gênica**, ocorre nos ribossomos do citoplasma, aderidos ou não ao retículo endoplasmático granuloso.

Todos os processos envolvidos na síntese de proteína utilizam energia na forma de ATP.

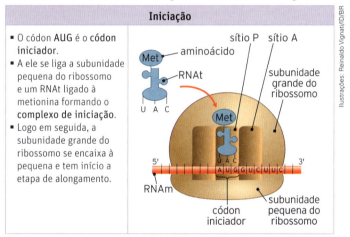

Iniciação
- O códon **AUG** é o **códon iniciador**.
- A ele se liga a subunidade pequena do ribossomo e um RNAt ligado à metionina formando o **complexo de iniciação**.
- Logo em seguida, a subunidade grande do ribossomo se encaixa à pequena e tem início a etapa de alongamento.

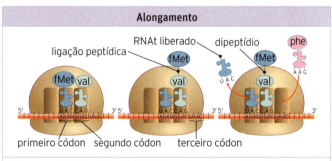

Alongamento
- Um segundo RNAt, cujo anticódon é complementar ao segundo códon, ocupa o sítio A do ribossomo.
- Forma-se a ligação peptídica unindo os dois aminoácidos.
- O sítio A fica disponível para receber um terceiro RNAt, uma nova ligação peptídica ocorrerá, e assim sucessivamente, alongando a cadeia de polipeptídios.

Terminação
- Ocorre quando o ribossomo atinge um **códon de terminação: UAA, UAG ou UGA**.

Questões

1. **(UFSC)** O DNA é a molécula biológica responsável pela codificação da informação genética nos seres vivos. Sobre esse assunto, é CORRETO afirmar que[1]:
   01. a molécula de DNA é formada por duas cadeias caracterizadas por sequências de bases nitrogenadas.
   02. na molécula de DNA podem existir oito diferentes tipos de complementação de bases nitrogenadas.
   04. a quantidade de adenina presente em uma das cadeias é exatamente igual à quantidade de timina da cadeia complementar.
   08. na molécula de DNA podem existir cinco diferentes tipos de bases nitrogenadas.
   Resposta: Soma (   )

2. **(UFPel-RS)** O ciclo celular envolve a interfase e as divisões celulares, que podem ser mitose ou meiose. Durante as fases de divisões celulares, ocorrem vários eventos importantes que envolvem o material genético, as organelas e as estruturas celulares.

   O ciclo celular mitótico garante a reposição celular, o crescimento dos organismos multicelulares e a reprodução assexuada, enquanto o ciclo celular meiótico é um processo importante para a reprodução sexuada.

   Com base no texto e em seus conhecimentos, é correto afirmar que:
   a) a interfase é um período do ciclo celular que apenas antecede a mitose ou a meiose; nela não ocorrem eventos importantes para a geração de novas células.
   b) ocorre, tanto na anáfase mitótica quanto na anáfase I meiótica, a separação das cromátides-irmãs, as quais são puxadas para os polos opostos da célula.
   c) são formadas duas células diploides no final da mitose masculina, enquanto que no final da meiose, são formadas quatro células diploides, considerando a espécie humana.
   d) todas as células animais e vegetais iniciam a citocinese (divisão do citoplasma) da mesma forma, pela invaginação da membrana plasmática (movimento centrípeto).
   e) ocorre, na fase da telófase mitótica, a reorganização do envoltório nuclear e do nucléolo, que foram desorganizados no início do processo de divisão.

3. **(Unesp)** Um pesquisador analisou células em divisão das gônadas e do trato digestório de um macho de uma nova espécie de mosca. A partir de suas observações, fez as seguintes anotações:

   Nas células do tecido I, em uma das fases da divisão celular, veem-se 8 cromossomos, cada um deles com uma única cromátide, 4 deles migrando para um dos polos da célula e os outros 4 migrando para o polo oposto.

   Nas células do tecido II, em uma das fases da divisão celular, veem-se 4 cromossomos, cada um deles com duas cromátides, 2 deles migrando para um dos polos da célula e os outros 2 migrando para o polo oposto.

   Pode-se afirmar que as células do tecido I e as células do tecido II são, respectivamente:
   a) da gônada e do trato digestório. Essa nova espécie de mosca tem 2n = 2.
   b) da gônada e do trato digestório. Essa nova espécie de mosca tem 2n = 4.
   c) do trato digestório e da gônada. Essa nova espécie de mosca tem 2n = 8.
   d) do trato digestório e da gônada. Essa nova espécie de mosca tem 2n = 2.
   e) do trato digestório e da gônada. Essa nova espécie de mosca tem 2n = 4.

4. **(Fuvest-SP)**

   ### Teste de DNA confirma paternidade de bebê perdido no *tsunami*

   Um casal do Sri Lanka que alegava ser os pais de um bebê encontrado após o *tsunami* que atingiu a Ásia, em dezembro, obteve a confirmação do fato através de um exame de DNA. O menino, que ficou conhecido como "Bebê 81" por ser o 81º sobrevivente a dar entrada no hospital de Kalmunai, era reivindicado por nove casais diferentes.

   Folhaonline, 14 fev. 2005 (adaptado).

---

[1] Dê como resposta a soma dos números associados às alternativas corretas.

Algumas regiões do DNA são sequências curtas de bases nitrogenadas que se repetem no genoma, e o número de repetições dessas regiões varia entre as pessoas. Existem procedimentos que permitem visualizar essa variabilidade, revelando padrões de fragmentos de DNA que são "uma impressão digital molecular". Não existem duas pessoas com o mesmo padrão de fragmentos com exceção dos gêmeos monozigóticos. Metade dos fragmentos de DNA de uma pessoa é herdada de sua mãe, e metade, de seu pai.

Com base nos padrões de fragmentos de DNA representados a seguir, qual dos casais pode ser considerado como pais biológicos do Bebê 81?

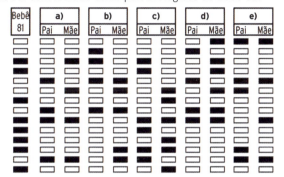

5. (UFV-MG) Considere a tabela abaixo, contendo códigos de trincas de bases do DNA com os aminoácidos correspondentes, para resolver os itens seguintes:

Trinca de bases	Aminoácido
AGG	△
CAA	○
TTA	⌂
CCG	■
TTC	◇

Polipeptídio: △ – ○ – ⌂ – △ – ■ – ◇

RNAm: _____

a) Determine a sequência de bases do RNAm que foi utilizado para sintetizar o polipeptídeo esquematizado abaixo da tabela.

b) Se ocorresse uma substituição, por uma purina, na 3ª base do código correspondente ao 6º aminoácido do polipeptídeo, qual seria o aminoácido da tabela a ser incorporado?

c) Qual é o anticódon correspondente ao novo aminoácido incorporado?

6. (Unicamp-SP) Em um segmento de DNA que codifica determinada proteína, considere duas situações:
a) um nucleotídeo é suprimido;
b) um nucleotídeo é substituído por outro.

A situação "a", geralmente, é mais drástica que a situação "b". Explique por quê.

7. (Unesp)

> Apelo assexual – Caso único na natureza, espécie de formiga dispensou seus machos e descobriu que, ao menos para ela, sexo não vale a pena.
> Trata-se da *Mycocepurus smithii*, uma espécie de formiga que não tem machos: a rainha bota ovos que crescem sem precisar de fertilização, originando operárias estéreis ou futuras rainhas. Aparentemente, esse mecanismo de reprodução traz uma desvantagem, que é a falta de diversidade genética, que pode garantir a sobrevivência da espécie em desafios ambientais futuros.
> Duas hipóteses foram levantadas para explicar a origem desses ovos diploides: a primeira delas diz que os ovos são produzidos por mitoses e permanecem diploides sem passar por uma fase haploide; a segunda sugere que se formam dois ovos haploides que fertilizam um ao outro.
> *Unesp Ciência*, nov. 2009. Adaptado.

Considere as duas hipóteses apresentadas pelo texto. Cada uma dessas hipóteses, isoladamente, reforça ou fragiliza a suposição de que essa espécie teria desvantagem por perda de variabilidade genética? Justifique suas respostas.

Ciclos de vida e reprodução humana

Reprodução é o processo pelo qual os seres vivos produzem descendentes semelhantes a si mesmos. Os diversos modos de reprodução são classificados em dois grandes grupos: **reprodução assexuada** e **reprodução sexuada**.

■ Reprodução assexuada

É o processo pelo qual indivíduos da mesma espécie dão origem a descendentes geneticamente iguais a si mesmos.

Nesse processo, as únicas fontes de variação genética são mutações e alterações no DNA.

Esse tipo de reprodução pode ocorrer por cissiparidade, fragmentação, brotamento, esporulação ou multiplicação vegetativa.

■ Reprodução sexuada

Na reprodução sexuada, dois gametas se fundem e originam um ser vivo que reúne características dos genitores em uma nova combinação.

Quando os órgãos reprodutores masculino e feminino se localizam em um mesmo indivíduo, a espécie é chamada de **monoica**; quando há indivíduos com órgãos reprodutores masculinos e indivíduos com órgãos femininos, a espécie é dita **dioica**.

Nesse tipo de reprodução, gametas haploides (**n**) se unem, formando o zigoto (**2n**).

Nesse caso a variabilidade nos descendentes é oriunda da recombinação que ocorre durante a meiose.

Existem os três seguintes tipos básicos de ciclo de vida.

Ciclo haplobionte haplonte: meiose no zigoto

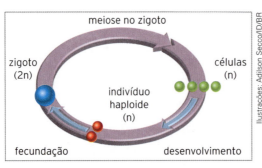

Ciclo haplobionte diplonte: meiose nas gônadas

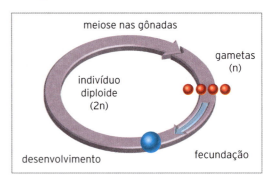

Ciclo diplobionte: meiose no esporângio

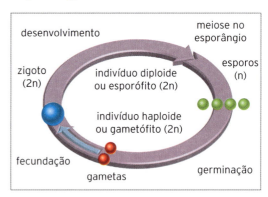

■ Sistemas genitais humanos, ovulogênese e espermatogênese

O início da fase reprodutiva nos seres humanos ocorre geralmente na **puberdade**, período entre 9 e 13 anos de idade que é caracterizado por notáveis modificações em diferentes regiões do corpo, as quais decorrem de alterações hormonais.

Sistema genital feminino

- Principais órgãos: vagina, útero, tubas uterinas e ovários.
- As gônadas femininas são os **ovários**.
- Os gametas femininos são os **óvulos**.
- Os óvulos formam-se nos **folículos ovarianos**.
- Os ovários são também glândulas sexuais, pois produzem os hormônios sexuais femininos **estrogênio** e **progesterona**.

- A **ovulogênese**, ou **ovogênese**, é o processo de formação dos gametas femininos. (Veja quadro a seguir.)

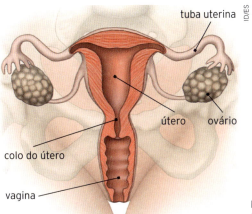

Representação anatômica do sistema genital feminino (vista frontal).

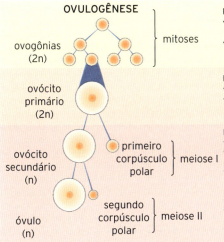

Sistema genital masculino
- Principais órgãos: pênis, testículos, saco escrotal, trato seminal e glândulas acessórias.
- As gônadas masculinas são os **testículos**.
- Os gametas masculinos são os **espermatozoides**, que, em meio a secreções das glândulas acessórias, compõem o **sêmen**, também chamado de **esperma**.
- Os espermatozoides formam-se nos **túbulos seminíferos**, estruturas presentes nos testículos.
- Os testículos são também glândulas sexuais, pois produzem o hormônio sexual masculino **testosterona**.
- A **espermatogênese** é o processo de formação dos espermatozoides ou gametas masculinos.

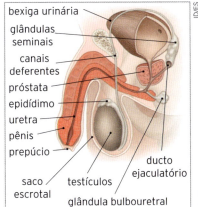

Representação anatômica do sistema genital masculino (vista lateral).

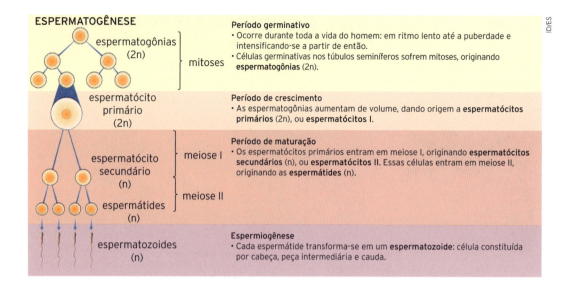

■ Métodos contraceptivos e Doenças Sexualmente Transmissíveis (DSTs)

São chamados contraceptivos, ou anticoncepcionais, os métodos empregados para evitar a fecundação. Os métodos mais usuais são descritos a seguir.

Preservativo ou camisinha

A camisinha é um protetor de látex que impede o contato do esperma com a vagina e deve ser colocado antes do coito.

É o único método anticoncepcional que impede a contaminação por agentes causadores de Doenças Sexualmente Transmissíveis (DSTs), como aids, sífilis e gonorreia.

Diafragma

O diafragma é um dispositivo de látex de uso feminino, que envolve o colo do útero e impede a passagem dos espermatozoides para o seu interior.

Deve ser colocado no colo do útero antes do início da relação sexual.

Coito interrompido

Coito interrompido é o nome dado à interrupção intencional do ato sexual, que consiste em retirar o pênis da vagina momentos antes da ejaculação.

É um método pouco confiável.

Abstinência

A abstinência consiste em não manter relações sexuais no período fértil da mulher, ou seja, no período da ovulação. A determinação do período de ovulação pode ser feita pelo monitoramento da temperatura basal da mulher ou pela tabelinha, sendo a última aplicável apenas a mulheres com ciclo menstrual regular.

Não é um método seguro nem evita DSTs.

Pílula anticoncepcional

A pílula anticoncepcional é o método em que a mulher ingere, diariamente, um comprimido com hormônios que impedem a ovulação.

Outras formas de aplicação desses hormônios são por injeções e por adesivos.

É um método confiável.

Pílula do dia seguinte

Medicamento de uso feminino que contém altas doses de hormônio.

O comprimido provoca perda do endométrio e menstruação imediata e deve ser tomado até 24 horas após a relação sexual desprotegida.

Dispositivo intrauterino (DIU)

Trata-se de um dispositivo de plástico ou de metal que é introduzido no útero por um ginecologista e evita a nidação, isto é, a implantação do ovócito fecundado no útero.

Vasectomia

Cirurgia realizada em homens que consiste em uma cirurgia simples na qual são cortados os dois canais deferentes, o que impede os espermatozoides de chegarem à uretra.

Laqueadura tubária

A laqueadura tubária – também chamada de ligadura tubária – consiste em cortar as duas tubas uterinas, impedindo que os óvulos cheguem ao útero.

Doenças Sexualmente Transmissíveis (DSTs)

São assim denominadas as doenças transmitidas ao ser humano por meio do contato sexual.

Apesar de o contato sexual ser a principal forma de contaminação, muitas DSTs são transmitidas também pelo sangue e durante o parto natural.

A melhor estratégia para combater as DSTs é a prevenção, com o uso de camisinha (preservativo) nas relações sexuais.

Principais Doenças Sexualmente Transmissíveis (DSTs)			
Doença	Agente causador	Sintomas	Tratamento
Aids	Diversos vírus denominados HIV (sigla em inglês de Vírus da Imunodeficiência Humana)	Doenças oportunistas, como tuberculose, gripe e infecções diversas	▪ Não tem cura. ▪ Medicamentos proporcionam melhoria da qualidade de vida
Cancro mole (ou cancro venéreo ou cavalo)	Bactéria *Haemophilus ducreyi*	▪ Feridas doloridas nos órgãos genitais ▪ Mais comum em homens	Uso de antibióticos
Condiloma acuminado (ou crista de galo ou verruga genital)	Papilomavírus humano (HPV) Atualmente existem mais de 100 tipos de HPV	▪ Verrugas ou pápulas na região genital, ânus e áreas próximas ▪ Pode evoluir para câncer em colo do útero, pênis ou ânus	▪ Remoção das lesões por cirurgia ou por medicamento ▪ Há vacinas que previnem contra a infecção por HPV
Gonorreia (ou blenorragia)	Bactéria *Neisseria gonorrhea*	▪ No homem, aparecimento de secreção uretral amarelada, com odor desagradável ▪ Nas mulheres, os sintomas são pouco evidentes. ▪ Pode provocar esterilidade feminina	Uso de antibióticos
Herpes genital	*Herpesvirus* tipo 2	Pequenas bolhas amareladas nos órgãos genitais, que estouram ocasionando feridas	▪ Não há cura. ▪ Uso de medicamentos para aliviar a dor e acelerar a cicatrização das lesões
Linfogranuloma venéreo	Bactéria *Chlamydia trachomatis*	▪ Pequenas bolhas ou feridas nos órgãos genitais, que evoluem para ínguas na virilha (bubão inguinal) ▪ Febre, dor no corpo, suor noturno, indisposição	Uso de antibióticos
Pediculose pubiana (ou ftiríase pubiana ou chato)	Inseto *Phthirus pubis*, semelhante ao piolho	Coceira e alergia no local da picada: virilha, saco escrotal e grandes lábios	Remoção dos parasitas com medicamentos, raspagem dos pelos pubianos e higiene local
Sífilis	Bactéria *Treponema palidum*	▪ Primeiro estágio: lesões duras e indolores nos órgãos genitais ▪ Segundo estágio: manchas avermelhadas na palma das mãos, na planta dos pés e nas mucosas ▪ Terceiro estágio: alterações no sistema nervoso central, que podem provocar demência, dificuldades de coordenação motora e cegueira	Uso de antibióticos
Tricomoníase	Protozoário *Trychomonas vaginalis*	Ardor ao urinar, coceira nos órgãos genitais e corrimento vaginal	Medicamentos para eliminar o protozoário

Questões

1. **(Unesp)** Ao longo da história humana, uma das principais Doenças Sexualmente Transmissíveis (DST) tem sido a sífilis. Atualmente, milhares de novos casos/ano são registrados em muitos países.
   Sobre as DSTs, foram apresentadas as afirmações seguintes:
   I. A sífilis é uma doença causada por uma bactéria.
   II. Uma mãe portadora de sífilis pode transmitir a doença ao feto durante a gravidez.
   III. Além da sífilis e da Aids, gonorreia e úlcera de Bauru (ou leishmaniose) são DSTs que também ocorrem no Brasil.
   Estão corretas as afirmações:
   a) I, apenas.
   b) II, apenas.
   c) I e II, apenas.
   d) I e III, apenas.
   e) I, II e III.

2. **(UFRGS-RS)** Assinale com V (verdadeiro) ou F (falso) as afirmações que seguem, referentes a métodos contraceptivos.
   ( ) A laqueadura tubária, ao interromper a passagem do ovócito pela tuba uterina, impede a fecundação.
   ( ) A anticoncepção oral de emergência, ou "pílula do dia seguinte", impede a gastrulação no embrião.
   ( ) A vasectomia, cirurgia para a retirada da vesícula seminal, impede a produção de espermatozoides.
   ( ) O dispositivo intrauterino impede a implantação do embrião no útero.
   A sequência correta de preenchimento dos parênteses, de cima para baixo, é:
   a) F – F – F – V.
   b) F – V – F – V.
   c) V – V – V – F.
   d) V – F – F – V.
   e) F – V – V – F.

3. **(Cefet-SC)** A capacidade de reprodução representa uma das mais marcantes características gerais dos seres vivos. Distinguem-se dois tipos básicos de reprodução: assexuada e sexuada. Sobre esse assunto, assinale a alternativa CORRETA.
   a) A mitose é o tipo de divisão celular que dá origem aos gametas da maioria dos animais que têm reprodução sexuada.
   b) A fecundação, que na espécie humana ocorre no útero, compreende o processo de fusão dos pró-núcleos masculino e feminino, formando a célula-ovo ou zigoto.
   c) A combinação de material paterno com materno, que ocorre na reprodução sexuada, leva a uma menor variabilidade genética nas populações.
   d) A reprodução assexuada, ou agâmica, permite uma produção relativamente rápida de novos indivíduos, com formação de uma população geneticamente homogênea.
   e) Somente organismos unicelulares se reproduzem assexuadamente.

4. **(UFSC)** Os principais grupos vegetais (briófitas, pteridófitas, gimnospermas e angiospermas) apresentam em comum um ciclo de vida que ocorre através de alternância de gerações (metagênese), em que uma geração haploide alterna-se com outra diploide.
   Com relação a esse ciclo e considerando o esquema a seguir, assinale a(s) proposição(ões) CORRETA(S)[1].

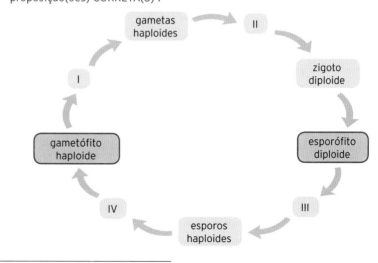

---
[1] Dê como resposta a soma dos números associados às alternativas corretas.

01. O esquema representa um ciclo de vida haplodiplobionte (ou haplonte diplonte) típico dos principais grupos de vegetais.
02. Os eventos que ocorrem em I e III do esquema correspondem, respectivamente, à meiose e à mitose.
04. Nesse ciclo, o esporófito forma o gametófito por reprodução assexuada e o gametófito forma o esporófito por reprodução sexuada.
08. Nas gimnospermas e angiospermas, o esporófito é originado pela fusão dos gametas masculino e feminino, que são, respectivamente, o androceu e o gineceu.
16. Os eventos II e IV do esquema correspondem, respectivamente, à fecundação e à germinação.
Resposta: Soma (__)

5. **(UFPE)** Leia a notícia abaixo, observe a figura e considere as proposições que vêm a seguir[1].

> Uma mulher de 38 anos, que mora em Três Pontas, na região sul de Minas Gerais, tem uma gravidez inusitada. Ela possui uma má-formação chamada "útero didelfo", que fez com que ela tivesse dois órgãos. Há oito meses, Jucéa Maria de Andrade espera por gêmeos, uma menina e um menino, e cada um deles foi formado em um útero diferente.

Disponível em: <g1.globo.com>.

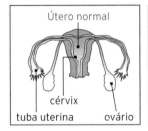
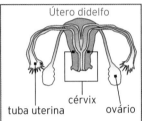

( ) A diferenciação anatômica do útero de Jucéa permite concluir que cada ovário libera um ovócito secundário a cada mês de forma independente, aumentando a chance de gerar gêmeos.
( ) A ovulogênese de Jucéa iniciou quando ela estava no útero de sua mãe e foi continuada após seus ovócitos primários serem ativados pelo hormônio progesterona.
( ) O desenvolvimento do ovócito secundário na segunda divisão da meiose estaciona na metáfase II e, assim, somente é completado após a fecundação.
( ) Jucéa gerou gêmeos fraternos ou dizigóticos, pois óvulos distintos foram fecundados cada qual por um espermatozoide.
( ) O gêmeo do sexo masculino pode possuir alelos localizados no cromossomo X sem alelos correspondentes no cromossomo Y.

6. **(UFRJ)** A eficiência dos métodos anticoncepcionais mais utilizados pode ser verificada observando-se o quadro a seguir:

Método	% de casos em que ocorreu gravidez
Tabela	20,0
Interrupção do coito antes da ejaculação	16,0
Camisinha	2,0
Diafragma com espermicida	2,0
Ligação de trompas	0,4
Pílula anticoncepcional	0,5
Vasectomia	0,4

a) Explique por que o método da tabela é um dos menos seguros.
b) O método da pílula anticoncepcional diferencia-se dos demais em relação à forma pela qual se evita a gravidez. Explique por quê.

---
[1] Indique as alternativas falsas (F) e as verdadeiras (V).

Embriologia

Após a fecundação e formação do zigoto iniciam-se sucessivas divisões celulares que obedecem a alguns padrões determinados pelo tipo de célula-ovo, além dos controles genéticos.

Tipos de células-ovo

As células do início do desenvolvimento embrionário dependem do **vitelo** para sua nutrição. O vitelo é composto de proteínas e lipídios e encontra-se no citoplasma do zigoto.

De acordo com a quantidade e a localização do vitelo, as células-ovo são classificadas em quatro tipos:

- **oligolécitos** ou **isolécitos**: possuem pouco vitelo, distribuído de forma homogênea;
- **heterolécitos**: possuem quantidades médias de vitelo, concentradas na porção inferior, formando o polo vegetativo;
- **telolécitos** ou **megalécitos**: possuem muito vitelo, o que faz com que o núcleo e as estruturas citoplasmáticas fiquem restritas a uma pequena área do polo animal, chamada **disco germinativo**.
- **centrolécitos**: possuem grande quantidade de vitelo, distribuído ao redor do núcleo.

Padrões de segmentação

Segmentação ou **clivagem** são as divisões mitóticas do zigoto.

As células resultantes da divisão do zigoto são chamadas **blastômeros**.

A quantidade e a disposição do vitelo no ovo determinam padrões de segmentação diferentes.

- **Segmentação holoblástica e igual**: em ovos oligolécitos, o zigoto divide-se totalmente, gerando blastômeros praticamente iguais.

Representação de segmentação holoblástica e igual.

- **Segmentação holoblástica e desigual**: em ovos heterolécitos, a diferença de concentração de vitelo produz blastômeros diferentes na terceira divisão.

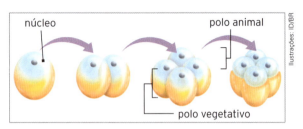

Representação de segmentação holoblástica e desigual. As regiões ricas em vitelo estão representadas em amarelo.

- **Segmentação meroblástica discoidal**: em ovos telolécitos, a divisão do zigoto é parcial, pois ocorre apenas no disco germinativo.

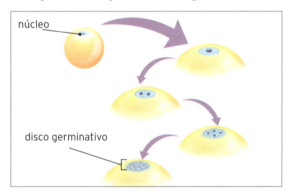

Representação de segmentação meroblástica discoidal. As regiões ricas em vitelo estão representadas em amarelo.

- **Segmentação meroblástica superficial**: em ovos centrolécitos, a segmentação também é parcial. Nesses ovos, apenas o núcleo sofre várias divisões. Os núcleos-filhos migram para a superfície do ovo e se formam diversas células, recobrindo toda a superfície do ovo.

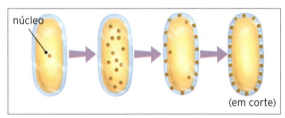

Representação de segmentação meroblástica superficial. As regiões ricas em vitelo estão representadas em amarelo.

Estágios iniciais do desenvolvimento embrionário

Primeira fase – Segmentação. Ocorrem divisões sucessivas por mitose, originando um aglomerado de células denominado **mórula**.

Segunda fase – Formação da blástula. As células do interior da mórula se afastam, formando uma esfera com uma câmara cheia de líquido em seu interior, chamada **blástula**.

Terceira fase – Gastrulação. Surge uma nova cavidade, o **arquêntero**, que se comunica com o exterior por uma abertura chamada **blastóporo**. A camada celular mais externa chama-se **ectoderme**, e a mais interna, **mesentoderme**.

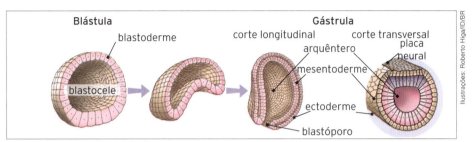

Representação da gastrulação.

Na maioria dos invertebrados, o blastóporo dá origem à boca – esses animais são chamados **protostômios**.

Nos equinodermos e nos cordados (grupo que inclui os vertebrados), o blastóporo dá origem ao ânus – esses animais são chamados de **deuterostômios**.

Quarta fase – Neurulação. É o início da **organogênese**, ou seja, da formação dos tecidos e órgãos. A mesentoderme, na maioria dos animais, dá origem à mesoderme e à endoderme. Cada uma das camadas de células é chamada **folheto embrionário**. O desenvolvimento embrionário que apresenta três folhetos (endoderme, mesoderme e ectoderme) é chamado **triblástico**. Apenas o desenvolvimento dos cnidários apresenta somente dois folhetos embrionários (endoderme e ectoderme) e é denominado **diblástico**.

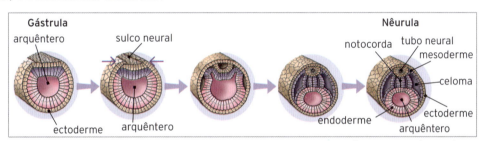

Representação da neurulação.

A ectoderme dá origem ao **tubo neural**, que se estende ao longo do eixo anteroposterior.

A mesoderme dá origem à **notocorda** (estrutura que se estende pelo eixo anteroposterior, dá sustentação ao tubo neural e orienta a sua diferenciação), aos **somitos** (blocos segmentares que produzirão músculos, tecido conjuntivo, etc.) e ao **celoma** (cavidade corporal revestida por dois folhetos mesoderme, que ao final do desenvolvimento embrionário aloja os órgãos internos).

A endoderme e o arquêntero deslocam-se para a região ventral. Ao longo do desenvolvimento, ela dá origem ao revestimento interno do **tubo digestório**.

Correspondência entre folhetos embrionários e órgãos no animal adulto		
Endoderme	Mesoderme	Ectoderme
▪ revestimento interno do tubo digestório (exceto boca e ânus) ▪ fígado, pâncreas ▪ sistema respiratório ▪ bexiga urinária ▪ revestimento da boca e do ânus	▪ derme (camada profunda da pele) ▪ musculatura esquelética ▪ cartilagem, ossos ▪ medula óssea, sangue e linfonodos ▪ sistema urinário ▪ sistema genital	▪ epiderme da pele e anexos (unhas, pelos) ▪ esmalte dos dentes ▪ encéfalo ▪ medula e nervos

▪ Anexos embrionários

Anexos embrionários são estruturas que derivam dos tecidos embrionários, mas não fazem parte do embrião. Veja a seguir os principais anexos embrionários.

A **vesícula vitelínica** (ou **saco vitelínico**) é uma bolsa que contém substância de reserva energética (o vitelo), responsável pela nutrição do embrião. Ela está presente em peixes, répteis, aves e mamíferos.

A **alantoide** é uma evaginação membranosa que armazena as excretas do embrião. Nos répteis e nas aves, assume também outras funções, como permitir trocas gasosas, fornecendo O_2 e eliminando CO_2, e extrair cálcio da casca. Nos mamíferos vivíparos, a alantoide não tem função, pois as excretas são eliminadas através da placenta.

O **âmnio** (também chamado **bolsa amniótica** ou **âmnica**) é uma membrana que delimita a **cavidade amniótica**, preenchida pelo **líquido amniótico**. Ele tem como funções proporcionar ambiente úmido ao embrião, evitando o dessecamento, e amortecer os choques térmicos e mecânicos.

O **cório** é uma membrana mais externa, que envolve a vesícula vitelínica, a alantoide, o embrião e o âmnio. Nos répteis e nas aves, o cório une-se à alantoide, formando o **alantocório**, importante para as trocas gasosas entre o embrião e o meio externo. Nos mamíferos, o cório dá origem à placenta.

A **placenta** e o **cordão umbilical** – estruturas exclusivas dos mamíferos – possibilitam o desenvolvimento do embrião dentro do corpo da mãe, pois permitem as trocas nutritivas e gasosas e a eliminação de excretas entre o embrião e o corpo materno.

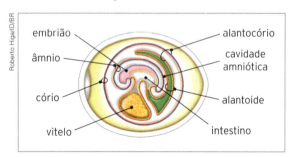

Esquema de ovo de ave em corte com nove dias de formação. Cores-fantasia.

■ Desenvolvimento pós-embrionário

O desenvolvimento dos animais que se dá após a fase embrionária divide-se em dois grandes grupos, descritos a seguir.

- **Desenvolvimento indireto**: os indivíduos nascem como larvas e, após um período, sofrem metamorfose, adquirindo a forma corporal adulta. Esse tipo de desenvolvimento permite a produção de maior número de descendentes, porém há predação de um grande número de ovos, embriões e larvas.
- **Desenvolvimento direto**: o desenvolvimento pós-embrionário ocorre no interior do ovo ou do corpo do adulto; os indivíduos nascem com forma semelhante à do adulto e produzem poucos ovos com muito vitelo, o que garante a nutrição dos embriões; no caso dos mamíferos, a nutrição é fornecida pelo corpo da mãe.

■ Células-tronco

As **células-tronco** são capazes de se diferenciar da célula original, transformando-se em células especializadas.

- **Células-tronco embrionárias**: presentes nas fases iniciais do desenvolvimento embrionário. O zigoto e os blastômeros da mórula são **totipotentes** (capazes de se diferenciar em todos os tecidos que constituem o corpo humano) e os blastômeros da blástula são **pluripotentes** (capazes de dar origem a vários tipos de célula, mas não a todos, pois já estão diferenciados em células de folhetos germinativos).
- **Células-tronco adultas**: presentes em alguns tecidos do adulto; essas células são **pluripotentes**.

■ Desenvolvimento embrionário dos mamíferos

O padrão de desenvolvimento embrionário é uma das principais características que diferencia os mamíferos em três grandes grupos: os **prototérios** (monotremados), os **metatérios** (marsupiais) e os **eutérios** (placentários).

Mamíferos prototérios ou monotremados

Atualmente há apenas cinco espécies pertencentes ao grupo dos monotremados, como o ornitorrinco e a equidna, que vivem na Austrália e na Nova Guiné.

Esses seres apresentam **fecundação interna** e são **ovíparos**: as fêmeas botam ovos com casca, onde se desenvolve o embrião.

O ovo dos monotremados é telolécito, apresentando vesícula vitelínica, âmnio, alantoide e cório, envolvidos por uma casca porosa.

Os recém-nascidos se alimentam do leite produzido por glândulas mamárias no abdome da fêmea.

Mamíferos metatérios ou marsupiais

São exemplos de marsupiais: canguru, gambá, cuíca, coala e diabo-da-tasmânia. São espécies típicas da Austrália, mas têm representantes na América do Sul, por exemplo.

Todos apresentam **fecundação interna** e são **vivíparos**: os filhotes se desenvolvem no interior do corpo da mãe.

O ovo é **oligolécito** e apresenta como anexos alantoide, âmnio e cório.

A vesícula vitelínica entra em contato com a parede uterina, tornando-se uma placenta rudimentar, chamada **placenta vitelínica**.

Os filhotes nascem ainda imaturos e rastejam para uma bolsa de pele no ventre da fêmea, o **marsúpio**, onde se agarram a um mamilo e se alimentam de leite até completar o desenvolvimento.

Mamíferos eutérios ou placentários

A subclasse Eutheria é a maior e mais diversificada entre os mamíferos.

Os mamíferos placentários apresentam **fecundação interna** e são **vivíparos**.

O ovo, oligolécito, é também chamado **alécito**, pois praticamente não contém vitelo. A vesícula vitelínica está presente e, por não ter função, é considerada um resquício evolutivo.

■ Desenvolvimento embrionário humano e parto

A seguir, descreveremos etapas distintas do desenvolvimento embrionário humano.

Segmentação ou clivagem

Período que se inicia com a fecundação do **ovócito secundário** e a formação do **óvulo** e do **zigoto**.

A fecundação ocorre na **tuba uterina** e, imediatamente, o zigoto começa a sofrer **mitoses sucessivas**. O embrião chega ao útero na fase de **mórula**.

Por volta do sétimo dia após a fecundação, a **blástula** se implanta na parede uterina, fenômeno chamado **nidação**.

Gestação ou gravidez

A gestação tem início com a nidação da blástula no **endométrio** (superfície interna do útero).

Logo após a nidação, o blastocisto apresenta duas regiões distintas: o **embrioblasto**, composto de células que darão origem ao embrião e o **trofoblasto**, uma camada periférica de onde se originará parte da placenta. Ambos entram em intensa atividade mitótica. O embrioblasto prossegue seu desenvolvimento à fase de **gástrula**, enquanto as células do trofoblasto, aderidas ao endométrio, iniciam o processo que resulta na formação das **vilosidades coriônicas** (projeções a partir do cório) e na formação da placenta.

A **placenta** é constituída parte pelo endométrio e parte pelas vilosidades coriônicas. Ela permite a transferência, por difusão, de gases e nutrientes entre o embrião e a mãe, ao mesmo tempo que impede o contato direto entre o sangue materno e o sangue do embrião. O embrião liga-se à placenta pelo **cordão umbilical**, uma estrutura tubular que abriga duas artérias e uma veia.

Nessa etapa, forma-se também a **bolsa amniótica**, que, repleta de líquido, protege o embrião.

Ao final da 3ª semana de gestação, o embrião encontra-se na fase de **gástrula** e já apresenta a **placa neural**.

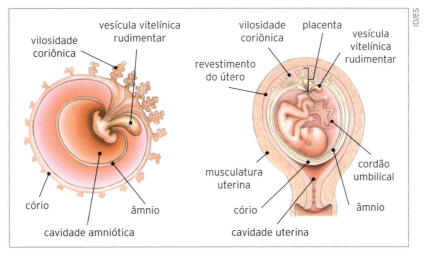

Representação de dois estágios do desenvolvimento da placenta humana. À esquerda, na fase de nidação, e à direita, em fase adiantada da gestação, já completamente formada.

Entre a 4ª e a 9ª semanas, ocorre a **organogênese**.

A partir da 9ª semana, o embrião passa a ser chamado de **feto**.

A gestação termina por volta da 38ª semana, quando o desenvolvimento fetal se completa e ocorre o **parto**.

Questões

1. (FGV-SP) Gêmeos univitelinos ou monozigóticos são aqueles formados a partir de um único zigoto, o qual se divide em blastômeros que permanecem separados e se desenvolvem em dois indivíduos.

A divisão celular em questão é a:
a) meiose, e cada blastômero tem metade do número de cromossomos do zigoto.
b) meiose, e cada blastômero tem o mesmo número de cromossomos do zigoto.
c) mitose, e cada blastômero tem metade do número de cromossomos do zigoto.
d) mitose, e cada blastômero tem o mesmo número de cromossomos do zigoto.
e) mitose, e cada blastômero tem o dobro do número de cromossomos do zigoto.

2. (Fuvest-SP) O ornitorrinco e a equidna são mamíferos primitivos que botam ovos, no interior dos quais ocorre o desenvolvimento embrionário. Sobre esses animais, é correto afirmar que:
a) diferentemente dos mamíferos placentários, eles apresentam autofecundação.
b) diferentemente dos mamíferos placentários, eles não produzem leite para a alimentação dos filhotes.
c) diferentemente dos mamíferos placentários, seus embriões realizam trocas gasosas diretamente com o ar.
d) à semelhança dos mamíferos placentários, seus embriões alimentam-se exclusivamente de vitelo acumulado no ovo.
e) à semelhança dos mamíferos placentários, seus embriões livram-se das excretas nitrogenadas através da placenta.

3. (PUC-MG) O **ovo amniótico** conferiu aos répteis decisiva vantagem evolutiva sobre os anfíbios, possibilitando seu domínio em ambientes continentais terrestres, durante cerca de 150 milhões de anos, até o final do Cretáceo. As aves e os mamíferos mantiveram o âmnio para o desenvolvimento embrionário. A figura a seguir representa um típico ovo amniótico, no qual três anexos embrionários estão indicados.

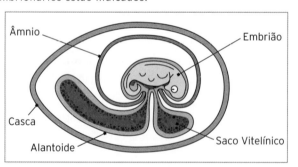

A esse respeito, foram feitas as seguintes afirmações:

I. Os anfíbios apresentam apenas um dos anexos embrionários indicados na figura.
II. A casca é um anexo embrionário que protege o embrião contra a dessecação e contra choques mecânicos.
III. Em mamíferos eutérios, a placenta substitui funções desempenhadas pela alantoide e pelo saco vitelínico, mas não a desempenhada pelo âmnio.
IV. Embora não representado na figura, o córion, ou serosa, é um anexo embrionário comum a todos os animais amniotas.
V. A fecundação interna é apresentada apenas pelos animais amniotas, contribuindo para o desenvolvimento dos ovulíparos.

São CORRETAS as afirmações:
a) I, II e V.
b) I, III e IV.
c) II, IV e V.
d) III e V apenas.
e) II e III.

4. (UEPG-PR) Sobre histologia animal, assinale o que for correto[1].

01. No início do desenvolvimento embrionário surgem os primeiros tecidos, os chamados folhetos embrionários, os quais, por diferenciação, dão origem a todos os tecidos do animal adulto.

02. Os dois primeiros folhetos são a ectoderme e a endoderme. O terceiro folheto é a mesoderme, que se forma entre os dois anteriores e cuja presença revela maior nível de complexidade do animal, que apresentará maior diversidade de tecidos quando adulto.

04. Os animais são classificados em diploblásticos, quando só têm a ectoderme e a endoderme, e triploblásticos, quando também apresentam a mesoderme.

08. A mesoderme pode ainda se diferenciar em dois folhetos, abrindo uma cavidade entre eles, denominada celoma. No interior do celoma existe um líquido que funciona como um esqueleto hidrostático.

16. Nos vertebrados, a ectoderme dá origem à epiderme, ao sistema nervoso, à hipoderme e aos músculos. A endoderme forma o tubo digestório, o sistema respiratório e as glândulas. A mesoderme origina os tecidos conjuntivos.

Resposta: Soma (___)

5. (Unesp) De modo geral, o período normal de gestação de um mamífero está diretamente relacionado ao tamanho do corpo. O período de gestação do elefante, por exemplo, é de 22 meses, o do rato doméstico, de apenas 19 dias. O gambá, entretanto, que tem tamanho corporal maior que o do rato doméstico, tem um período de gestação de apenas 13 dias, e seus filhotes nascem muito pequenos, se comparados com os filhotes do rato. Considerando essas informações, responda:

a) Por que o gambá, de maior porte que o rato, tem período de gestação menor? Justifique.

b) Qual é o anexo embrionário presente no rato e no elefante, mas ausente, ou muito pouco desenvolvido, nos gambás? Cite uma função atribuída a esse anexo embrionário.

6. (UFPR) No desenvolvimento humano, após a fertilização, o zigoto entra em um processo de sucessivas clivagens, produzindo um embrião multicelular. Cerca de uma semana após a fertilização, o embrião consiste em uma esfera oca, denominada de blastocisto, que irá se implantar na parede uterina e prosseguir no desenvolvimento embrionário, passando pelos processos de gastrulação, neurulação e organogênese. As células-tronco embrionárias são obtidas de embriões humanos no estágio de blastocisto. Essas células têm sido alvo de crescentes e polêmicas investigações científicas, devido à sua potencialidade de diferenciarem-se em qualquer um dos mais de 200 tipos celulares humanos, havendo interesse na sua utilização para fins terapêuticos. Devido à sua totipotência, possivelmente as células-tronco embrionárias possam funcionar como células substitutas em diversos tecidos lesionados ou doentes.

a) Cite uma alteração importante que ocorre no embrião durante:

   a.1) clivagem:

   a.2) gastrulação:

   a.3) neurulação:

b) O que é totipotência?

c) Por que geralmente são utilizadas células provenientes do blastocisto, e não de uma gástrula ou nêurula, para produzir novas células com fins terapêuticos?

---

[1] Dê como resposta a soma dos números associados às alternativas corretas.

Tecido epitelial, pele e anexos

Multicelularidade e tecido epitelial

Nos organismos multicelulares as células estão associadas e formam conjuntos especializados na realização de funções determinadas. Esses conjuntos são chamados **tecidos**.

Características gerais dos tecidos

Os tecidos são formados por **células** e pela **matriz extracelular** (MEC), que é constituída por **substâncias intercelulares** (em grande parte, polissacarídios e glicoproteínas) produzidas pelas células e preenche os espaços entre elas.

Nos vertebrados, os tecidos são agrupados em quatro grandes categorias: **epitelial**, **conjuntivo**, **muscular** e **nervoso**.

Tecidos epiteliais

São formados por células justapostas, poliédricas, que ficam apoiadas na **lâmina basal**, uma camada de matriz extracelular constituída, principalmente, de colágeno e que separa o epitélio do tecido conjuntivo situado logo abaixo.

Os epitélios são desprovidos de vasos sanguíneos. Recebem, por difusão, gás oxigênio e nutrientes dos tecidos conjuntivos adjacentes. Da mesma forma eliminam gás carbônico e excretas para esses tecidos.

As células dos tecidos epiteliais podem apresentar, em sua superfície livre, vários tipos de especializações como **microvilosidades**, **cílios** e **invaginações**.

Os tecidos epiteliais podem ser de dois tipos, a seguir:

- **Tecidos epiteliais de revestimento**

Desempenham diferentes funções, como absorver substâncias e proteger contra agentes nocivos e dessecamento.

Revestem a superfície externa do corpo, as cavidades de órgãos ocos, como o útero e o estômago, e a superfície interna dos vasos sanguíneos.

O formato e o número de camadas de células do tecido epitelial estão relacionados às funções que ele desempenha: o **epitélio simples**, como o dos vasos sanguíneos, favorece a troca de substâncias; já as várias camadas de células do **epitélio estratificado**, como o da uretra, proporcionam proteção e capacidade de renovação do tecido.

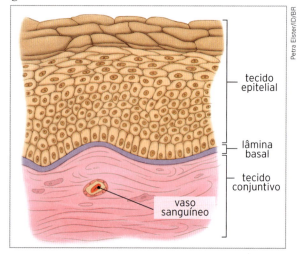

Representação de um tecido epitelial.

- **Tecidos epiteliais glandulares**

Produzem e eliminam **secreções**, constituindo as **glândulas**. Estas podem ser:

  - **exócrinas:** eliminam a secreção na superfície do corpo ou na cavidade de órgãos, por meio de um ducto ou canal secretor que transporta a secreção desde a porção secretora. São classificadas de acordo com o formato da porção secretora, da forma do ducto e do processo de eliminação da secreção. Um exemplo são as glândulas salivares.
  - **endócrinas:** não possuem ductos ou canais e eliminam suas secreções, denominadas **hormônios**, diretamente no sangue. São exemplos a hipófise e a tireoide.
  - **mistas:** glândulas que são ao mesmo tempo exócrinas e endócrinas. Um exemplo é o pâncreas humano: a porção exócrina desse órgão elabora e elimina o suco pancreático, com função digestiva, no interior do intestino; a porção endócrina elabora hormônios que regulam a taxa de glicose no sangue.

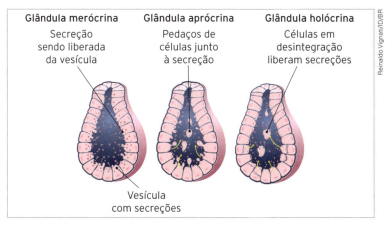

Representação dos processos de secreção das células secretoras que compõem as glândulas.

■ Pele humana, anexos da pele e cuidados

A pele humana é um órgão complexo, constituído por vários tecidos e com diversas funções:
- **Proteção:** atua como barreira aos microrganismos, às lesões, aos raios solares prejudiciais e à perda excessiva de umidade.
- **Manutenção da temperatura corpórea:** por meio da produção de suor ou da contração e dilatação dos vasos sanguíneos.
- **Função sensorial:** na pele estão localizadas várias terminações nervosas que captam estímulos táteis, térmicos ou dolorosos provenientes do ambiente externo.

A pele é formada por duas camadas: a **epiderme**, camada mais externa, constituída por tecido epitelial pavimentoso e estratificado, e a **derme**, abaixo da epiderme, constituída por tecido conjuntivo. A **tela subcutânea** é a camada situada abaixo da pele; é formada por tecido conjuntivo frouxo, que participa do controle da temperatura dos animais, pois é rica em fibras, gordura e vasos sanguíneos.

Os pelos, as unhas e as glândulas são **anexos da pele**.

Epiderme

As células oriundas da base da epiderme estão em constante divisão para substituir as células mortas das camadas mais superficiais, que se soltam do corpo.

Os principais tipos de células na epiderme são:
- **Queratinócitos:** existem em grande quantidade e produzem **queratina**, uma proteína impermeabilizante.
- **Melanócitos:** são células produtoras de **melanina**, pigmento proteico que é incorporado aos queratinócitos.

A epiderme apresenta outras células especializadas: as **células de Langerhans** (que capturam microrganismos) e as **células de Merkel** (que captam estímulos táteis).

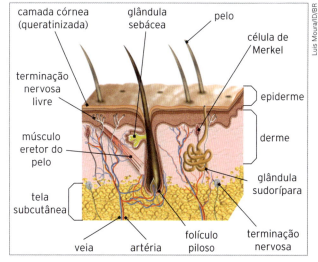

Representação da pele, vista em corte.

Derme

Nessa camada, rica em fibras colágenas, localizam-se as raízes dos pelos dos mamíferos, as glândulas sudoríparas e sebáceas e os receptores sensoriais.

Anexos da pele

Os **pelos** são filamentos de células queratinizadas mortas.

As **unhas** são formadas por células mortas queratinizadas, que crescem sob uma dobra de pele.

As **glândulas sebáceas** são pequenas bolsas que envolvem os folículos pilosos, lubrificando a pele e os pelos.

As **glândulas sudoríparas** são responsáveis pela regulação da temperatura do corpo.

Questões

1. **(PUC-RJ)** O tecido epitelial tem como função fazer o revestimento de todos os órgãos do corpo. Neste sentido, pode-se afirmar que:
   a) é ricamente vascularizado.
   b) suas células são anucleadas.
   c) suas células encontram-se justapostas.
   d) apresenta junções celulares como as sinapses.
   e) possui grande quantidade de substância intercelular.

2. **(Uece)** Na primeira coluna da tabela a seguir, encontram-se listadas estruturas da pele e, na segunda, algumas das funções desempenhadas por essas estruturas.

Estruturas	Funções
Pelos	Controle de temperatura
Células adiposas	Excreção
Glândulas sebáceas	Armazenagem
Glândulas sudoríparas	

   Tomando como base a tabela anterior, assinale a alternativa que contém, apenas, estruturas que desempenham, pelo menos, duas das funções mencionadas na tabela.
   a) Glândulas sudoríparas e glândulas sebáceas.
   b) Pelos e células adiposas.
   c) Pelos e glândulas sudoríparas.
   d) Glândulas sudoríparas e células adiposas.

3. **(UTF-PR)** O tecido epitelial glandular é formado por glândulas que produzem e secretam substâncias no sangue ou em cavidades ou superfícies do corpo. A hipófise, que lança seus hormônios no sangue, e as glândulas salivares, que lançam suas secreções na boca, são, respectivamente, glândulas:
   a) exócrinas, ambas.
   b) endócrinas, ambas.
   c) exócrina, endócrina.
   d) endócrina, exócrina.
   e) de função mista, ambas.

4. **(UFPR)** O esquema a seguir é representativo de um epitélio de revestimento estratificado. Pode-se observar que as camadas superiores, em contato com o meio externo, são compostas por células cada vez mais achatadas. Além disso, essas células achatadas geralmente estão mortas e descamam do tecido. Um exemplo desse tipo de epitélio é encontrado no esôfago de animais carnívoros.

   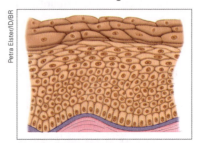

   Qual o principal motivo que leva essas células a morrerem e descamarem do epitélio?
   a) O atrito causado pelos componentes do meio externo que entram em contato com o epitélio.
   b) A justaposição das células, que cria uma falta de espaço para que todas se acomodem na superfície do epitélio.
   c) O contato com o meio externo, que leva a uma hiperoxigenação das células.
   d) A distância dessas células em relação às fontes de oxigênio e alimento, trazidos pelos tecidos adjacentes ao epitélio.
   e) O deslocamento da posição das organelas intracelulares, por conta do achatamento promovido pelo citoesqueleto.

5. (Ufpel-RS) A pele é um órgão muito importante para a homeostasia do corpo humano. Ela protege contra agentes mecânicos, químicos e biológicos, além de evitar a perda excessiva de água e fazer o controle da temperatura corporal. Baseado no texto e em seus conhecimentos, é INCORRETO afirmar que:

a) o suor é formado por água e outras substâncias, como os sais. Ele é produzido pelas glândulas sudoríparas presentes na pele, que são exemplos de glândulas exócrinas.

b) a epiderme é formada por um epitélio estratificado, e a camada mais superficial é formada por células repletas de queratina e, normalmente, esse epitélio descama.

c) a derme é formada predominantemente por tecido conjuntivo; esse tecido é vascularizado e responsável pela nutrição do tecido epitelial, que é avascular.

d) a pele possui células mecanorreceptoras, que estão associadas a terminações nervosas e conduzem o estímulo mecânico ao sistema nervoso.

e) o tecido adiposo é encontrado na região mais profunda da derme. Ele produz gordura (sebo), que é liberada diretamente para a epiderme, fazendo a sua lubrificação.

6. "Obsessão por ficar bronzeado é muito mais do que um simples desejo estético. Pode ser uma doença perigosa." Essa manchete veiculada pela *Istoé*, de setembro de 2008, levanta a discussão sobre o câncer de pele, tipo mais frequente no Brasil (cerca de 25% de todos os tumores malignos registrados).

Sobre a pele, órgão que recobre o corpo, podemos afirmar corretamente que:

a) nos animais, apresenta órgãos anexos diversos, como folículos pilosos, glândulas sudoríparas e sebáceas, penas, escamas e cascos.

b) possui organização anatômica diferente entre os grupos étnicos humanos existentes no mundo.

c) humanos de pele escura produzem a mesma quantidade de melanócitos que os de pele clara e, portanto, ambos produzem a mesma quantidade de melanina.

d) a epiderme é extremamente irrigada por vasos, sendo, por esse motivo, tão vulnerável ao ataque de microrganismos.

7. (UFMG) A doença celíaca consiste em um distúrbio inflamatório do intestino delgado que ocorre em indivíduos com sensibilidade ao glúten e à ingestão de trigo, centeio ou cevada.

Analise estas duas figuras, em que está representada uma região do intestino delgado em um indivíduo normal – I – e em um indivíduo com doença celíaca – II:

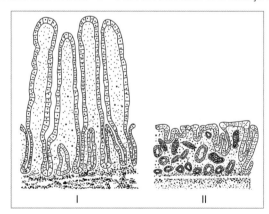

Considerando-se a alteração estrutural representada na Figura II, é INCORRETO afirmar que indivíduos portadores de doença celíaca podem apresentar:

a) baixa produção de hemoglobina.
b) diminuição da densidade mineral óssea.
c) aumento da absorção de água.
d) retardo do crescimento corporal.

Tecidos conjuntivos

Os tecidos conjuntivos apresentam características e funções variadas. Em geral, as células têm grande capacidade regenerativa e variam em forma, função e localização. A matriz extracelular (MEC) é abundante, apresenta uma parte amorfa e é rica em fibras proteicas.

As **fibras proteicas** são de três tipos básicos:

- **Fibras de colágeno:** constituídas por **colágeno**, as proteínas mais abundantes no corpo humano, conferem resistência à tração. Nos tendões, músculos e nervos as fibras de colágeno ocorrem em feixes.

- **Fibras elásticas:** constituídas pela proteína **elastina**, são mais finas do que as fibras de colágeno e conferem elasticidade aos órgãos, por exemplo, à pele.

- **Fibras reticulares:** constituídas por **reticulina** (um tipo de colágeno), em geral, apresentam ramificações que formam uma malha que liga o tecido conjuntivo aos tecidos adjacentes. São abundantes no baço e na medula óssea vermelha, por exemplo.

A parte amorfa da matriz é formada por água, polissacarídios ligados a proteínas, sais minerais, glicoproteínas e proteínas. Essas substâncias conferem propriedades à matriz, tais como a adesão celular (obtida por meio das integrinas), o volume da pele e a forma dos olhos, e asseguram a lubrificação das articulações (função desempenhada pelo ácido hialurônico).

De acordo com os tipos e a quantidade de células e as características da matriz extracelular, os tecidos conjuntivos são classificados em sete tipos básicos diferentes, conforme exposto na tabela a seguir.

Classificação dos tecidos conjuntivos		
Tecido conjuntivo propriamente dito	Frouxo	
	Denso	Modelado
		Não modelado
Tecidos conjuntivos especiais	Adiposo	
	Cartilaginoso	
	Ósseo	
	Hematopoiético	

■ Tecido conjuntivo propriamente dito (TCPD)

Também chamado de **tecido conjuntivo conectivo**, está presente em quase todos os órgãos do corpo. Desempenha as funções de transporte de substâncias, defesa do organismo e nutrição de tecidos sem vascularização.

As principais células do TCPD são: fibroblastos, macrófagos, plasmócitos, mastócitos e células mesenquimatosas.

Tecido conjuntivo frouxo

Apresenta diferentes tipos de fibra (colágenas, elásticas e reticulares) e diferentes tipos de célula (fibroblastos, macrófagos, plasmócitos e mastócitos) em quantidades semelhantes. É flexível, não tem muita resistência à tração.

Participa da nutrição de células epiteliais. Suas fibras e células participam dos processos de cicatrização.

Envolve vasos sanguíneos e linfáticos, nervos e músculos, dando-lhes sustentação. Localiza-se abaixo da epiderme e está em todo o corpo, exceto no cérebro e na medula espinal.

Tecido conjuntivo denso não modelado

Predomínio de fibras colágenas, dispostas aleatoriamente, e de células do tipo fibroblastos.

É mais resistente à tração, levemente flexível e pouco elástico.

Localiza-se na derme, na bainha dos nervos, nas membranas que recobrem os ossos e cartilagens e nas cápsulas que envolvem alguns órgãos e glândulas (ovários, rins e fígado, por exemplo).

Tecido conjuntivo denso modelado

Predomínio de fibras colágenas, dispostas paralelamente ao sentido da tração; é pobre em células.

É resistente e pouco elástico.

Localiza-se na derme, nos ligamentos (estruturas que ligam os ossos entre si) e nos tendões (ligam os músculos aos ossos).

■ Tecidos conjuntivos especiais

Os tecidos conjuntivo adiposo, cartilaginoso, ósseo e sanguíneo constituem os tecidos conjuntivos especiais.

Tecido conjuntivo adiposo

Apresenta células grandes, arredondadas, nas quais os lipídios ocupam grande parte do citoplasma, deslocando o núcleo para a periferia, denominadas **adipócitos** ou **células adiposas**.

Realiza as trocas de gases, nutrientes e excretas com os vasos sanguíneos presentes no tecido conjuntivo frouxo adjacente.

Tem como função a reserva de energia. Nos mamíferos que habitam ambientes frios, atua como isolante térmico.

Tecido conjuntivo cartilaginoso ou cartilagem

É firme e flexível. Promove a sustentação do corpo, juntamente com o tecido conjuntivo ósseo.

Amortece o impacto entre os ossos, pois reveste as superfícies das **articulações** (região de contato entre dois ossos) e participa da sustentação de órgãos externos (orelhas externas e nariz) e órgãos tubulares internos (traqueia).

Os **condroblastos** são células responsáveis pela síntese e pela liberação de matriz extracelular.

Os **condrócitos** são condroblastos maduros, pouco ativos, que ficam alojados em cavidades presentes na matriz extracelular.

Não apresenta vasos sanguíneos, vasos linfáticos e nervos.

As células recebem gás oxigênio e nutrientes por difusão a partir do tecido conjuntivo que envolve as cartilagens, o **pericôndrio**.

■ Tecido conjuntivo ósseo

O tecido conjuntivo ósseo constitui os ossos.

Além da sustentação do corpo, os ossos têm como funções a fixação de músculos, a proteção de órgãos internos, o armazenamento de cálcio e a produção de células sanguíneas.

Matriz extracelular do tecido ósseo

É constituída, principalmente, por fibras colágenas e cristais de fosfato de cálcio, além de íons minerais como magnésio, potássio e sódio. A matriz óssea é sólida e rígida.

Células do tecido ósseo

- **Osteoblastos:** responsáveis pela produção da matriz óssea, apresentam longos prolongamentos do citoplasma que se interconectam com osteoblastos vizinhos.

- **Osteócitos:** células que participam da manutenção da matriz óssea. Após a calcificação da matriz óssea os osteoblastos tornam-se maduros, passando a ser chamados de osteócitos.

- **Osteoclastos:** células multinucleadas que promovem a degradação da matriz óssea em áreas lesionadas ou envelhecidas do osso, possibilitando a ação dos osteoblastos na sua recuperação ou renovação.

Estrutura dos ossos

O tecido ósseo organiza-se em unidades microscópicas denominadas **osteônios** ou **sistemas de Havers**. Cada osteônio é formado por um canal central, pelo qual passam vasos sanguíneos e nervos, e por camadas concêntricas de matriz óssea, nas quais existem lacunas que abrigam os osteócitos e os canalículos que intercomunicam lacunas vizinhas.

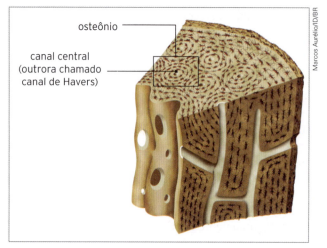

Representação de um osso em corte evidenciando suas estruturas.
Junqueira, L. C.; Carneiro, J. *Histologia básica*. 10. ed. Rio de Janeiro: Guanabara, 2004.

Tipos de tecido ósseo

A maioria dos ossos apresenta dois tipos de tecido ósseo, o **compacto** e o **esponjoso**.

O tecido ósseo compacto, como o nome indica, não apresenta cavidades e é muito rígido. Esse tipo de tecido ocorre na camada mais externa dos ossos.

Já a matriz do tecido ósseo esponjoso apresenta inúmeras cavidades, denominadas **espaços medulares**, que formam uma espécie de rede e conferem aspecto esponjoso ao osso. Esses espaços são preenchidos pela **medula óssea vermelha**, responsável pela formação das células sanguíneas. Esse tipo de tecido é encontrado, por exemplo, nas extremidades e na camada que reveste a parte interna de ossos longos como o fêmur. Esses ossos apresentam ainda a **medula óssea amarela**, um tecido adiposo (não produz células sanguíneas).

Tecido conjuntivo sanguíneo e imunidade

O sangue ou tecido conjuntivo sanguíneo é formado por **elementos figurados** (células e fragmentos de células sanguíneas) mergulhados no **plasma sanguíneo** (matriz extracelular). As principais funções do sangue são o transporte de substâncias, a regulação da temperatura corporal (absorção do calor proveniente das regiões mais internas e sua dissipação através da superfície do corpo) e a proteção contra infecções.

Plasma

Solução constituída, principalmente, de água, sais inorgânicos, proteínas, vitaminas e hormônios.

As principais proteínas presentes no plasma são:

- **Fibrinogênio:** participa da coagulação sanguínea.
- **Albuminas:** participam da regulação osmótica.
- **Imunoglobulinas** ou **anticorpos:** atuam na defesa do organismo, ligando-se a substâncias estranhas ao corpo, chamadas **antígenos**.

Elementos figurados

- **Glóbulos vermelhos** ou **hemácias** ou **eritrócitos:** células sanguíneas mais numerosas, formadas constantemente na medula óssea vermelha pelos **eritroblastos**; nos mamíferos são anucleadas e contêm milhões de moléculas de **hemoglobina**; que realizam o transporte de O_2 para as células do organismo; têm vida limitada a três ou quatro meses; são continuamente removidas pelo fígado.
- **Plaquetas** ou **trombócitos:** fragmentos anucleados de células; formados na medula óssea; liberam a **tromboplastina**, enzima que participa do processo de coagulação do sangue, evitando sua perda excessiva.
- **Glóbulos brancos** ou **leucócitos:** células envolvidas no controle de processos inflamatórios e na **defesa do corpo** contra agentes infecciosos; são maiores do que as hemácias; em relação a estas ocorrem em menor número; em indivíduos com infecção, sua produção aumenta muito; têm ciclo de vida curto; são produzidos continuamente.

Os glóbulos brancos podem ser classificados em **granulócitos** e **agranulócitos**.

Os granulócitos são formados na medula óssea e se dividem em três tipos: neutrófilos, basófilos e eosinófilos.

Os agranulócitos são formados nos órgãos linfoides (timo, baço, linfonodos e tonsilas) e se dividem em monócitos e linfócitos.

Os neutrófilos, os eosinófilos e os monócitos são capazes de realizar **diapedese**. Nesse processo, eles emitem pseudópodes e passam entre as células dos capilares, agindo nos tecidos.

Imunidade

O sistema imunitário defende o organismo de invasões ocasionadas por vírus, fungos, bactérias, etc. Essa proteção contra a invasão de agentes que podem provocar doenças (patógenos) chama-se **imunização**. A imunização pode ser **passiva** ou **ativa** e envolve a participação de anticorpos específicos contra determinado antígeno.

Na **imunização passiva**, não há atividade das células de defesa do organismo. Nela ocorre a transferência de anticorpos de outro organismo, muito importante quando a ação do antígeno é rápida, como no caso de veneno de serpentes e aranhas, de contaminação pelo vírus da raiva ou pela bactéria causadora do tétano. Nessas situações, são administrados soros com os anticorpos.

Na **imunização ativa**, os anticorpos são produzidos por células imunitárias do próprio organismo. A imunização ativa **natural** é o processo de produção de anticorpos e células de memória pelos linfócitos-B, como resposta à invasão de antígenos no nosso corpo. Uma vez que as células de memória têm um registro preciso do antígeno, uma segunda infecção pelo mesmo antígeno ocasionará uma resposta bem mais rápida. A imunização ativa **artificial** é feita por meio de **vacinas**, que são produzidas a partir de vírus ou bactérias mortos ou atenuados, que não desencadeiam a doença, mas estimulam o corpo a produzir anticorpos, tendo, portanto, caráter preventivo.

Questões

1. **(UFF-RJ)** O sistema imune apresenta um tipo de célula que passa do vaso sanguíneo para o tecido conjuntivo onde irá exercer sua função de defesa. A célula e a passagem são, respectivamente, identificadas como:
   a) basófilos e pinocitose.
   b) macrófagos e fagocitose.
   c) leucócitos e endocitose
   d) leucócitos e diapedese.
   e) glóbulos brancos e endocitose.

2. **(UFRN)** Duas crianças foram levadas a um posto de saúde: uma delas, para se prevenir contra poliomielite; a outra, para atendimento, em virtude de uma picada de serpente peçonhenta.
   Indique o que deve ser aplicado em cada criança, RESPECTIVAMENTE:
   a) Vacina (porque contém antígenos) e soro (porque contém anticorpos).
   b) Soro (porque contém antígenos) e vacina (porque contém anticorpos).
   c) Vacina (porque contém anticorpos) e soro (porque contém antígenos).
   d) Soro (porque contém anticorpos) e vacina (porque contém antígenos).

3. **(UFPel-RS)** Podemos classificar os tecidos conjuntivos de acordo com suas funções. Com relação aos diferentes tipos de tecido conjuntivo, considere as afirmativas abaixo.
   I. O tecido conjuntivo propriamente dito frouxo é muito flexível, possui poucas fibras de colágeno e as células características estão imersas na substância fundamental amorfa.
   II. O tecido conjuntivo propriamente dito denso possui grande resistência a trações e pode ser de três tipos: modelado, não modelado e fibroso.
   III. O tecido conjuntivo denso não modelado compõe os tendões e os ligamentos.
   IV. O tecido conjuntivo denso fibroso forma a derme e os envoltórios de cartilagens.
   Estão corretas apenas as afirmativas:
   a) I e IV.   b) I, II e III.   c) II e IV.   d) II, III e IV.

4. **(Cefet-SC)** Analise as proposições abaixo:
   I. O tecido conjuntivo tem a função de preencher os espaços entre os órgãos.
   II. Os diferentes tipos de tecido epitelial podem se originar dos três folhetos embrionários: ectoderme, mesoderme e endoderme.
   III. O tecido adiposo é um tipo de tecido epitelial, podendo ser encontrado nos contornos do corpo, para amortecimento de choques.
   IV. O tecido epitelial é formado por células justapostas, com pouca ou nenhuma substância intercelular.
   Assinale a alternativa correta.
   a) Apenas as proposições I, III e IV são VERDADEIRAS.
   b) Apenas as proposições I, II e IV são VERDADEIRAS.
   c) Apenas as proposições I e III são VERDADEIRAS.
   d) Apenas a proposição I é VERDADEIRA.
   e) Todas as proposições são VERDADEIRAS.

5. **(UEL-PR)** O osso, apesar da aparente dureza, é considerado um tecido plástico, em vista da constante renovação de sua matriz. Utilizando-se dessa propriedade, ortodontistas corrigem as posições dos dentes, ortopedistas orientam as consolidações de fraturas e fisioterapeutas corrigem defeitos ósseos decorrentes de posturas inadequadas. A matriz dos ossos tem uma parte orgânica proteica constituída principalmente por colágeno, e uma parte inorgânica constituída por cristais de fosfato de cálcio, na forma de hidroxiapatita.
   Com base no texto e nos conhecimentos sobre tecido ósseo, é correto afirmar:
   a) A matriz óssea tem um caráter de plasticidade em razão da presença de grande quantidade de água associada aos cristais de hidroxiapatita.
   b) A plasticidade do tecido ósseo é resultante da capacidade de reabsorção e de síntese de nova matriz orgânica pelas células ósseas.
   c) O tecido ósseo é considerado plástico em decorrência da consistência gelatinosa da proteína colágeno que lhe confere alta compressibilidade.

d) A plasticidade do tecido ósseo, por decorrer da substituição do colágeno, aumenta progressivamente, ao longo da vida de um indivíduo.
e) A matriz óssea é denominada plástica porque os ossos são os vestígios mais duradouros que permanecem após a morte do indivíduo.

6. (Fatec-SP) A bactéria causadora do tétano produz esporos que podem penetrar no corpo através de lesões na pele, liberando toxinas que atuam sobre os nervos motores, provocando fortes contrações musculares e ocasionando a morte por parada respiratória e cardíaca, se a pessoa não for tratada a tempo. Observe os gráficos A e B.

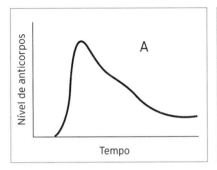
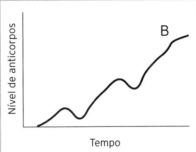

Considerando uma criança que sofreu um ferimento na perna, quando brincava na terra, identifique o procedimento mais seguro a ser adotado para evitar o tétano e o gráfico correspondente a esse procedimento.

	Procedimento	Gráfico
a)	Administração da vacina antitetânica	O **gráfico B**, que evidencia as três doses de vacina que são necessárias para aumentar os níveis de anticorpos, de forma lenta e gradual.
b)	Administração do soro antitetânico	O **gráfico B**, que evidencia o aumento dos níveis de anticorpos de forma lenta e gradual, devido à presença, no soro, de antígenos causadores da doença.
c)	Administração da vacina antitetânica	O **gráfico B**, que evidencia um aumento lento e gradual no nível de anticorpos, devido à presença, na vacina, de antígenos causadores da doença.
d)	Administração do soro antitetânico	O **gráfico A**, que evidencia um aumento súbito no nível de anticorpos, devido à presença, no soro, de anticorpos prontos e específicos para a doença.
e)	Administração da vacina antitetânica	O **gráfico A**, que evidencia um aumento súbito no nível de anticorpos, devido à presença, na vacina, de anticorpos prontos e específicos para a doença.

7. (Unicamp-SP) O gráfico abaixo representa a resposta imunitária de uma criança vacinada contra determinada doença, conforme recomendação dos órgãos públicos de saúde.

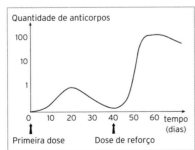

a) Explique o que são vacinas e como protegem contra doenças.
b) Observe o gráfico e explique a que se deve a resposta imunitária da criança após a dose de reforço.

Tecidos muscular e nervoso

▪ Tecido muscular

O tecido muscular é especializado na produção de movimentos e realiza várias funções no corpo humano.

O tecido muscular é formado por células alongadas altamente especializadas denominadas **fibras musculares** ou **miócitos**, que apresentam capacidade de contração, proporcionando movimento. Ao se contrair, as fibras musculares ficam mais curtas e espessas.

A contração muscular é realizada principalmente por proteínas filamentosas denominadas **actina** e **miosina**, dispostas longitudinalmente no citoplasma das fibras musculares. Há três tipos de tecido muscular: **estriado cardíaco**, **não estriado** (anteriormente chamado de **liso**) e **estriado esquelético**.

Músculo estriado cardíaco

O **tecido muscular estriado cardíaco** é formado por fibras que apresentam **estrias transversais** visíveis ao microscópio de luz devido ao padrão regular de disposição dos filamentos de actina e miosina. O tecido muscular estriado cardíaco constitui músculos de contração **rápida**, **ritmada** e **involuntária**. Ocorre no coração (miocárdio).

Músculo não estriado

O **tecido muscular não estriado** é constituído por fibras fusiformes **sem estrias transversais**, pois os filamentos de actina e miosina estão dispostos em um padrão irregular.

Os músculos do tecido muscular não estriado têm contração **lenta** e **involuntária**, como no tubo digestório (esôfago, estômago e intestino), na bexiga urinária, no útero e nos vasos sanguíneos.

Músculo estriado esquelético

O **tecido muscular estriado esquelético** é formado por fibras muito alongadas. Os filamentos de actina e miosina estão agrupados em feixes formando **miofibrilas**. Cada miofibrila é constituída por filamentos de actina e miosina, organizados segundo um padrão que se repete. Cada unidade de repetição do padrão é denominada **sarcômero** ou **miômero**, que são as unidades funcionais contráteis. As fibras apresentam **estrias transversais**.

O tecido muscular estriado esquelético constitui músculos de contração **rápida** e **voluntária**, em geral presos aos ossos do corpo.

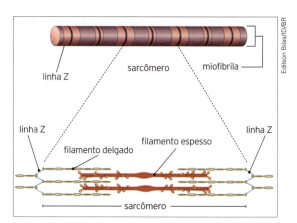

Representação de uma miofibrila. Observe como os filamentos de actina e miosina estão organizados formando as estrias.

Contração da fibra muscular

A contração da fibra muscular é resultado do deslizamento dos filamentos de actina entre os filamentos de miosina, promovendo a redução do comprimento do sarcômero.

Para que a contração ocorra, são necessários dois componentes principais:
- **energia**, obtida pelas numerosas mitocôndrias a partir da glicose estocada em grânulos de glicogênio armazenados no sarcoplasma;
- **íons cálcio** (Ca^{++}), armazenados no citoplasma.

▪ Tecido nervoso

O tecido nervoso constitui todas as estruturas que compõem o **sistema nervoso**. Nos vertebrados, esse sistema controla diversas funções do organismo, como digestão, respiração, reprodução e excreção, e permite que o organismo se relacione com o ambiente. Nos vertebrados, o sistema nervoso é muito desenvolvido e mais complexo, sendo dividido em **sistema nervoso central** (SNC) e **sistema nervoso periférico** (SNP).

O **sistema nervoso central** (SNC) humano é formado pelo **encéfalo** e pela **medula espinal**. Ele integra e processa informações recebidas ou enviadas para as demais partes do organismo. É responsável, também, por pensamentos, memórias e emoções.

O **sistema nervoso periférico** (SNP) é formado por **nervos** e **gânglios nervosos**. Ele conduz informações do SNC para o resto do corpo e, em direção inversa, dos órgãos dos sentidos e das células sensoriais distribuídas em todos os órgãos para o SNC.

Principais células do tecido nervoso

Neurônios		Gliócitos ou células da glia
Têm capacidade de regeneração reduzida. Recebem e transmitem estímulos por meio da propagação de **impulsos nervosos**. O **corpo celular** contém um núcleo grande e organelas citoplasmáticas; dele partem vários prolongamentos citoplasmáticos: ■ os mais curtos e numerosos são chamados **dendritos**, cuja função é receber informações de outros neurônios e das células sensoriais, transmitindo-as ao corpo celular; ■ um único e mais longo é denominado **axônio** ou **fibra nervosa**, cuja função é conduzir informações do corpo celular entre os neurônios e para músculos e glândulas. Sua extremidade ramifica-se em diversos prolongamentos menores, o **terminal axônico**.		Células presentes apenas no SNC. São menores e mais numerosas do que os neurônios. Não possuem axônios e, portanto, não produzem impulsos nervosos.

Classificação dos neurônios		
Critério	**Nome**	**Caracterização**
Função	Sensitivos (ou aferentes, ou sensoriais)	Recebem impulsos nervosos do meio externo (captados pelos órgãos sensoriais) e do meio interno (captados pelas células sensoriais), transmitindo-os ao SNC.
	Motores (ou eferentes)	Transmitem informações do SNC para órgãos efetores, como músculos e glândulas.
	Associativos (ou interneurônios)	Fazem conexão entre neurônios de diferentes tipos.

Fibras nervosas

Os axônios ou fibras nervosas podem ser de dois tipos: fibras mielinizadas e fibras não mielinizadas. Cada fibra, mielinizada ou não, está revestida por uma camada de tecido conjuntivo denominado **endoneuro**.

- **Fibras mielinizadas** apresentam células em torno de sua superfície, formando um envoltório pluriestratificado denominado **estrato mielínico**. O estrato mielínico é descontínuo, pois apresenta constrições denominadas **nós neurofibrosos**.
- **Fibras não mielinizadas** não apresentam estrato mielínico.

Nervos

Os **nervos** são constituídos por um conjunto de feixes de fibras nervosas.

Eles estabelecem a comunicação entre o SNC e as estruturas sensoriais (órgãos dos sentidos e células sensoriais) e efetoras (órgãos que efetuam resposta, como glândulas e músculos).

Os nervos podem ser de três tipos:

- **Nervos sensitivos:** formados por fibras sensoriais, que transmitem informações do meio externo e do interior do corpo para o SNC.
- **Nervos motores:** formados por fibras motoras, que enviam informações do SNC para músculos e glândulas.
- **Nervos mistos:** possuem fibras sensoriais e fibras motoras, desempenhando as duas funções. São os mais comuns no corpo humano.

Impulso nervoso

É a propagação de um sinal elétrico ao longo do neurônio. Nas fibras mielinizadas, os lipídios e as proteínas do estrato mielínico atuam como isolante elétrico, fazendo que os impulsos nervosos se propaguem apenas nos nós neurofibrosos (**condução saltatória**), aumentando sua velocidade de propagação ao longo do axônio. O impulso nervoso se propaga, preferencialmente, no sentido dos dendritos para o axônio.

Sinapse é a área de proximidade entre um neurônio e outro (**sinapse nervosa**), ou entre um neurônio e uma célula muscular (**sinapse neuromuscular**), por onde o impulso nervoso é transmitido. Existem dois tipos de sinapse nervosa: a elétrica e a química.

Na **sinapse elétrica**, a transmissão do impulso nervoso ocorre pelo contato físico entre as membranas das células, ou seja, por junções especiais. É observada em células do músculo não estriado, células do músculo cardíaco e entre neurônios de regiões do SNC.

Na **sinapse química**, não há contato físico entre as membranas das células. A transmissão do impulso se dá através de um espaço entre as células (**fenda sináptica**), por onde passam **neurotransmissores**, que são moléculas sintetizadas por neurônios.

Os neurotransmissores apresentam efeitos diversos sobre os neurônios. Os mais comuns são adrenalina, noradrenalina, acetilcolina, dopamina e serotonina.

1. **(UFRGS-RS)** Para que um impulso nervoso possa ser transmitido de um neurônio a outro, é necessária a liberação, na fenda sináptica, de mediadores químicos. Um desses mediadores é a:
   a) insulina.
   b) tirosina.
   c) vasopressina.
   d) acetilcolina.
   e) histamina.

2. **(UFC-CE)** Considere o texto a seguir:

   Um implante de células nervosas, já testado com sucesso em ratos para recuperar lesões cerebrais, foi feito pela primeira vez em seres humanos nos EUA, por pesquisadores da Universidade de Pittsburgh, segundo informou ontem o jornal *The Washington Post*. [...] O material implantado, extraído de um tumor de testículo, foi cultivado em laboratório por 20 anos. Nesse período, os cientistas foram capazes de "forçar" quimicamente a transformação das células cancerosas em neurônios. As células de tumor foram escolhidas porque têm grande poder de multiplicação. [...] Cerca de 2 milhões de novas células nervosas foram aplicadas na região lesada de uma mulher de 62 anos, parcialmente paralisada por um derrame cerebral ocorrido há 19 anos. [...] Segundo os pesquisadores, a eficácia da operação só poderá ser comprovada em alguns meses.
   Folha de S.Paulo, 3 jul. 1998.

   Ao transformar células cancerosas em células nervosas, os cientistas conseguiram que estas últimas passassem a ter a seguinte constituição básica:
   a) corpo celular, parede celular e flagelos.
   b) parede celular, axônio e dendritos.
   c) corpo celular, axônio e dendritos.
   d) axônio, dendritos e flagelos.
   e) corpo celular, parede celular e dendritos.

3. **(Cefet-MG)** A questão refere-se ao neurônio a seguir.

   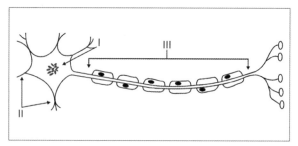

   A sequência que apresenta o sentido correto de propagação do impulso nervoso em um neurônio é:
   a) I → II → III
   b) I → III → II
   c) II → I → III
   d) III → II → I

4. **(UFPB)** O tecido muscular caracteriza-se por apresentar diversidade morfológica e células especializadas e responsáveis pelos movimentos.
   Sobre a estrutura dos tecidos musculares e suas características, é correto afirmar:
   a) Os sarcômeros são constituídos unicamente por filamentos proteicos de miosina.
   b) A contração, nas células musculares, é causada pela ausência de ATP e íons cálcio, livres no citosol.
   c) Os filamentos de actina deslizam entre os de miosina durante a contração muscular.
   d) As fibras musculares brancas, nos músculos esqueléticos, são ricas em mioglobina e possuem grande quantidade de mitocôndrias.
   e) As fibras musculares esqueléticas de um indivíduo que passa muito tempo em repouso apresentam altas concentrações de ácido lático.

5. (UFPel-RS) O tecido nervoso é um dos quatro tipos de tecidos presentes no corpo humano. Ele é fundamental na coordenação das funções dos diferentes órgãos. As células responsáveis pelas suas funções são os neurônios [...].

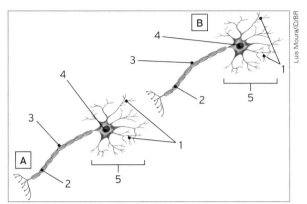

Disponível em: <http://macosa.dima.unige.it/diz/n1/heurone.gif>. [Adapt.]

Com base nos textos e em seus conhecimentos, é INCORRETO afirmar que:

a) geralmente o sentido da propagação do impulso nervoso é A para B, e por isso a estrutura 1 é especializada na transmissão do impulso nervoso para um outro neurônio ou para outros tipos celulares.

b) tanto a estrutura representada pelo número 1 quanto 2 são ramificações do neurônio, sendo que geralmente a 2 é única e mais longa.

c) a estrutura número 3 pode ser formada pela célula de Schwann. Ela desempenha um papel protetor, isolante e facilita a transmissão do impulso nervoso.

d) a estrutura número 4 está no centro metabólico do neurônio, onde também se encontra a maioria das organelas celulares.

e) considerando o sistema nervoso central, a região número 5 está presente na substância cinzenta e ausente na branca.

6. (UFPE) Na figura ilustra-se uma sinapse nervosa, região de interação entre um neurônio e uma outra célula. Com relação a esse assunto, é correto afirmar que[1]:

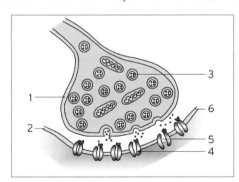

( ) a fenda sináptica está compreendida entre a membrana pré-sináptica do neurônio (1) e a membrana pós-sináptica da célula estimulada (2).

( ) na extremidade do axônio existem vesículas sinápticas (3), que contêm substâncias como a acetilcolina e a noradrenalina.

( ) os neurotransmissores liberados pelo axônio ligam-se a moléculas receptoras (4) na membrana pós-sináptica.

( ) canais iônicos (5), na membrana pós-sináptica, permitem a entrada de íons Na⁺ na célula.

( ) a passagem do impulso nervoso pela sinapse é um fenômeno físico-químico; depende do número de vesículas sinápticas na parede da célula estimulada (6).

---

[1] Indique as alternativas falsas (F) e as verdadeiras (V).

Sistemática

Classificação dos seres vivos

A parte da Biologia que identifica, descreve, nomeia e classifica os seres vivos em categorias é chamada **taxonomia**. Essa área da Biologia trabalha com **táxons**, que reúnem os organismos em um grupo mais abrangente, chamado reino, no mais restrito, chamado espécie.

Graças ao **nome científico** dado aos seres vivos é possível reconhecer os organismos em qualquer país, independentemente da língua que se utiliza.

Veja as regras para a utilização de nomes científicos:

- o gênero sempre deve ser iniciado com letra maiúscula e a palavra que designa a espécie deve ser escrita com letra minúscula;
- os nomes devem ser escritos em latim ou com palavras latinizadas;
- o nome científico, em um texto impresso, deve estar destacado do texto principal, em itálico ou sublinhado separadamente;
- se uma certa espécie não é determinada, mas o gênero é conhecido, ele pode ser utilizado sozinho seguido da abreviatura **sp.**, que significa qualquer espécie. Exemplo: o gênero e a espécie utilizados para designar o homem são *Homo sapiens* ou *Homo* sp.

As categorias (ou níveis taxonômicos) utilizadas hoje seguem os conceitos propostos pelo naturalista sueco Lineu. São elas: reino, filo, classe, ordem, família, gênero e espécie.

Veja no quadro as principais características dos cinco reinos que compõem a atual classificação taxonômica:

Quadro comparativo dos cinco reinos de seres vivos, mostrando os principais critérios de classificação					
Reino	Núcleo (carioteca)	Parede celular	Nutrição	Nº de células	Tecidos
Monera	Não	Sim	Autótrofos ou heterótrofos	Unicelulares	Não
Protoctista	Sim	Sim, na maioria das algas Não, em protozoários	Autótrofos ou heterótrofos	Uni ou multicelulares	Não
Fungo	Sim	Sim	Heterótrofos	Uni ou multicelulares	Não
Planta	Sim	Sim	Autótrofos	Multicelulares	Sim
Animal	Sim	Não	Heterótrofos	Multicelulares	Sim

Sistemática filogenética

Até o século XIX, a concepção predominante para explicar a diversidade das espécies era o **fixismo**. Porém, as pesquisas de **Charles Darwin** deram origem à **teoria da evolução**.

Fixismo

Estipulava que os seres vivos eram imutáveis e tinham sido criados há muito tempo, o que favorecia os **sistemas de classificação artificiais**.

Teoria da evolução

Charles Darwin propôs a **teoria da evolução** em 1859, quando publicou *A Origem das Espécies*. Alguns dos fundamentos dessa teoria estão descritos a seguir.

- Os organismos não são imutáveis e pequenas mudanças podem aparecer a cada nova geração, tornando alguns seres vivos mais bem adaptados ao ambiente.
- Os indivíduos mais bem adaptados ao ambiente possuem vantagens sobre os demais, sobrevivendo por mais tempo e deixando mais descendentes.

Darwin chamou o processo de **evolução por seleção natural**.

A classificação passou então a refletir as **relações de ancestralidade** e **descendência**.

Os conceitos de espécie e população segundo a teoria da evolução são apresentados a seguir.
- **Espécie:** unidade fundamental de classificação para taxonomia. É o conjunto de organismos que podem cruzar e produzir descendentes férteis.
- **População:** conjunto de organismos de uma mesma espécie que vivem em uma mesma área, durante o mesmo período. É considerada uma unidade evolutiva.

As relações de parentesco evolutivo entre os seres vivos são ilustradas em diagramas: as **árvores filogenéticas** e os **cladogramas**.

Árvores filogenéticas

A relação evolutiva entre as espécies é organizada em diagramas denominados **árvores filogenéticas**. Algumas de suas características estão expostas a seguir.
- Partem de um tronco, onde está localizado o **ancestral comum**, que se ramifica indicando o ponto em que uma espécie deu origem a espécies novas.
- Organizam as espécies com base nas chamadas "novidades evolutivas" ou **apomorfias**, características que não estavam presentes no ancestral.
- São **divididas em clados**, ou **grupos monofiléticos**, que reúnem um ancestral comum e todos os seus descendentes.
- Também estão representados os **grupos polifiléticos**, compostos de seres vivos que não possuem um ancestral comum exclusivo.

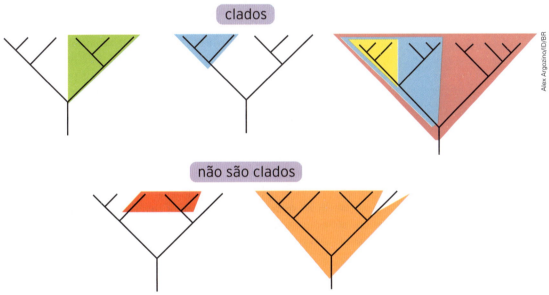

Representação de cladogramas hipotéticos destacando alguns grupos para exemplificar o que é um clado. O grupo rosa é um clado mais abrangente e inclui os clados azul e amarelo. Note que todos têm um ancestral comum. Em vermelho e em laranja estão representados grupos polifiléticos.

Especiação

A formação de novas espécies, ou **especiação**, pode acontecer de várias maneiras e ser decorrente de diversos fatores:
- **variabilidade genética:** devido a mutações e recombinação gênica;
- **hibridação:** por meio do cruzamento de espécies muito próximas;
- **isolamento reprodutivo:** impede ou reduz o fluxo gênico entre partes da população. O isolamento reprodutivo pode decorrer do **isolamento geográfico**, que é a separação geográfica entre indivíduos de uma população original.

Questões

1. **(UFU-MG)** Observe a árvore filogenética adiante.

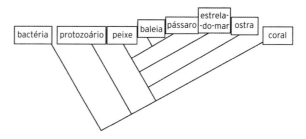

Espera-se encontrar maior semelhança entre os genes de:
a) baleia e pássaro.
b) bactéria e protozoário.
c) estrela-do-mar e ostra.
d) ostra e coral.

2. **(FGV-SP)** O sistema de classificação taxonômica ainda hoje utilizado foi elaborado por Carl von Linné 101 anos antes de Charles Darwin publicar *A origem das espécies*.

Para Lineu, a invariabilidade das espécies é a condição da ordem na natureza. Para Darwin, nossas classificações deveriam se tornar, até onde for possível adequá-las, genealogias.

Já no início do atual século, o pesquisador norte-americano Kevin de Queiroz propôs que adotássemos um novo código de classificação, no qual se perderiam as categorias taxonômicas mais amplas do sistema lineano (praticamente do gênero para cima) e que fosse norteado pelas relações de proximidade evolutiva entre os seres vivos.

A partir do texto, pode-se dizer que:

a) o sistema lineano de classificação não permite visualizar as relações de ancestralidade e descendência entre os seres vivos.
b) mesmo após a publicação do livro de Darwin, o sistema lineano foi mantido por esclarecer acerca das relações evolutivas entre as espécies.
c) para Darwin, a classificação taxonômica deveria ser readequada para que refletisse o grau de semelhança morfológica entre as espécies.
d) para o pesquisador Kevin de Queiroz, as espécies não têm importância quando da construção de um sistema de classificação taxonômica.
e) Lineu antecipou, em 101 anos, os conceitos evolutivos posteriormente postulados por Darwin, conceitos estes atualmente questionados por Kevin de Queiroz.

3. **(UFU-MG)** Pela recente metodologia filogenética de classificação dos seres vivos (cladística), somente são considerados como táxons válidos aqueles seres que possuem um ancestral comum, indicado pelas características comuns compartilhadas (sinapomorfias), e que contenham todos os seus descendentes (grupos monofiléticos).

O cladograma a seguir representa as relações filogenéticas dos vertebrados terrestres, de acordo com os seus grupos:

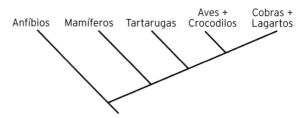

Com base no exposto, assinale a alternativa correta.

a) As aves não podem ser consideradas como um grupo taxonômico distinto dos répteis.
b) Os anfíbios e os répteis são muito semelhantes porque possuem um ancestral em comum.

c) Os mamíferos, as aves e os répteis não formam um grupo monofilético porque possuem mais de um ancestral.

d) As aves e os répteis possuem características em comum devido à convergência adaptativa.

4. (Uerj) O diagrama a seguir mostra a classificação dos seres vivos em cinco reinos, considerando a combinação de três critérios: número de células, existência de núcleo individualizado na célula e forma de nutrição.

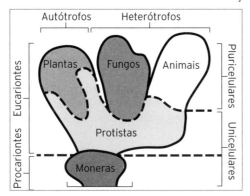

SOARES, J. *Biologia*. São Paulo: Scipione, 1997.

A proposição que reúne adequadamente dois dos critérios de classificação dos seres vivos utilizados no diagrama é:

a) Existem eucariontes unicelulares.
b) Existem procariontes pluricelulares.
c) Não existem procariontes unicelulares.
d) Não existem eucariontes pluricelulares.

5. (Unicamp-SP) De acordo com o sistema binomial de nomenclatura estabelecido por Linnaeus, o nome científico *Felis catus* aplica-se a todos os gatos domésticos como angorás, siameses, persas, abissínios e malhados. O gato selvagem (*Felis silvestris*), o lince (*Felis lynx*) e o puma ou suçuarana (*Felis concolor*) são espécies relacionadas ao gato.

a) A que gênero pertencem todos os animais mencionados?
b) Por que todos os gatos domésticos são designados por um mesmo nome científico?
c) Qual dos nomes a seguir designa corretamente a família a que pertencem esses animais: Felinaceae, Felidae, Felini, Felinus ou Felidaceae? Justifique.

6. (UFRJ) Uma técnica usada como uma ferramenta da taxonomia emprega a seguinte abordagem: extrai-se o ADN de um organismo e este é, então, marcado com fósforo radioativo. O ADN radioativo é então desnaturado (suas cadeias são separadas por calor) e posto em contato com o ADN de um outro organismo, igualmente desnaturado, porém não radioativo. Após a hibridação (reassociação formando moléculas híbridas), é possível medir quanto ADN radioativo existe num ADN de cadeia dupla.

Foi feito um experimento em que o ADN do organismo 1 (ADN radioativo) foi "hibridado" com o ADN não radioativo de três outros organismos, obtendo-se os seguintes resultados:

ADN do organismo 1 + ADN do organismo 1 = 100% de radioatividade no ADN híbrido

ADN do organismo 1 + ADN do organismo 2 = 10% de radioatividade no ADN híbrido

ADN do organismo 1 + ADN do organismo 3 = 40% de radioatividade no ADN híbrido

ADN do organismo 1 + ADN do organismo 4 = 85% de radioatividade no ADN híbrido

Qual o organismo que pertence à mesma espécie do organismo 1? Justifique sua resposta.

Vírus e bactérias

■ Os vírus

Vírus são acelulares, isto é, não apresentam estrutura celular e têm tamanho reduzido, entre 20 nm e 300 nm; logo, não é possível visualizá-los em microscópios de luz.

Eles são ditos **parasitas intracelulares obrigatórios**, pois precisam de uma célula hospedeira para realizar suas atividades metabólicas e se multiplicar.

Seu material genético, que pode ser DNA ou RNA, em fita única ou dupla, está no interior de uma cápsula proteica, o **capsídeo**.

Os vírus podem se apresentar metabolicamente inativos, quando são denominados **vírions**, ou na forma infectante.

Os vírus podem ser:

- **bacteriófagos:** (ou fagos) são vírus que parasitam bactérias; o material genético é envolvido pelo capsídeo, que forma a **cabeça**. A **cauda** realiza a injeção do material genético do vírus no citoplasma da bactéria.
- **retrovírus:** São vírus que apresentam RNA e, na célula hospedeira, produzem DNA complementar ao seu RNA. Para isso, utilizam a enzima **transcriptase reversa**.
- **fitopatógenos:** são vírus que apresentam RNA e causam doenças em plantas, como a leprose, que ataca principalmente laranjas.

Também chamados de partículas subvirais, **viroides** e **príons** são agentes infecciosos menores que os vírus. Os viroides são compostos de uma molécula circular de RNA. Os príons são compstos de moléculas modificadas de proteínas de mamíferos.

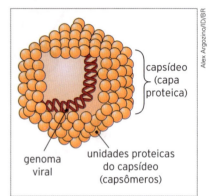

Representação esquemática de um tipo de vírus. Cores-fantasia.

Multiplicação dos vírus e infecção

O processo de multiplicação varia conforme o tipo de vírus; o mais conhecido é o dos bacteriófagos, cuja multiplicação pode se dar por dois tipos de ciclo. No **ciclo lisogênico**, o vírus permanece latente por algum tempo; o genoma viral se une ao cromossomo bacteriano, com a formação de um **prófago**; o metabolismo da célula não se altera, e, quando ela se divide, o material genético do vírus é transmitido às células-filhas. No **ciclo lítico,** o genoma viral utiliza as estruturas celulares para se multiplicar, causando o rompimento da célula, que acarreta na liberação do vírus.

O processo de invasão e proliferação de um organismo em células hospedeiras é chamado de **infecção**. Uma infecção se transforma em **doença** conforme a suscetibilidade do hospedeiro ao invasor e a existência ou não de um estado prévio de imunidade do hospedeiro.

Células podem ser infectadas por vírus inteiros ou apenas pelo genoma do vírus. Nos dois casos, o metabolismo celular é utilizado na produção de novos vírus, que contaminarão novas células.

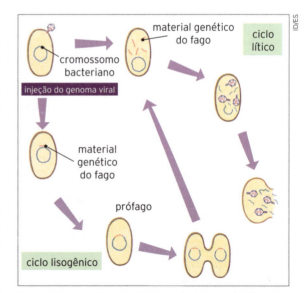

Ilustração esquemática dos dois tipos de ciclo de multiplicação de um bacteriófago. Cores-fantasia.

Muitos vírus sofrem **mutações** facilmente, por isso possuem alta **variabilidade genética**, o que dificulta a produção de vacinas e de medicamentos que os combatam.

Em seres humanos (e outros animais), a multiplicação viral pode se dar por **infecção lítica**, em que as células hospedeiras são destruídas; por **latência**, em que há um intervalo entre a infecção pelos vírus e o aparecimento dos sintomas; por **modificações nas células**, em que o vírus (como alguns oncovírus) não mata a célula hospedeira, mas une seu genoma ao genoma da célula, que passa a se reproduzir desordenadamente, gerando tumores.

Origem e importância dos vírus

Os vírus estão no limite entre vida e matéria bruta e não são incluídos em nenhum reino de seres vivos. Sua origem ainda não foi esclarecida, mas provavelmente eles não são as formas mais primitivas de vida, pois dependem das células para se multiplicar. A hipótese mais aceita é a de que teriam evoluído a partir de pedaços de DNA de seus hospedeiros.

Por estarem em qualquer ambiente, são um importante fator: de seleção natural; para a diversidade genética; para o equilíbrio do ambiente.

Algumas viroses humanas					
Doença	Vírus	Transmissão	Sintomas	Tratamento	Prevenção
Resfriado comum	Rinovírus	Gotículas de saliva eliminadas por tosse, espirros ou fala.	Inflamação nas vias aéreas, tosse, coriza, dores no corpo e indisposição.	Medicação para minimizar os sintomas, repouso, ingestão de líquidos e alimentação saudável.	Não há vacina. Lavar sempre as mãos.
Gripe	Influenza	Gotículas de saliva eliminadas por tosse, espirros ou fala.	Inflamações nas vias aéreas, febre alta, calafrios, tosse seca e prostração, complicações como asma, bronquite, sinusite e pneumonia.	Medicação para minimizar os sintomas, repouso, ingestão de líquidos e alimentação saudável.	Vacinação e higiene frequente das mãos. Como esse vírus sofre muitas mutações, a cada ano é produzida uma nova vacina.
Herpes simples	HSV	Gotículas de saliva ou contato íntimo.	Pequenas vesículas nas diversas partes do corpo, mais frequentemente nos lábios, na cavidade bucal, na face e nos genitais. Pode causar febre, mal--estar e irritação.	Medicamentos via oral e pomadas.	Não há vacina. Hábitos de higiene.
Papilomatose	Papilomavírus humano (HPV)	Relações sexuais.	Feridas na pele ou mucosas; podem ocorrer na vagina, no colo do útero, no pênis e no ânus; algumas lesões podem evoluir para câncer de colo de útero.	Medicamentos, *laser* ou cirurgia.	Vacina. Uso de preservativos.
Rubéola	Togavírus	Gotículas da saliva e secreção nasal.	Manchas vermelhas pelo corpo, dores de cabeça e no corpo, febre, coriza, dificuldade em engolir, inchaço dos gânglios.	Repouso, boa alimentação	Vacina. As mulheres devem tomar a vacina antes da gravidez, uma vez que a rubéola é transmitida da mãe para o feto.
Paralisia infantil ou poliomielite	Polivírus	Contato direto com pessoas infectadas, água ou alimentos contaminados.	Flacidez muscular dos membros inferiores, que pode levar à atrofia, febre, irritabilidade e mal-estar.	Não existe tratamento.	A doença foi erradicada no Brasil devido ao programa de vacinação que garante a imunidade.
Dengue	Arbovírus (quatro tipos diferentes)	Mosquito *Aedes aegipti.*	Forma clássica: febre, dores de cabeça, musculares e surgimento de manchas avermelhadas na pele. Forma hemorrágica (mais severa): sangramentos, queda de pressão e dores abdominais (pode levar à morte).	Repouso, boa alimentação.	Combate ao mosquito transmissor, que se reproduz em água limpa e parada.
Febre amarela	Flavivírus	Picadas dos mosquitos *Aedes aegypti* e *Haemagogus janthinomys.*	Febre, dor de cabeça, calafrios, náuseas, vômito, dores no corpo, icterícia (pele e olhos amarelados) e hemorragias.	Reposição de líquidos e uso de antitérmicos. Casos graves requerem transfusão de sangue.	Vacina.
Aids	HIV	Sangue, sêmen, secreção vaginal e leite materno.	Perda progressiva de imunidade, febre constante, manchas na pele, calafrios, inchaço de alguns gânglios, dores de cabeça, de garganta e musculares.	Medicamentos: coquetéis antirretrovirais.	Não existe vacina. Uso de preservativos.

Os seres procarióticos

Formam dois grupos evolutivamente diferentes:
- **arqueas:** ainda pouco conhecidas; diferem das bactérias pela composição da parede celular; a maioria é **anaeróbia** e muitas sobrevivem em ambientes extremos, como fontes termais (**termófilas**) e geleiras, locais com elevada salinidade (**halófitas**) ou acidez (**acidófilas**), no interior do corpo de animais ou em pântanos (**metanogênicas**);
- **bactérias:** são a maioria dos procariontes conhecidos.

Características das bactérias

Externamente à membrana, há uma **parede celular** resistente que protege a célula e define sua forma, que pode ser arredondada (**cocos**), em bastão (**bacilos**), espiralada (**espirilos**) ou semelhante a uma vírgula (**vibriões**). Muitas bactérias formam colônias: pares de cocos (**diplococos**); cadeias lineares de cocos (**estreptococos**); cachos de cocos (**estafilococos**); pares de bacilos (**diplobacilos**); cadeias lineares de bacilos (**estreptobacilos**).

Algumas bactérias podem formar uma cápsula de glicídios que as protege contra os bacteriófagos e a dessecação.

No citoplasma, há um **cromossomo circular**, formado por DNA, além de **plasmídios** (fragmentos de DNA, com formato circular e capazes de se duplicar independentemente), ribossomos e grãos de substâncias de reserva energética.

> **Bactérias gram-positivas e gram-negativas**
>
> A estrutura da parede celular de bactérias é variável, o que permite sua diferenciação por meio de um método de coloração. Se a parede da bactéria cora-se de violeta, ela é dita **gram-positiva**; se ela se cora de rosa, a bactéria é dita **gram-negativa**. Em caso de infecção bacteriana, isso facilita a escolha de antibióticos, pois as gram-positivas são mais sensíveis à penicilina do que as gram-negativas.

Algumas espécies – em geral, bacilos e espirilos – podem ter **flagelos**, responsáveis pela mobilidade da célula. Algumas têm **pili**, estruturas proteicas curtas e finas que proporcionam adesão ao hospedeiro e permitem a troca de plasmídios entre bactérias (ver **conjugação** no esquema ao lado).

Sob condições adversas, algumas bactérias formam **esporos**, estrutura de resistência, e permanecem em latência até que as condições melhorem.

Formas de reprodução

Bactérias têm ciclo de vida curto, com reprodução assexuada por **bipartição** ou **cissiparidade** (uma célula se divide em duas geneticamente iguais).

Algumas espécies podem realizar transferência de material genético (veja esquema) por meio de **transformação** (incorporação de pedaços de DNA que estejam livres no ambiente), **conjugação** (transferência de fragmentos de DNA da bactéria doadora para a receptora através das pili sexuais) e **transdução** (transmissão de genes por meio de um vírus bacteriófago).

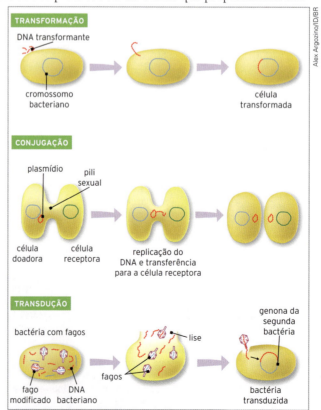

Modo de vida das bactérias

As bactérias podem obter energia por respiração celular ou por fermentação. Elas podem ser aeróbias, anaeróbias ou facultativas.

Quanto à nutrição, podem ser **autotróficas quimiossintetizantes** (retiram energia de compostos inorgânicos do ambiente), **fotossintetizantes** (usam a energia da luz) ou **heterotróficas**.

A maioria é heterotrófica. Podem ser **saprofágicas** (consomem restos de matéria orgânica e organismos mortos) ou **parasitas** (consomem matéria orgânica viva). Podem, ainda, se associar com outras espécies, como as bactérias fixadoras e as bactérias **nitrificantes**.

Doenças provocadas por bactérias

Diferentes espécies de bactérias podem ser encontradas convivendo em um organismo vivo. Algumas causam doenças e, por isso, são denominadas **bactérias patogênicas**. Outras convivem com o organismo e são chamadas de **microbiota normal**.

Para evitar doenças provocadas por bactérias, são necessárias medidas de higiene e saneamento básico.

Algumas doenças provocadas por bactérias no ser humano			
Doença e bactéria causadora	Contágio	Sintomas	Tratamento e prevenção
Tuberculose Causada pelo bacilo de Koch (*Mycobacterium tuberculosis*).	▪ Contato com pessoas contaminadas. ▪ Algumas pessoas contaminadas não desenvolvem a doença, mas atuam como transmissoras.	▪ Tosse acompanhada da produção de muco e catarro com sangue. ▪ Febre, sudorese, dor no peito, cansaço excessivo.	▪ Antibióticos e outros medicamentos. ▪ Prevenir com vacinação adequada (BCG).
Pneumonia Causada por: *Streptococcus pneumoniae*, *S. aureus* e certos bacilos gram-negativos.	▪ Aspiração do ar contaminado ou contato com saliva e secreções contaminadas. ▪ Crianças e idosos já acometidos por gripe podem desenvolver pneumonia mais facilmente.	▪ Inflamação dos alvéolos pulmonares, dificultando as trocas gasosas. ▪ Febre, tosse com secreção de muco, dor no tórax, falta de ar e mal-estar geral.	▪ Antibióticos. ▪ Prevenir com alimentação e sono adequados. ▪ Tratar gripes e resfriados.
Tétano Causado pelo bacilo *Clostridium tetani*.	▪ Os esporos da bactéria estão presentes em objetos enferrujados ou não esterilizados, nas fezes e no solo. ▪ A contaminação é feita através de lesões na pele, por onde penetram os esporos.	▪ A toxina produzida pela bactéria ataca o sistema nervoso central e provoca rigidez muscular.	▪ Antibióticos. ▪ Prevenir com vacinação adequada. ▪ Lavar os ferimentos com água e sabão e, se necessário, aplicar soro antitetânico.
Meningite Causada por diferentes tipos de bactérias, entre elas, o meningococo.	▪ O meningococo causa as formas mais graves da doença e é transmitido pelas vias respiratórias, passando da mucosa nasal para o sangue e em seguida para o cérebro.	▪ Inflamação das meninges (membranas que envolvem o encéfalo e a medula espinal). ▪ Febre alta, dor de cabeça, vômitos, rigidez da nuca e prostração.	▪ O diagnóstico é feito a partir do líquido cerebroespinal. ▪ Antibióticos. ▪ Existe vacina apenas contra o hemófilo.
Botulismo Causado pelo *Clostridium botulinum*.	▪ Alimentos contaminados.	▪ A toxina produzida por essa bactéria afeta o sistema nervoso e provoca tremores e vômitos. ▪ Pode ocorrer paralisia respiratória e morte.	▪ Prevenir evitando a ingestão de alimentos com cheiro estranho e de conservas com embalagem estufada ou danificada.
Algumas doenças provocadas por bactérias no ser humano			
Leptospirose Causada pela *Leptospira interrogans*.	▪ Água contaminada com urina de animais como o rato.	▪ Dores musculares, febre, calafrios, dor de cabeça. ▪ Pode comprometer os rins.	▪ Prevenir combatendo infestações de ratos.
Sífilis Causada pela *Treponema pallidum*.	▪ Via sexual ou da mãe para o feto na gestação.	▪ Lesões nos órgãos genitais, nas mucosas, febre, dor no corpo. ▪ Pode atingir o sistema nervoso.	▪ Antibióticos. ▪ Prevenir usando camisinha (preservativo).

Antibióticos e bactérias resistentes

Infecções bacterianas podem ser tratadas com **antibióticos**, mas o uso indiscriminado ou inadequado desses medicamentos seleciona os microrganismos mais resistentes, o que poderá levar a infecções cada vez mais agressivas.

Questões

1. **(UFRGS-RS)** O Programa Nacional de Imunização do Ministério da Saúde disponibiliza, na rede pública, vacinas imprescindíveis para a saúde de crianças de diferentes idades.

   Assinale a alternativa que apresenta apenas doenças virais que podem ser prevenidas pelo uso de vacinas previstas pelo programa citado.
   a) tuberculose – hepatite B – difteria – meningite
   b) poliomielite – tétano – pneumonia – febre amarela
   c) sarampo – febre tifoide – coqueluche – hepatite B
   d) poliomielite – rubéola – caxumba – sarampo
   e) difteria – tétano – coqueluche – varicela

2. **(UTF-PR)** Os vírus são seres microscópicos compostos de RNA ou DNA como material genético e uma cápsula de proteína. Assinale a alternativa que contenha informações corretas a respeito desses seres.
   a) São constituídos por células procariontes.
   b) A malária é uma doença causada por um vírus.
   c) São constituídos por células eucariontes.
   d) Possuem metabolismo próprio.
   e) São organismos acelulares e parasitas intracelulares obrigatórios.

3. **(Mackenzie-SP)** O ser humano tem travado batalhas constantes contra os vírus. A mais recente é contra o vírus H1N1, que causa a "gripe suína".

   A respeito dos vírus, assinale a alternativa correta.
   a) São todos endoparasitas celulares.
   b) Os antibióticos só são eficazes contra alguns tipos.
   c) Todos eles possuem o DNA e o RNA como material genético.
   d) Atualmente existem vacinas contra todos os tipos.
   e) Alguns deles possuem reprodução sexuada.

4. **(Fuvest-SP)** O modo de nutrição das bactérias é muito diversificado: existem bactérias fotossintetizantes, que obtêm energia da luz; bactérias quimiossintetizantes, que obtêm energia de reações químicas inorgânicas; bactérias saprofágicas, que se alimentam de matéria orgânica morta; bactérias parasitas, que se alimentam de hospedeiros vivos.

   Indique a alternativa que relaciona corretamente cada um dos tipos de bactéria mencionados com sua posição na teia alimentar.

	Fotossintetizante	Quimiossintetizante	Saprofágica	Parasita
a)	Decompositor	Produtor	Consumidor	Decompositor
b)	Consumidor	Consumidor	Decompositor	Consumidor
c)	Produtor	Consumidor	Decompositor	Decompositor
d)	Produtor	Decompositor	Consumidor	Consumidor
e)	Produtor	Produtor	Decompositor	Consumidor

5. **(PUC-RS)** A chamada "estrutura procariótica" apresentada pelas bactérias nos indica que estes seres vivos são:
   a) destituídos de membrana plasmática.
   b) formadores de minúsculos esporos.
   c) dotados de organelas membranosas.
   d) constituídos por parasitas obrigatórios.
   e) desprovidos de membrana nuclear.

6. (UEG-GO)

Os vírus são parasitas submicroscópicos e possuem genomas que se replicam dentro de um hospedeiro vivo, direcionando o mecanismo genético da célula para a síntese de ácidos nucleicos e proteínas virais. Estas características os fazem responsáveis por gerar doenças em grande parte da diversidade biológica.

HAVEN, P. H.; EVERT, R. F.; EICHHORN, S. E. *Biologia vegetal*. Rio de Janeiro: Guanabara Koogan, 2007.

Sobre os vírus, é correto afirmar:

a) Possuem RNA ou DNA em fita simples ou dupla, respectivamente, envolto por uma capa proteica denominada capsídeo, com subunidades que são os capsômeros.

b) São conhecidos também como viroides por serem agentes infecciosos e por interferirem na regulação gênica da célula hospedeira.

c) O bacteriófago é um vírus que possui estrutura genômica de retrovírus e libera príons quando está no interior da célula hospedeira.

d) Causam doenças tais como febre amarela, coqueluche, rubéola, cólera e caxumba.

7. (Fuvest-SP) Considere as seguintes características atribuídas aos seres vivos:

I. Os seres vivos são constituídos por uma ou mais células.

II. Os seres vivos têm material genético interpretado por um código universal.

III. Quando considerados como populações, os seres vivos se modificam ao longo do tempo.

Admitindo que possuir todas essas características seja requisito obrigatório para ser classificado como "ser vivo", é correto afirmar que:

a) os vírus e as bactérias são seres vivos, porque ambos preenchem os requisitos I, II e III.

b) os vírus e as bactérias não são seres vivos, porque ambos não preenchem o requisito I.

c) os vírus não são seres vivos, porque preenchem os requisitos II e III, mas não o requisito I.

d) os vírus não são seres vivos, porque preenchem o requisito III, mas não os requisitos I e II.

e) os vírus não são seres vivos, porque não preenchem os requisitos I, II e III.

8. (Fuvest-SP) Os bacteriófagos são constituídos por uma molécula de DNA envolta em uma cápsula de proteína. Existem diversas espécies que diferem entre si quanto ao DNA e às proteínas constituintes da cápsula. Os cientistas conseguem construir partículas virais ativas com DNA de uma espécie e cápsula de outra. Em um experimento, foi produzido um vírus contendo DNA do bacteriófago T2 e cápsula do bacteriófago T4.

Pode-se prever que a descendência desse vírus terá:

a) cápsula de T4 e DNA de T2.

b) cápsula de T2 e DNA de T4.

c) cápsula e DNA, ambos de T2.

d) cápsula e DNA, ambos de T4.

e) mistura de cápsulas e DNA de T2 e de T4.

9. (Unicamp-SP) Doenças graves como o botulismo, a lepra, a meningite, o tétano e a febre maculosa são causadas por bactérias. As bactérias, no entanto, podem ser úteis em tecnologias que empregam a manipulação de DNA, funcionando como verdadeiras "fábricas" de medicamentos, como a insulina.

a) Explique como a bactéria pode ser utilizada para a produção de medicamentos.

b) O botulismo e o tétano decorrem da ação de toxinas produzidas por bactérias que são adquiridas de diferentes formas pelos seres humanos. Como pode ocorrer a contaminação por essas bactérias?

Protoctistas e fungos

■ Protoctistas: protozoários e algas

O termo *protoctista* refere-se a seres eucarióticos e compreende as algas e os protozoários.

Características dos protozoários

São todos unicelulares.

Há grande variedade de formas e modos de vida. Há espécies com estruturas locomotoras, como **flagelos** ou **cílios**, e outras que emitem **pseudópodes**, expansões do citoplasma usadas na locomoção e na captura de alimento.

Há espécies de água doce, de água salgada e de ambientes terrestres úmidos.

Há também espécies parasitas, como as que causam doenças no ser humano (veja a tabela).

Algumas doenças provocadas por protozoários em seres humanos				
Doença	Agente causador	Transmissão	Sintomas	Prevenção
Amebíase	*Entamoeba histolytica* (Rhizopoda)	Ingestão de água ou alimentos contaminados com cistos.	▪ Diarreia, fezes com sangue e muco, fortes dores na região do abdome.	▪ Acesso a saneamento básico (ou consumo de água fervida e filtrada). ▪ Lavar bem as mãos antes das refeições; consumir apenas frutas e hortaliças bem lavadas.
Giardíase	*Giardia lamblia* (Zoomastigophora)	Ingestão de água ou alimentos contaminados com cistos.	▪ Azia, náuseas, cólicas e diarreia persistente, perda de apetite e irritabilidade. ▪ Fezes com odor forte, eliminadas em surtos e acompanhadas de gases.	▪ Acesso a saneamento básico (ou consumo de água fervida e filtrada). ▪ Lavar bem as mãos antes das refeições; consumir apenas frutas e hortaliças bem lavadas.
Doença de Chagas	*Trypanosoma cruzi* (Zoomastigophora)	Contato das fezes contaminadas do inseto barbeiro (vetor da doença) com a corrente sanguínea.	▪ Febre, mal-estar, inflamação e dor nos gânglios. ▪ A doença pode ser descoberta até vinte anos (ou mais) após a infecção.	▪ Não existe vacina. ▪ A prevenção baseia-se no controle e na eliminação do vetor, o inseto *Triatoma infestans*, conhecido como barbeiro.
Leishmaniose (úlcera-de-bauru)	*Leishmania brasiliensis* (Zoomastigophora)	Picada do mosquito-palha.	▪ Lesões indolores inflamatórias na pele ou nas mucosas. ▪ Febre, anemia, palidez, emagrecimento, aumento do fígado e do baço, hemorragias, diminuição da capacidade de defesa.	▪ Combate ao mosquito transmissor, uso de repelentes de insetos em matas e áreas próximas da água, principalmente ao entardecer.
Malária	Diferentes espécies de *Plasmodium* (Apicomplexa)	Picada do mosquito *Anopheles*.	▪ Picos de febre em intervalos específicos (conforme a espécie do protozoário), calafrios, sudorese, dores de cabeça e no corpo, cansaço, pele amarelada (devido a lesões no fígado). ▪ No Brasil, o *Plasmodium falciparum* causa a forma mais grave da doença.	▪ Não existe vacina. ▪ Em regiões em que a doença é endêmica, usar repelente e evitar banhos em igarapés e lagoas e a proximidade de água parada ao anoitecer e ao amanhecer.
Doença do sono	*Trypanosoma gambiensis* (Zoomastigophora)	Picada da mosca tsé-tsé.	▪ Febre, cansaço, anemia, sonolência profunda.	▪ Controle e eliminação do vetor, a mosca tsé-tsé.

Características das algas

São seres autótrofos fotossintetizantes. A maioria das espécies é marinha, mas há espécies de água doce e terrestres (em ambientes úmidos).

Podem viver presas a um substrato ou flutuar, como as espécies **unicelulares** do ambiente aquático que formam o **fitoplâncton**.

Algumas algas unicelulares, como os euglenoides e os dinoflagelados, possuem **flagelos**, utilizados na locomoção. Outras, as diatomáceas, secretam **carapaças** silicosas ou calcárias, que formam extensas camadas de sedimentos no fundo dos oceanos após a morte das algas.

As espécies **multicelulares**, de modo geral, apresentam células muito semelhantes entre si, que não formam tecidos ou órgãos – exceto as estruturas e as células reprodutivas – e estão organizadas em uma estrutura simples, o **talo**.

As células das algas são revestidas por uma **parede de celulose** associada a outras substâncias, que podem ser o ágar, a sílica ou o carbonato de cálcio.

A maior parte do gás oxigênio que compõe a atmosfera se origina da fotossíntese das algas. Elas também servem de alimento para muitos organismos e formam a base das cadeias alimentares nos ambientes aquáticos.

Algumas algas, como as clorofíceas, podem manter relações simbióticas com fungos, formando os **liquens**. Os fungos retêm a umidade para o desenvolvimento das algas, que, por sua vez, lhes fornecem alimento (glicose).

Quando certas espécies de algas se reproduzem em excesso, provocam o *bloom* (turvação da água). A maré vermelha é um tipo de *bloom* que deixa a água avermelhada. Esse fenômeno pode causar danos à vida marinha.

■ Os fungos

Bolores, mofos, orelhas-de-pau e cogumelos são **fungos** e constituem um reino próprio.

Características dos fungos

Fungos se desenvolvem em vários ambientes: no solo, na água e até mesmo no corpo de outros seres vivos.

São formados por células eucarióticas e podem ser unicelulares, como as **leveduras**, ou multicelulares, constituídos de muitos filamentos tubulares e multinucleados denominados **hifas**.

A reunião de várias hifas forma o micélio **vegetativo**, que, em geral, desenvolve-se abaixo do substrato e é responsável pelas funções vitais do fungo.

Na época reprodutiva, forma-se o **micélio reprodutivo**, que cresce perpendicularmente ao substrato, emergindo dele, e é constituído de hifas especializadas na produção de **esporos**. Essas hifas constituem o **corpo de frutificação**.

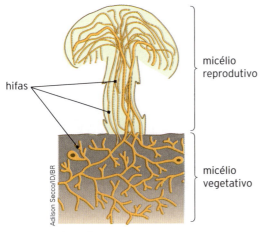

Esquema de um fungo.

Todos os fungos são **heterótrofos por absorção**, pois apresentam digestão extracorpórea: o organismo lança no ambiente enzimas que degradam as moléculas orgânicas complexas em moléculas menores, facilitando sua absorção. Podem ser:

- **saprófagos** ou **decompositores**: degradam a matéria orgânica de seres mortos ou partes deles – incluindo a madeira de galhos e troncos – promovendo a ciclagem de nutrientes; causam o apodrecimento de alimentos e de outros materiais orgânicos.
- **parasitas**: instalam-se no corpo de organismos vivos e se alimentam de seus tecidos, causando doenças em plantas, como a ferrugem do café, e em animais, como as micoses de seres humanos e outros animais.

Reprodução

Fungos apresentam reprodução sexuada e reprodução assexuada.

Nas leveduras, a reprodução assexuada ocorre por **brotamento** (ou gemulação), divisão celular que origina duas ou mais células-filhas. Nos fungos filamentosos, a forma mais simples de reprodução assexuada é a **fragmentação**: o micélio se rompe, gerando fragmentos que se desenvolvem em novos micélios.

Outro tipo de reprodução assexuada em fungos filamentosos ocorre pela produção de **esporos**, células haploides (n) especializadas produzidas por **esporulação** em estruturas especiais, os **esporângios**, localizadas na extremidade de hifas reprodutivas. Essas hifas emergem do substrato, facilitando a disseminação dos esporos; se as condições ambientais forem favoráveis, os esporos germinam e originam novas hifas.

A importância ecológica dos fungos

Os fungos desempenham importante papel ecológico na decomposição da matéria orgânica, além de serem aproveitados na alimentação, na indústria e na agricultura.

Eles são utilizados na produção de medicamentos, como a penicilina, de vitaminas, como a riboflavina, e de ácido cítrico, além de desinfetantes, inseticidas e laticínios.

A ação decompositora dos fungos possibilita o desenvolvimento de técnicas de produção de álcool combustível. As leveduras são utilizadas na fabricação de vinhos e de fermento para pães e bolos. *Saccharomyces cerevisiae*, por exemplo, é a levedura usada na fabricação de pães e cerveja.

Fungos ainda estabelecem relações de mutualismo (isto é, em que há benefício mútuo para os envolvidos) com outros seres vivos, por exemplo, as **micorrizas**, associações com raízes de plantas – a planta fornece matéria orgânica para os fungos, que fornecem água e sais minerais para a planta –, e os **liquens**, em que se associam com algas.

Na agricultura, os fungos podem aumentar a fertilidade do solo, pois a produção de micorrizas melhora a produtividade agrícola. Eles também atuam no combate a pragas agrícolas, como alternativa ao uso de agrotóxicos.

Questões

1. (UFPel-RS) A Malária ou Paludismo é uma doença infecciosa aguda ou crônica causada por protozoários parasitas, transmitida através da picada do mosquito. Segundo dados da Organização Mundial da Saúde – OMS –, a malária mata 2 milhões de pessoas no mundo por ano (uma criança africana a cada 30 segundos), que, quando sobrevivem a casos severos, sofrem danos cerebrais graves e têm dificuldades de aprendizagem.

Baseado no texto e em seus conhecimentos, indique a alternativa que cita o agente causador (parasita) e o agente transmissor (vetor) desta doença, respectivamente:

a) O esporozoário do gênero *Plasmodium* e o inseto do gênero *Phlebotomus*.
b) O flagelado do gênero *Tricomona* e o inseto do gênero *Aedes*.
c) O flagelado do gênero *Trichonympha* e o inseto do gênero *Culex*.
d) O esporozoário do gênero *Plasmodium* e o inseto do gênero *Anopheles*.
e) O esporozoário do gênero *Trypanosoma* e o inseto do gênero *Triatoma*.

2. (PUC-SP) Recentemente, foram relatados, no estado do Pará, casos de pessoas que contraíram doença de Chagas por ingestão de açaí. O fruto, muito utilizado na elaboração de sucos, foi triturado juntamente com insetos conhecidos por "barbeiros" ou "chupanças", que se esconderam em cestos cheios de açaí.

As pessoas que adoeceram foram infectadas pelo:

a) protozoário *Plasmodium falciparum*.
b) protozoário *Triatoma infestans*.
c) protozoário *Trypanosoma cruzi*.
d) vírus *Plasmodium falciparum*.
e) vírus *Trypanosoma cruzi*.

3. (UFMS) Sobre as bactérias e os protozoários, é correto afirmar[1]:

01. As bactérias apresentam plasmídeos.
02. Nos protozoários, todo o material genético está contido dentro do núcleo, enquanto, nas bactérias, não está delimitado por nenhuma membrana.
04. Alguns protozoários apresentam mitocôndrias e cloroplastos.
08. A parede celular é encontrada nas bactérias e nos protozoários fotossintetizantes.
16. Nas bactérias e nos protozoários, o material genético está organizado em cromossomos.
32. Nas bactérias e nos protozoários, pode ocorrer reprodução assexuada e sexuada.

Resposta: Soma (__)

4. (Udesc) Analise as proposições a respeito dos organismos do Reino Protista.

I. Os protozoários são eucariontes unicelulares heterótrofos.
II. A organela de locomoção dos protozoários é apenas do tipo flagelo.
III. O *Trypanosoma cruzi* é o protozoário flagelado causador da doença de Chagas.
IV. As diatomáceas são algas do grupo das crisófitas; têm parede celular rígida por causa da presença de celulose.
V. Nos protistas predomina a reprodução assexuada por cissiparidade, que se inicia com a divisão do núcleo e depois em divisão do citoplasma.

Assinale a alternativa **correta**.

a) Somente as afirmativas I, III e V são verdadeiras.
b) Somente as afirmativas I, II, III e V são verdadeiras.
c) Somente as afirmativas II e IV são verdadeiras.
d) Somente a afirmativa III é verdadeira.
e) Todas as afirmativas são verdadeiras.

---

[1] Dê como resposta a soma dos números associados às alternativas corretas.

5. (Uece) Durante muito tempo, os fungos foram considerados vegetais, mas hoje são considerados um Reino à parte, pois apresentam um conjunto de características próprias: não sintetizam clorofila, em sua grande maioria não possuem celulose e não armazenam amido como substância de reserva. Com relação aos fungos considere as afirmações a seguir.

   I. As leveduras são capazes de fermentar carboidratos e, portanto, são indispensáveis à indústria de bebidas alcoólicas na produção de cerveja, vinho e vodka.

   II. Fungos patogênicos são os principais causadores de doenças de pele em pacientes imunodeprimidos, como, por exemplo, portadores do vírus HIV.

   III. Aflatoxinas são metabólitos secundários produzidos por alguns fungos relacionados ao desenvolvimento de câncer hepático em pessoas.

   É correto o que se afirma em:
   a) I e II, apenas.
   b) II e III, apenas.
   c) I e III, apenas.
   d) I, II e III.

6. (UFRGS-RS) Assinale a alternativa correta sobre fungos.
   a) Trata-se de organismos heterotróficos, cuja nutrição ocorre por absorção de substâncias orgânicas.
   b) Incluem espécies parasitas que podem causar doenças como, por exemplo, a herpes.
   c) Possuem queratina nas paredes celulares, o que lhes confere maior resistência estrutural.
   d) Apresentam hifas que, no processo de reprodução assexuada, formam corpos de frutificação.
   e) As leveduras são exemplos de fungos multicelulares que fazem fermentação.

7. (UFG-GO) Um pequeno município teve sua população aumentada em cinco anos por causa da implantação de um grande empreendimento industrial. A secretaria de saúde desse município observou que, nesse período, ocorreu um aumento da incidência de amebíase, oxiuríase e leptospirose, superior à incidência máxima esperada para essa população. Dentre essas doenças, a amebíase destacou-se devido ao significativo número de indivíduos acometidos.
   Com relação a essa doença,
   a) explique uma medida profilática que atenderia de modo eficiente toda a população do município;
   b) descreva o ciclo biológico do agente etiológico.

8. (UFG-GO) Os protozoários são organismos unicelulares e predominantemente heterotróficos, com maioria de vida aquática e apresentam diversificadas relações com os demais seres vivos. Esses organismos, embora unicelulares, são complexos, pois desempenham todas as funções de animais pluricelulares, como a respiração, a alimentação e a reprodução.
   Em uma experiência laboratorial, protozoários coletados em uma represa foram colocados num recipiente com água do mar. Dessa forma, explique:
   a) o que acontecerá a esses protozoários;
   b) o mecanismo celular relacionado a essa experiência.

9. (UFBA) Liquens ocorrem nos mais variados tipos de substratos, climas, altitudes e latitudes do planeta, conseguindo sobreviver em condições de vida muito diversas. São formados por organismos de diferentes Reinos e, por isso, sua estrutura e atribuições também se alteram, conforme os elementos que os compõem e o ambiente em que se desenvolvem.
   Considerando a classificação de Whittaker (1969), identifique os Reinos que abrigam espécies integrantes de liquens e caracterize a associação, considerando o papel de cada um dos simbiontes.

Grupos de plantas

■ Características gerais das plantas

As plantas provavelmente evoluíram de ancestrais protoctistas, como algas verdes. A história evolutiva das plantas foi marcada pela capacidade de adaptação gradual dos vegetais ao ambiente terrestre. Caracteres anatômicos e fisiológicos adquiridos com o passar do tempo, como o sistema de condução de seiva, tornaram possível a vida desses seres fora do ambiente aquático. Muitas adaptações garantiram o processo de fecundação no ambiente terrestre. As plantas pertencem ao domínio Eukarya.

- São organismos eucariontes, pluricelulares e autotróficos fotossintetizantes.
- Apresentam pigmentos, como as clorofilas A e B, responsáveis pela fotossíntese e situados no interior dos plastos, e pigmentos acessórios, como carotenoides e ficobilinas.
- Possuem **embriões multicelulares** que dependem das plantas que os originaram para a sua nutrição, o que as diferenciam das algas.
- Desenvolvem-se em ambientes terrestres e aquáticos, com espécies de água doce e salobra.
- A variação de formas, cores e estruturas vegetativas e reprodutivas é muito grande, bem como a variação de tamanho.
- A reserva energética é o **amido**, um polissacarídio resultante da união de várias moléculas de glicose.
- A celulose (outro polissacarídio) é o principal componente da parede celular.
- A reprodução pode ser sexuada, com ciclos complexos e várias estruturas envolvidas, ou assexuada, que inclui os mecanismos de multiplicação vegetativa.

Esquema da evolução das plantas.

■ Classificação

A classificação das plantas é feita por meio de vários parâmetros, como anatomia, embriologia, ecologia, genética molecular e bioquímica. As algas multicelulares por muito tempo foram incluídas no reino das plantas. Atualmente as plantas são divididas em quatro grandes grupos: as briófitas (musgos e hepáticas), as pteridófitas (samambaias), as gimnospermas (pinheiros) e as angiospermas (plantas com frutos).

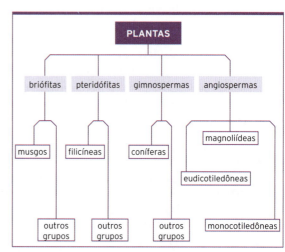

Esquema representativo dos grupos de plantas e seus maiores subgrupos.

68

▪ Briófitas

Aspectos gerais	Reprodução
Primeiro grupo de plantas a conquistar o ambiente terrestre. Simples e de pequeno porte, são **avasculares**. O transporte de água e sais minerais é feito por **difusão**. Suas principais estruturas são: ▪ **rizoides:** semelhantes a raízes, fixam a planta ao substrato; ▪ **cauloide:** vertical, se assemelha a um caule, sustenta a planta e nele estão inseridos os filídios; ▪ **filídios:** pequenas lâminas de tecido clorofilado semelhantes a folhas.	**Alternância de gerações** ▪ **Sexuada:** formação de gametas pelos gametófitos haploides (n) e dioicos; o gameta masculino é denominado **anterozoide** e possui flagelo; o gameta feminino é chamado **oosfera**. Na presença de água, o anterozoide se move em direção à oosfera, fecundando-a. Dessa união se forma o **zigoto**, que origina um esporófito diploide. ▪ **Assexuada:** inicia-se com o esporófito maduro, que produz esporos por meiose nos **esporângios**; estes são cobertos pela **caliptra**, que ao se romper libera os esporos; estes germinam e formam novos gametófitos. Nas briófitas a fase duradoura é o gametófito.

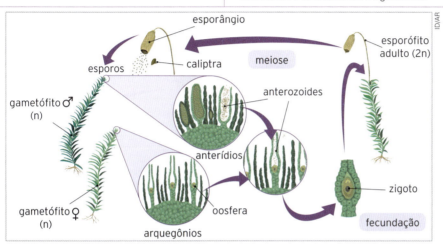

Representação da alternância de gerações em um musgo. Estruturas representadas fora de escala.

▪ Pteridófitas

Aspectos gerais	Reprodução
Apresentam sistema vascular completo: células especializadas formam um sistema de pequenos tubos, o **xilema**. Nas folhas ocorre a fotossíntese e a formação de glicose. A água e a glicose são transportadas para outras partes da planta por outro sistema, o **floema**. São criptógamas: não produzem flores, sementes e frutos. Apresentam folhas, raízes e caules.	**Alternância de gerações** Os processos de formação de esporófitos, gametófitos, esporos e gametas são semelhantes aos que ocorrem nas briófitas. Entretanto, no caso das pteridófitas, o **esporófito** é diploide e é a fase duradoura. O gametófito (haploide) recebe o nome de **protalo**, que é clorofilado, podendo ser monoico ou dioico. Os gametas ficam protegidos dentro dos **arquegônios** e dos **anterídios** e, assim como nas briófitas, precisam de água para a fecundação. Do zigoto se desenvolve o esporófito, que produz **esporos** por meiose em seus **esporângios**. Em samambaias e avencas os esporângios se unem e formam os **soros**. Quando os esporos das pteridófitas são idênticos, elas são **isosporadas**; quando são diferentes, com um maior (megásporo) e um menor (micrósporo), elas são **heterosporadas**.

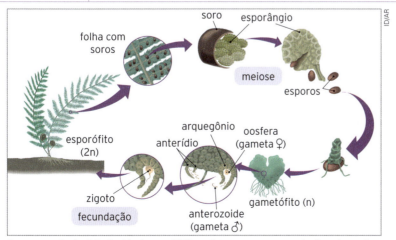

Representação do ciclo de vida das pteridófitas. Estruturas representadas fora de escala.

■ Gimnospermas

Aspectos gerais	Reprodução
Primeiras plantas com **sementes**. Não necessitam diretamente da água para a reprodução. São plantas vasculares e não produzem frutos. Suas folhas apresentam muitas variações de cores e tamanhos: as mais comuns são alongadas e em forma de agulha (**folhas aciculadas**). São árvores de médio e grande porte.	As estruturas reprodutivas reúnem-se em **estróbilos** ou **pinhas**. A maioria é dioica. O estróbilo masculino é menor que o feminino e abriga os **microsporângios**, onde ocorrem as meioses formando **micrósporos**. O micrósporo fica retido e se desenvolve no gametófito masculino: o **grão de pólen** (ou microprótalo). O grão de pólen produz gametas masculinos: os **núcleos espermáticos**. No estróbilo feminino formam-se **megasporângios**, que produzem os **megásporos** por meiose. O megásporo fica retido no interior do esporângio, formando o **óvulo** (ou megaprótalo), o gametófito feminino, que produz os gametas femininos: as **oosferas**. Na polinização, o grão de pólen é transportado até o óvulo: desenvolve-se o tubo polínico, onde há dois gametas masculinos, mas apenas um deles fecunda a oosfera; o outro se degenera. Após a fecundação, o óvulo dá origem ao embrião e forma a semente. O embrião se desenvolve em esporófito, a fase duradoura.

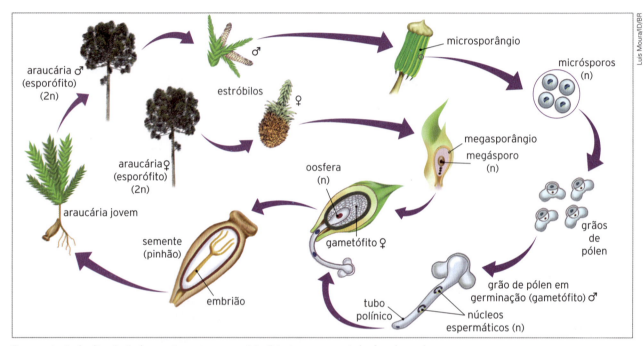

Representação da alternância de gerações em uma araucária. Estruturas representadas fora de escala.

■ Angiospermas

- Apresentam flores e frutos, com uma ou mais sementes em seu interior, o que permitiu sua adaptação e diversificação.
- Existem diversas adaptações relacionadas ao modo como animais e angiospermas interagem entre si, como no caso de aves e insetos que se alimentam do néctar de flores e apresentam estruturas morfológicas adaptadas para essa função, como o bico fino e comprido de beija-flores e a probóscide (aparelho bucal semelhante a uma pequena tromba) de borboletas e mariposas.
- Possuem raiz, caule, folha, flor, fruto e semente.
- Podem apresentar reprodução assexuada vegetativa.

Reprodução sexuada

As angiospermas podem ser **monoicas** ou **dioicas**. As flores que apresentam gineceu e androceu são denominadas **monóclinas**. Já as flores que apresentam apenas gineceu ou apenas androceu são denominadas **díclinas**. As flores podem estar isoladas ou agrupadas, formando as **inflorescências**.

Há alternância de gerações entre gametófitos haploides e esporófitos diploides. O esporo fica retido nos esporângios, onde se divide e dá origem ao gametófito. No caso dos gametófitos masculinos (grãos de pólen), estes são liberados no ambiente ainda em estágio imaturo.

- **Grãos de pólen:** são formados nas anteras dos estames e possuem dois **núcleos espermáticos** haploides, que são os gametas masculinos.

- **Tubo polínico:** forma-se quando o grão de pólen chega ao estigma da flor; os núcleos espermáticos migram em direção ao óvulo e o tubo polínico cresce por dentro do estilete, até alcançar a abertura do óvulo e atingir o saco embrionário.
- Dentro do saco embrionário (gametófito feminino) estão oito células, entre elas o gameta feminino, denominado **oosfera**, e dois **núcleos polares**.
- Nas angiospermas ocorre a **dupla fecundação**, em que um núcleo espermático fecunda a oosfera, originando o **embrião diploide**, e o outro núcleo se une aos dois núcleos polares, originando um **tecido triploide**, chamado de **albúmen** ou **endosperma**. As outras células degeneram.
- **Fruto:** é formado a partir do ovário, dentro do qual estão as sementes, originadas do óvulo.
- **Sementes:** são formadas pelo **tegumento**, parte externa dura e resistente, pelo **embrião**, que, ao germinar, dará origem ao **esporófito jovem** ou **plântula**, e pelo endosperma, responsável pela nutrição do embrião no início de seu desenvolvimento.

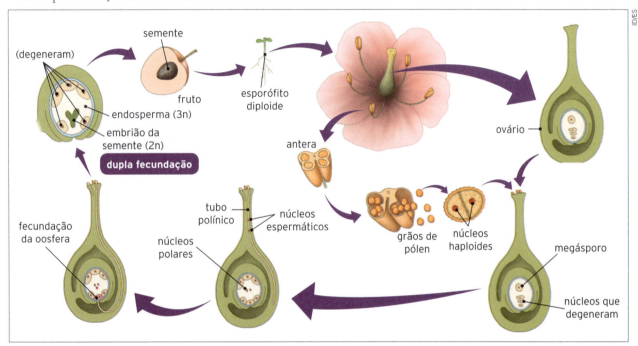

Representação do ciclo de vida de uma angiosperma. Estruturas representadas fora de escala.

Germinação da semente

O embrião das angiospermas é formado por três partes: cotilédones, epicótilo e hipocótilo. Os **cotilédones** são as primeiras estruturas a realizar fotossíntese quando a semente emerge do solo. O **epicótilo** dará origem à parte superior do caule; o **hipocótilo**, à parte inferior do caule. Na maioria das dicotiledôneas (plantas com dois cotilédones), o endosperma localiza-se nos cotilédones e é parte do embrião. Na maioria das monocotiledôneas (plantas com um cotilédone), o endosperma envolve o embrião e é parte da semente.

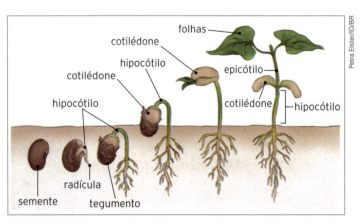

Estruturas envolvidas na germinação de uma semente e nos estágios iniciais do desenvolvimento de uma planta.

Classificação

As angiospermas formam o maior grupo de plantas da Terra. A classificação desse grupo ainda é objeto de discussão, pois antigamente não eram levados em conta aspectos relacionados com a evolução do grupo. Provisoriamente, o grupo está dividido em **monocotiledôneas**, como o milho e as orquídeas, **eucotiledôneas** (dois cotilédones), como o pau-brasil, o feijoeiro e a grande maioria das plantas que conhecemos, e **dicotiledôneas basais** (embora apresentem dois cotilédones, possuem traços primitivos), como a vitória-régia e a magnólia.

Questões

1. **(Fuvest-SP)** Na evolução dos vegetais, o grão de pólen surgiu em plantas que correspondem, atualmente, ao grupo dos pinheiros. Isso significa que o grão de pólen surgiu antes:
   a) dos frutos e depois das flores.
   b) das flores e depois dos frutos.
   c) das sementes e depois das flores.
   d) das sementes e antes dos frutos.
   e) das flores e antes dos frutos.

2. **(Udesc)** Assinale a alternativa correta a respeito das características gerais das briófitas.
   a) Apesar de a maioria dos musgos preferir locais úmidos e sombreados, podem ser encontradas espécies adaptadas a ambientes desérticos e polares.
   b) A fixação do vegetal ocorre pela ação de raízes verdadeiras, as quais também desempenham o importante papel de absorver a água e os sais minerais essenciais à sobrevivência da planta.
   c) A presença de um câmbio vascular permite que esses vegetais possam atingir tamanho de até 1 metro de altura.
   d) O ciclo de vida das briófitas caracteriza-se pela alternância de gerações com uma fase esporofítica, haploide, e uma fase gametofítica, diploide.
   e) O esporófito das briófitas é a forma duradoura do vegetal, sendo responsável por garantir a sua sobrevivência. A partir dele desenvolve-se o gametófito, com função reprodutiva.

3. **(UFRGS-RS)** Percorrendo uma trilha em uma floresta úmida do Sul do Brasil, um estudante encontrou duas plantas pequenas crescendo sobre uma rocha. Observando-as, concluiu que se tratava de um musgo (Briophyta) e de uma samambaia (Pteridophyta).
   Considere as afirmações a seguir, sobre essas plantas.
   I. As pteridófitas, ao contrário das briófitas, apresentam vasos condutores de seiva.
   II. As pteridófitas e as briófitas são plantas de pequeno porte por não apresentarem tecidos de sustentação.
   III. Na face inferior das folhas da pteridófita, encontram-se soros nos quais ficam armazenados os esporos.
   Quais estão corretas?
   a) Apenas I.
   b) Apenas II.
   c) Apenas I e III.
   d) Apenas II e III.
   e) I, II e III.

4. **(Cefet-SC)** Observe e analise a figura abaixo:

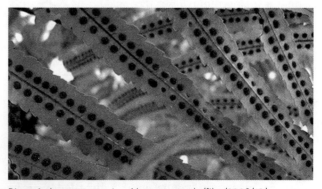

Disponível em: <osseresvivos.blog.terra.com.br/files/2008/12/samambaia-soros.jpg>. Acesso em: 7 out. 2009.

A planta [da imagem] possui vasos condutores de seiva, soros, raiz, caule, folha e se desenvolve em ambientes com umidade. Certamente, trata-se de um(a):

a) angiosperma.
b) briófita.
c) gimnosperma.
d) pteridófita.
e) líquen.

5. **(UEPG-PR)** Sobre a sistemática, ou taxonomia vegetal, assinale o que for correto[1].

   01. Em Botânica, ramo da Biologia que estuda os vegetais, usa-se o termo divisão para designar os grandes grupos, que na Zoologia correspondem aos filos. No reino Plantae, a nomenclatura científica usa o sufixo *phyta* para indicar as divisões.

   02. As briófitas são plantas avasculares, com raízes, caule, folhas, flores e frutos que protegem as sementes. Os frutos são provenientes do desenvolvimento do óvulo fecundado, como o limão e a laranja.

   04. As pteridófitas são plantas vasculares, sem flores, que apresentam raízes, caule e folhas, como as samambaias. Já as briófitas são plantas de pequeno porte, vasculares e sem corpo vegetativo, como as cianofíceas.

   08. Nas briófitas, o transporte de água é muito lento e se faz por osmose, de célula para célula.

   Resposta: Soma (__)

6. **(Fatec-SP)** Comparando-se o ciclo de vida de uma pteridófita (samambaia) com o de uma briófita (musgo), deve-se afirmar que:

   a) tanto nas briófitas como nas pteridófitas a geração esporofítica é haploide e a gametofítica é diploide.
   b) tanto nas briófitas como nas pteridófitas a geração esporofítica é diploide e a gametofítica é haploide.
   c) nas briófitas a geração esporofítica é haploide e a gametofítica é diploide, ocorrendo o contrário nas pteridófitas.
   d) nas briófitas a geração esporofítica é diploide e a gametofítica é haploide, ocorrendo o contrário nas pteridófitas.
   e) nas briófitas não há geração esporofítica, enquanto que nas pteridófitas só ocorre a geração esporofítica.

7. **(Unesp)** Observe o ciclo reprodutivo do pinheiro.

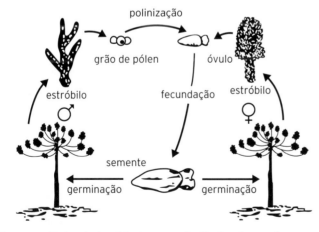

   a) Em que estágios deste ciclo ocorre redução do número de cromossomos?
   b) Indique as estruturas citadas no ciclo que correspondem às palavras em
   "Pinheiro me dá uma PINHA
   Pinha me dá um PINHÃO
   Menina me dá um beijo
   Que eu te dou meu coração".

---

[1] Dê como resposta a soma dos números associados às alternativas corretas.

Anatomia e morfologia das angiospermas

Anatomia das angiospermas

Meristemas

Células meristemáticas são consideradas células precursoras ou células totipotentes.

- Os **meristemas primários** formam os tecidos primários e localizam-se no ápice do caule e da raiz. Podem ser de três tipos: a **protoderme**, que origina a **derme**; o **meristema fundamental**, que forma os tecidos de sustentação e preenchimento; e o **procâmbio**, que forma os tecidos de condução de seiva.
- Os **meristemas secundários** formam os tecidos secundários e são também chamados de laterais, uma vez que promovem o crescimento em diâmetro do caule e da raiz. Eles podem ser de dois tipos: o **felogênio**, que forma os tecidos presentes na parte externa do caule; e o **câmbio vascular**, que origina os tecidos que conduzem a seiva.

O **crescimento primário** é responsável pelo alongamento da planta. A maior parte das monocotiledôneas apresenta apenas esse tipo de crescimento. O **crescimento secundário** ocorre no sentido da espessura do caule e da raiz, principalmente nas eudicotiledôneas.

Tecidos de revestimento e proteção

As células da **epiderme** geralmente são achatadas, justapostas e recobertas pela **cutícula**, uma camada impermeabilizante composta de duas substâncias lipídicas: a **cera** e a **cutina**.

Durante o crescimento secundário, a epiderme do caule dá lugar à **periderme**, que inclui três tecidos: a feloderme, o felogênio e o súber. Já a casca abrange toda a periderme e inclui o floema.

O **súber** protege mecanicamente a casca e desempenha função impermeabilizante.

Estruturas anexas atuam nas trocas gasosas (estômatos e lenticelas), na defesa (tricomas, espinhos e acúleos) e na secreção de substâncias (tricomas).

Tecidos de sustentação

- O **colênquima** está presente tanto nos órgãos em crescimento como nos maduros. Localiza-se na superfície de caules, pecíolos e nervuras das folhas. É um tecido vivo.
- O **esclerênquima** é um tecido morto, apresentando células com paredes rígidas e espessas que impedem trocas gasosas. Está presente em praticamente todos os órgãos da planta.

Parênquimas

Geradas a partir do meristema fundamental, as células parenquimáticas formam um tecido contínuo que pode ser de quatro tipos:

- **Clorênquima** ou **parênquima clorofiliano**: localiza-se nas folhas e participa da fotossíntese. Conforme sua morfologia, pode ser de dois tipos: **parênquima paliçádico** ou **parênquima lacunoso**.
- **Aerênquima**: tecido encontrado em plantas aquáticas que auxilia em sua flutuação.
- **Parênquima de reserva**: armazena substâncias, como amido, proteínas e lipídios.
- **Parênquimas de meristemas secundários**: têm a capacidade de formar outros tecidos, como o felogênio e o câmbio interfascicular, além de raízes adventícias ou estruturas com propriedades secretoras.

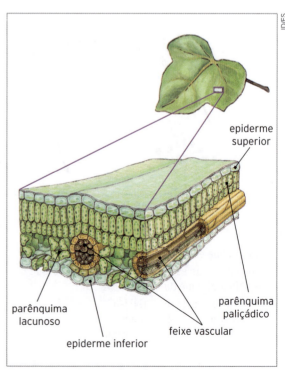

Representação da estrutura interna de uma folha.

Sistema vascular

- **Xilema** ou **lenho**: formado por células condutoras, parênquima e fibras. As células condutoras são as **traqueídes** e os **elementos de vaso**. Quando atingem a maturidade, essas células morrem e perdem o citoplasma. O parênquima armazena substâncias e está disposto em fileiras verticais e horizontais que recebem nome de **raios**. As **fibras** são células vivas ou mortas que armazenam substâncias e conferem sustentação às plantas. O xilema é responsável pela condução de **seiva bruta**, composta de água e sais minerais.

- **Floema** ou **líber**: percorre todas as partes das plantas e localiza-se externamente ao xilema, podendo ter origem primária ou secundária. É formado por células condutoras, células do parênquima, fibras e esclereides. As células condutoras são chamadas de **elementos crivados** e são células vivas, porém sem núcleo e sem certas organelas. Apresentam dois tipos: as **células crivadas** e os **elementos de tubo crivado**. As **células do parênquima** são responsáveis pelo armazenamento de substâncias. Estão dispostas vertical ou horizontalmente. As **células companheiras** são **células parenquimáticas especiais** e estão associadas aos elementos crivados. As **fibras** e as **esclereides** presentes no floema auxiliam na sustentação da planta. A principal função exercida pelo floema é a condução da **seiva elaborada**, composta de água, glicose, aminoácidos e íons minerais.

Morfologia das angiospermas

Raízes

- **Sistema radicular fasciculado**: raízes finas; encontrado em monocotiledôneas.
- **Sistema radicular axial**: uma raiz que se ramifica; encontrado em eudicotiledôneas.

As estruturas e regiões básicas da raiz são: **coifa**, protege os tecidos meristemáticos presentes na extremidade da raiz; **região lisa**, de alongamento, sem ramificações laterais, com meristemas; **região pilífera**, com tricomas, que absorvem água e sais minerais.

As raízes podem ser aquáticas, subterrâneas ou aéreas.

Caules

O caule é formado pelas **gemas** (**laterais** ou **apicais**), que originam ramos, folhas e flores; pelos **nós**, regiões onde se originam as ramificações; e pelos **entrenós**, localizados entre dois nós.

Os caules podem ser aquáticos, subterrâneos ou aéreos.

Folhas

As folhas são compostas de epiderme, mesofilo, xilema e floema, que, em conjunto, formam as nervuras.

As estruturas básicas das folhas são: limbo, pecíolo e bainha.

O **limbo** ou **lâmina foliar** é a parte mais larga da folha. A espessura, a flexibilidade e o tamanho do limbo, assim como a presença ou a ausência de tricomas e glândulas, variam entre as espécies. O **pecíolo** é a estrutura que une o limbo ao caule, podendo ser cilíndrico, achatado, triangular ou quadrangular. As folhas que não apresentam pecíolo são denominadas **sésseis** e a **bainha** é a parte basal da folha, que envolve o caule ou parte dele.

As **nervuras** podem ser paralelas entre si, como nas monocotiledôneas, e recebem o nome de nervação ou venação **paralelinérvea**; podem ser ramificadas, como nas eudicotiledôneas, e a venação é chamada de **peninérvea** ou **reticulada**.

As folhas podem ser **simples** ou **compostas**.

Modificações das folhas

Algumas folhas de angiospermas podem apresentar modificações e desempenhar funções além da fotossíntese e da transpiração. Os **cotilédones** são as primeiras folhas do embrião e armazenam nutrientes. As **brácteas** são folhas localizadas na base de flores e inflorescências; algumas são vistosas e coloridas. As **gavinhas** têm forma helicoidal e se enrolam em outras plantas ou em um suporte. Os **espinhos** são folhas modificadas em estruturas duras e pontiagudas, com função de protegê-las e evitar a transpiração. Os **catafilos** são folhas modificadas em escamas, como na cebola.

Sementes

São formadas pelo **tegumento**, chamado de casca, cuja função é proteger o endosperma e o embrião, geralmente duro e resistente; pelo **endosperma**, formado por tecido parenquimático de reserva nutritiva, rico em carboidrato ou lipídios; e pelo **embrião**. Nas eudicotiledôneas o endosperma é pouco desenvolvido, a reserva nutritiva está nos cotilédones.

Frutos

Os frutos desenvolvem-se a partir do ovário, após a fecundação da flor. Em algumas plantas, os frutos desenvolvem-se sem fecundação e não formam sementes. Por isso, são chamados de **partenocárpicos**. É o caso da bananeira.

Os frutos são formados por **epicarpo** (revestimento externo), **mesocarpo** (parte mediana) e **endocarpo** (parte que fica em contato com a semente).

Os frutos podem ser carnosos ou secos.

Questões

1. **(PUC-RS)** Nas angiospermas, quais são os tecidos responsáveis pelo crescimento?
   a) Colênquima e esclerênquima.
   b) Colênquima e parênquima.
   c) Esclerênquima e meristema.
   d) Meristemas primário e secundário.
   e) Tecidos lenhosos e liberianos.

2. **(UFRGS-RS)** No processo de crescimento das plantas vasculares, as células dos meristemas apicais do caule e da raiz dividem-se ativamente. A partir disso, desenvolvem-se os meristemas primários, responsáveis pelo crescimento longitudinal da planta. Os meristemas secundários, formados posteriormente, relacionam-se com o crescimento em espessura.

   Relacione adequadamente as plantas referidas na coluna II com o respectivo tipo de crescimento, indicado na coluna I.

   Coluna I
   1. Crescimento primário.
   2. Crescimento primário e secundário.

   Coluna II
   ( ) samambaia.
   ( ) pinheiro.
   ( ) abacateiro.
   ( ) milho.
   ( ) ipê.

   A sequência correta de preenchimento dos parênteses, de cima para baixo, é:
   a) 2 – 2 – 1 – 1 – 2.
   b) 1 – 1 – 2 – 1 – 2.
   c) 1 – 2 – 2 – 1 – 2.
   d) 2 – 1 – 1 – 2 – 1.
   e) 1 – 1 – 2 – 2 – 1.

3. **(UFU-MG)** O esquema a seguir representa a organização básica de uma angiosperma. Observe as quatro estruturas assinaladas com os números 1, 2, 3 e 4.

   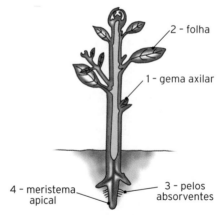

   Adaptado de Silva, C. J.; Sasson, S. *Biologia*. São Paulo: Saraiva, 2002. v. 1.

   Assinale a alternativa que indica corretamente, para cada estrutura numerada, uma de suas funções ou uma de suas características morfológicas.
   a) 1 – formada por tecidos meristemáticos; 2 – pode ser transformada em espinho; 3 – protegem o ápice da raiz; 4 – tecido de reserva.
   b) 1 – protege o meristema apical; 2 – geralmente clorofilada; 3 – responsáveis pela sustentação da planta; 4 – região de intensa divisão celular.
   c) 1 – origina os ramos laterais; 2 – possui tecidos fotossintetizantes; 3 – são células epidérmicas; 4 – responsável pelo crescimento do órgão.
   d) 1 – formada por tecidos meristemáticos; 2 – responsável pela formação das flores; 3 – são células epidérmicas; 4 – captação de água e nutrientes do solo.

4. (Fuvest-SP) Enquanto a clonagem de animais é um evento relativamente recente no mundo científico, a clonagem de plantas vem ocorrendo já há algumas décadas com relativo sucesso. Células são retiradas de uma planta-mãe e, posteriormente, são cultivadas em meio de cultura, dando origem a uma planta inteira, com genoma idêntico ao da planta-mãe.

Para que o processo tenha maior chance de êxito, deve-se retirar as células:

a) do ápice do caule.

b) da zona de pelos absorventes da raiz.

c) do parênquima dos cotilédones.

d) do tecido condutor em estrutura primária.

e) da parede interna do ovário.

5. (PUC-MG) Assinale o tecido vegetal em que NÃO se observa atividade celular:

a) Parênquima clorofiliano.

b) Meristema apical.

c) Floema.

d) Xilema.

e) Parênquima medular.

6. (UFSC) Tal como sucede com os animais, também as plantas desenvolvidas apresentam as suas células com uma organização estrutural formando tecidos. Os tecidos vegetais se distribuem em dois grandes grupos: tecidos de formação e tecidos permanentes.

Com relação aos tecidos vegetais, assinale as proposições CORRETAS[1].

01. Os meristemas e a epiderme são exemplos de tecidos de formação.

02. O xilema e o colênquima são tecidos permanentes.

04. Os meristemas são tecidos embrionários dos quais resultam todos os demais tecidos vegetais.

08. Os parênquimas, quando dotados de células ricamente clorofiladas, são tecidos de síntese.

16. As bolsas secretoras, presentes em nectários, juntamente com os canais laticíferos, existentes nas seringueiras, são exemplos de tecidos de secreção.

Resposta: Soma (__)

7. (UFPE) Um fruto verdadeiro é originado do desenvolvimento de um ovário, enquanto um pseudofruto tem origem a partir do desenvolvimento de outras partes da flor e não do ovário. Assinale a alternativa que indica apenas frutos verdadeiros.

a) Abacaxi, ameixa e pêssego.

b) Morango, uva e tomate.

c) Caju, laranja e mamão.

d) Maçã, trigo e milho.

e) Melancia, mamão e feijão.

8. (Unicamp-SP) Na cantina do colégio, durante o almoço, foram servidos 10 tipos de alimentos e bebidas: 1 – arroz, 2 – feijão, 3 – bife, 4 – salada de alface, 5 – salada de tomate, 6 – purê de batata, 7 – sopa de ervilha, 8 – suco de pêssego, 9 – pudim de leite, e 10 – chá de hortelã.

a) Na preparação de quais alimentos acima foram utilizados frutos ou sementes?

b) Dentre os frutos carnosos utilizados na preparação dos alimentos, um é classificado como drupa e outro como baga. Quais são eles? Que característica morfológica diferencia os dois tipos de frutos?

c) Indique o prato preparado à base de uma estrutura caulinar. Explique por que essa estrutura pode ser assim denominada.

---

[1] Dê como resposta a soma dos números associados às alternativas corretas.

Fisiologia vegetal

Absorção de água

A planta absorve água pelas raízes, principalmente pelos tricomas presentes na região pilífera.

A água e os sais minerais passam pela **epiderme**, pelo **córtex** e pela **endoderme** até chegar ao tecido vascular, de onde serão levados para toda a planta.

A **teoria de Dixon** ou **hipótese da coesão-tensão-transpiração** explica como a seiva bruta atinge as folhas em plantas de grande porte. A perda de água pela transpiração promove o deslocamento de água das raízes para as folhas.

As folhas produzem a glicose e são chamadas de fonte por apresentarem altas concentrações de soluto; as raízes, por possuírem pouca concentração de açúcar, são chamadas de sumidouro. As moléculas de açúcar das folhas passam para os elementos crivados por transporte ativo. A concentração osmótica dentro do floema aumenta, fazendo que a água do xilema passe para o floema por osmose. Nas raízes ocorre o oposto: o açúcar dos elementos crivados passa para as células próximas, também por transporte ativo, aumentando a diferença de concentração de soluto dos locais de síntese e de consumo do açúcar, o que promove o fluxo da seiva elaborada das folhas para as raízes.

O **experimento do anel de Malpighi** consiste na retirada de um anel completo da casca e ilustra a posição do floema nas plantas. Após algumas semanas, a região acima do corte se torna mais grossa devido ao acúmulo da seiva elaborada nesse local. As folhas continuam a receber a seiva bruta e a realizar fotossíntese, uma vez que o xilema não foi atingido. Se a parte retirada pertencer ao tronco principal, a planta pode morrer, pois as raízes não receberão seiva elaborada devido à interrupção do floema.

Absorção de sais minerais

Além dos nutrientes orgânicos, produzidos pela fotossíntese, as plantam necessitam de nutrientes minerais, que são absorvidos da atmosfera ou da água no solo.

Os elementos minerais, em sua maior parte, são obtidos do solo e podem ser divididos em macronutrientes e micronutrientes.

Fatores limitantes da fotossíntese

O processo de fotossíntese pode ser limitado pela falta de alguns fatores ambientais, denominados **fatores limitantes**.

Dióxido de carbono (CO_2): Quanto menor a concentração desse gás na atmosfera, menor será a velocidade desse processo; quanto maior a concentração, até determinado limite, maior será a velocidade do processo.

Temperatura: Temperaturas acima ou abaixo da ideal podem diminuir a ação enzimática ou ainda desnaturar a enzima, diminuindo ou interrompendo a fotossíntese.

Quantidade de luz: Quanto menor a luminosidade no ambiente, menor será a velocidade desse processo.

Ponto de compensação luminosa

A fotossíntese produz gás oxigênio e moléculas orgânicas. Parte desses produtos é utilizada no processo de respiração celular, em que gás oxigênio e moléculas orgânicas são consumidos e ocorre a liberação de energia, CO_2 e água. A taxa de fotossíntese aumenta progressivamente durante o dia, de acordo com a intensificação da oferta luminosa, diminuindo novamente no fim da tarde. Em determinado momento, a taxa de fotossíntese é a mesma que a taxa respiratória; diz-se então que a planta atingiu o ponto de compensação luminosa (PC). Nesse ponto, o gás oxigênio que a planta produz pela fotossíntese é utilizado em sua própria respiração. Para haver o crescimento da planta é necessário que a taxa de fotossíntese seja maior que a de respiração. À noite a taxa respiratória supera a de fotossíntese.

Estômatos

Cerca de 90% da água absorvida por uma planta volta para o ambiente pela transpiração foliar, principalmente pelos estômatos. Uma pequena parte volta pela transpiração da cutícula ou pelas lenticelas do caule.

Os estômatos estão presentes nos dois lados da lâmina foliar, sendo mais abundantes na parte inferior. Localizam-se em cavidades das folhas, denominadas criptas estomáticas, e são compostos de um **poro estomático**, ou **ostíolo**, delimitado por duas células-guarda.

O movimento estomático é controlado pela quantidade de água, pela quantidade de CO_2 e pela intensidade luminosa.

Em condições hídricas ideais, as células-guarda mantêm-se túrgidas e os estômatos, abertos; quando a disponibilidade de água é baixa, a turgescência diminui e os estômatos fecham; em concentrações baixas de CO_2 (como as concentrações presentes na atmosfera) os estômatos ficam abertos, porém, se a concentração desse gás aumenta, eles se fecham. Quando as plantas não estão em estresse hídrico, os estômatos costumam estar fechados à noite.

■ Fitormônios

Os fitormônios regulam o crescimento e o desenvolvimento das plantas. Os principais fitormônios são as auxinas, as giberelinas, o ácido abscísico, o etileno e as citocininas.

Hormônio	Funções	Local de produção
AIA – ácido indolacético (a auxina mais comum)	■ Estímulo do crescimento das células da raiz e do caule, promovendo o alongamento; ■ Controle de movimentos, como fototropismos e gravitropismo; ■ Promove a dominância apical, inibindo a formação dos ramos laterais; ■ Estímulo do desenvolvimento de frutos e inibição da queda de folhas e frutos.	Meristemas jovens, sementes e ápices caulinares. Se deslocam para outras partes da planta, como raízes.
giberelinas ou ácidos giberélicos	■ Alongamento do caule e das gemas; ■ Formação do fruto; ■ Germinação; ■ Estímulo à floração e quebra de dormência em gemas caulinares.	Tecidos jovens de caules e sementes.
ácido abscísico	■ Relacionado a situações de estresse, como falta de água e exposição a temperaturas extremas; ■ Inibição da germinação das sementes e desenvolvimento das gemas laterais; ■ Indução do fechamento de estômatos em situações de estresse hídrico.	É acumulado na base do ovário, nas folhas e no caule.
etileno	■ Estímulo da abscisão; ■ Inibição das gemas de raízes e gemas caulinares; ■ Envelhecimento das folhas e amadurecimento dos frutos.	Folhas e caules maduros e frutos em amadurecimento.
citocininas	■ Estimulam a divisão celular e atuam no desenvolvimento das gemas laterais; ■ Atrasam o envelhecimento; ■ Inibem a abscisão das folhas.	Meristemas apicais da raiz.

■ Fotoperiodismo

É o conjunto de respostas dos organismos para os fatores ambientais de duração do dia e da noite, regulado pela ação dos **fitocromos**.

O fitocromo é um pigmento de origem proteica, de cor azul-esverdeada. Apresenta-se de duas formas: o fitocromo R e o fitocromo F, ambos fotorreversíveis, em que um pode se converter no outro, dependendo do comprimento de onda da luz que recebe.

- O **fitocromo R** absorve luz no comprimento de onda 660 nm (vermelho curto).
- O **fitocromo F** absorve luz no comprimento 730 nm (vermelho longo).

Nos períodos em que a planta é submetida ao vermelho longo, ou nos períodos escuros, ocorre acúmulo de fitocromo R, que pode ser transformado em fitocromo F quando a planta é submetida à luz branca ou à luz de comprimento vermelho curto.

O fitocromo F estimula o desenvolvimento da planta, a floração, a germinação das sementes e a abertura e o fechamento dos estômatos.

O fotoperíodo pode interferir na **floração** de algumas plantas.

- As **plantas de dia longo** precisam de noites curtas para florescer e, se o período de escuridão longo for interrompido por clarões rápidos, elas também florescem.
- As **plantas de dia curto** necessitam de noites longas e, nesse caso, não pode haver clarões nesse período, pois, dessa forma, a planta não floresce.

A **germinação** das sementes não é influenciada pela incidência de luz, exceto em algumas plantas.

■ Movimentos das plantas

Os **nastismos** são movimentos independentes da direção do estímulo.

- **Nictinastismo:** resposta fisiológica da planta à alternância do dia e da noite.
- **Simonastismo:** é o fechamento da folha ao ser tocada.

Os **tropismos** são respostas da planta a estímulos, como luz e gravidade. Podem ser a favor do estímulo – **tropismo positivo** – ou contra ele – **tropismo negativo**.

- **Fototropismo:** ocorre em direção a uma fonte luminosa.
- **Gravitropismo:** ocorre na direção da gravidade.

Questões

1. (PUC-SP) Em uma planta, a coluna líquida dentro de vasos é arrastada para cima, o que se deve ao fato de as moléculas de água manterem-se unidas por forças de coesão.
A descrição acima refere-se à condução de:
a) seiva bruta pelos vasos xilemáticos.
b) seiva bruta pelos vasos floemáticos.
c) seiva elaborada pelos vasos xilemáticos.
d) seiva elaborada pelos vasos floemáticos.
e) seiva bruta pelas células companheiras, anexas aos vasos floemáticos.

2. (Unesp) Algumas árvores com folhas largas, revestidas por cutícula, foram cultivadas em uma região onde a temperatura é sempre alta, a umidade do ar é baixa e há abundância de água no solo. Considerando os processos de troca de água com o meio, assinale a alternativa que corresponde às respostas fisiológicas esperadas para estas árvores, crescendo sob essas condições.

	Estômatos	Transpiração de água	Absorção de água	Transporte de água
a)	abertos	elevada	elevada	rápido
b)	fechados	elevada	reduzida	lento
c)	abertos	reduzida	elevada	rápido
d)	fechados	reduzida	reduzida	lento
e)	abertos	elevada	elevada	lento

3. (UFPB) A figura mostra uma planta, iluminada por uma fonte de intensidade 2x, e o gráfico que relaciona as velocidades dos processos de fotossíntese e de respiração em função da intensidade luminosa.

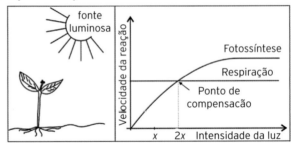

Se a intensidade luminosa for reduzida de 2x para x, a planta passará a produzir:
a) mais O_2 que CO_2.
b) menos O_2 que CO_2.
c) quantidades iguais de CO_2 e O_2.
d) apenas CO_2.
e) apenas O_2.

4. (Fuvest-SP) Observando plantas de milho com folhas amareladas, um estudante de agronomia considerou que essa aparência poderia ser devida à deficiência mineral do solo. Sabendo que a clorofila contém magnésio, ele formulou a seguinte hipótese: "As folhas amareladas aparecem quando há deficiência de sais de magnésio no solo". Qual das alternativas descreve um experimento correto para testar tal hipótese?
a) Fornecimento de sais de magnésio ao solo em que as plantas estão crescendo e observação dos resultados alguns dias depois.
b) Fornecimento de uma mistura de diversos sais minerais, inclusive sais de magnésio, ao solo em que as plantas estão crescendo e observação dos resultados dias depois.
c) Cultivo de um novo lote de plantas, em solo suplementado com uma mistura completa de sais minerais, incluindo sais de magnésio.
d) Cultivo de novos lotes de plantas, fornecendo à metade deles mistura completa de sais minerais, inclusive sais de magnésio, e à outra metade apenas sais de magnésio.
e) Cultivo de novos lotes de plantas, fornecendo à metade deles mistura completa de sais minerais, inclusive sais de magnésio, e à outra metade, uma mistura com os mesmos sais, menos os de magnésio.

5. (UEL-PR)

Nos vegetais superiores, a regulação do metabolismo, o crescimento e a morfogênese muitas vezes dependem de sinais químicos de uma parte da planta para outra, conhecidos como hormônios, os quais interagem com proteínas específicas, denominadas receptoras.

Taiz, L.; Zeiger, E. *Fisiologia vegetal*. 3. ed. Porto Alegre: Artmed, 2004.

Com base no texto e nos conhecimentos sobre hormônios vegetais, relacione as colunas.

1. Auxina
2. Giberelina
3. Citocinina
4. Etileno

a. Afeta o crescimento e a diferenciação das raízes; estimula a divisão e o crescimento celular; estimula a germinação e a floração; retarda o envelhecimento.

b. Promove o amadurecimento dos frutos; antagoniza ou reduz os efeitos da auxina; promove ou inibe, dependendo da espécie, o crescimento e o desenvolvimento de raízes, folhas e flores.

c. Estimula o alongamento de caule e raiz; atua no fototropismo, no geotropismo, na dominância apical e no desenvolvimento dos frutos.

d. Promove a germinação de sementes e brotos; estimula a elongação do caule, o crescimento das folhas, a floração e o desenvolvimento de frutos.

Assinale a alternativa que contém todas as relações corretas.

a) 1-a, 2-b, 3-c, 4-d.
b) 1-b, 2-a, 3-d, 4-c.
c) 1-c, 2-d, 3-a, 4-b.
d) 1-d, 2-c, 3-b, 4-a.
e) 1-c, 2-a, 3-d, 4-b.

6. (UFJF-MG) Em muitas plantas, a floração é controlada pelo fotoperíodo, sendo as espécies classificadas como plantas de dias curtos (PDC) ou plantas de dias longos (PDL). Observe a figura a seguir, que ilustra um experimento realizado com PDC e PDL, e responda:

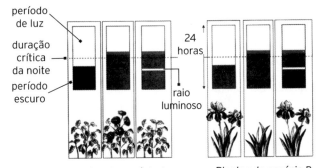

Plantas da espécie A   Plantas da espécie B

a) Qual a classificação fotoperiódica (PDC ou PDL) das plantas das espécies A e B, considerando os resultados obtidos nos experimentos?
b) O que representa o fotoperíodo crítico para as plantas fotoperiódicas?
c) Explique como é possível a ocorrência de florescimento das plantas A e das plantas B em uma mesma localidade, na mesma época do ano.

7. (UFRJ) As flores não polinizadas que são pulverizadas com os hormônios auxinas e giberelinas podem produzir frutos sem sementes (partenocárpicos) como, por exemplo, as uvas sem sementes.
a) Identifique a estrutura da flor sobre a qual esses hormônios atuam.
b) Explique por que a pulverização com auxinas e giberelinas pode levar à formação de frutos sem sementes.

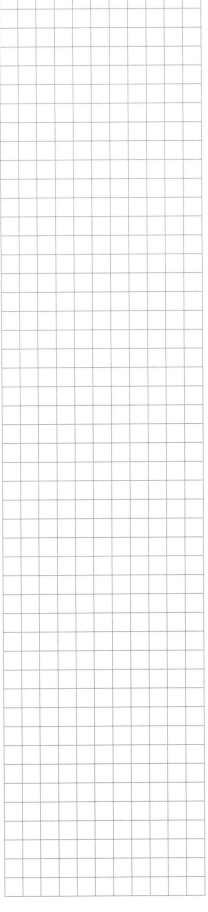

Fisiologia vegetal

Animais: poríferos, cnidários e moluscos

■ Algumas adaptações

- **Tubo digestório:** possibilita a ingestão e o processamento do alimento dentro do próprio corpo.
- **Deslocamento:** busca de alimentos feita por meio da contração de fibras musculares.
- **Órgãos sensoriais:** reconhecimento do ambiente e captação de informações.
- **Células nervosas:** especializadas em captar e transmitir estímulos elétricos enviados pelos órgãos sensoriais e pelo sistema nervoso.

■ Aspectos embriológicos

- **Protostômios:** a boca deriva do **blastóporo** e se forma na fase de **gastrulação** (maioria dos invertebrados).
- **Deuterostômios:** o blastóporo origina o ânus; a boca é formada posteriormente (equinodermos e cordados).

Quanto ao **celoma**, que é uma cavidade totalmente delimitada pela **mesoderme**, os animais podem ser:
- **Acelomados:** a mesoderme preenche totalmente o espaço entre a **ectoderme** e a **endoderme** (platelmintos); não possuem celoma.
- **Pseudocelomados:** possuem uma cavidade chamada de **pseudocele**, pela qual substâncias são levadas às células do corpo (nematoides).
- **Celomados:** o desenvolvimento dos sistemas celômico e vascular possibilitou o aumento corpóreo dos animais.

■ Modo de vida

O **modo de vida** também é um fator relacionado com a natureza da estrutura animal. Geralmente os animais de **vida livre** apresentam **simetria bilateral** e **cefalização**, pois o sistema nervoso e os órgãos dos sentidos concentram-se na extremidade anterior do corpo, que primeiramente entra em contato com o meio ambiente nos deslocamentos.

A função do esqueleto é sustentar o corpo e manter a posição dos órgãos e dos sistemas.
- **Esqueleto hidrostático:** formado pelo líquido contido no pseudoceloma dos nematoides e no celoma dos anelídeos.
- **Exosqueleto:** reveste o corpo de moluscos – constituído por conchas de carbonato de cálcio – o de artrópodes – composto de quitina –; formado por peças articuladas que permitem o movimento.
- **Endosqueleto:** esqueleto interno formado por fosfato de cálcio, espículas de sílica ou calcário. Endosqueletos maiores e mais resistentes são encontrados em cordados vertebrados.

A **simetria** pode ser:
- **radial:** é aquela em que um animal pode ser dividido em múltiplos planos de corte que passam pelo centro geométrico do corpo, resultando em partes similares;
- **pentarradial:** é aquela em que o animal pode ser dividido em cinco partes, radialmente;
- **bilateral:** um eixo principal divide o animal em duas partes.

Principais filos	Aspectos embrionários	Simetria	Exemplo
Poríferos	parazoários	Radial	esponja
Cnidários	diblásticos	Radial	coral, água-viva
Platelmintos	triblásticos; protostômios e acelomados	Bilateral	tênia, planária
Nematoides	triblásticos; protostômios e pseudocelomados	Bilateral	lombriga
Anelídeos	triblásticos; protostômios; metamerizados e celomados	Bilateral	minhoca
Artrópodos	triblásticos; protostômios metamerizados e celomados	Bilateral	aranha, mosca, siri
Moluscos	triblásticos; protostômios e celomados	Bilateral	caracol, lula
Equinodermos	triblásticos; deuterostômios e celomados	Pentarradial	estrela-do-mar
Cordados	triblásticos; deuterostômios e celomados	Bilateral	vertebrados (peixes, anfíbios, répteis, aves e mamíferos)

■ Poríferos (filo Porifera)

As esponjas, os mais primitivos dos animais (pois não apresentam órgãos e possuem baixo nível de diferenciação e interdependência celular), fazem parte do filo Porifera.
- Todos os seus representantes são sésseis.
- A maioria vive no ambiente marinho, apoiada em substrato rochoso ou arenoso.
- São **parazoários**, pois não apresentam tecidos diferenciados.

Estrutura

Possuem um **átrio**, ou **espongiocele**, que se comunica com o ambiente externo através do **ósculo**, uma abertura localizada na parte superior da esponja. Na parede corporal existem diversos **poros**.

- Camadas do corpo: são revestidas externamente pela **pinacoderme**; a superfície interna, formada pela **coanoderme**, apresenta células flageladas chamadas de **coanócitos**; o **mesoílo** fica entre a pinacoderme e a coanoderme, onde estão imersas fibras de colágeno, outros tipos de células e eventualmente **espículas**.
- Existem três tipos básicos de esponjas – **asconoide**, **siconoide** e **leuconoide** – e quatro tipos principais de células – **pinacócitos** (células de revestimento externo), **porócitos** (células que permitem o fluxo de água), **coanócitos** (células flageladas responsáveis pela manutenção do fluxo de água no interior do átrio) e **amebócitos** (células ameboides totipotentes, importantes para o crescimento, a digestão, o transporte de nutrientes e a secreção).

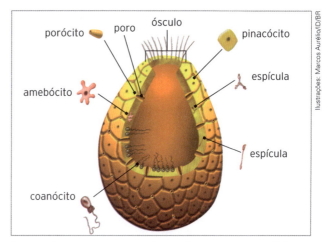

Esquema de uma esponja asconoide com alguns de seus tipos celulares e elementos esqueléticos.

- A sustentação é fornecida por um esqueleto de **fibras orgânicas de espongina** ou por **espículas de cálcio** ou **sílica** ou, ainda, por uma combinação de espículas e espongina.

Fisiologia

- São dependentes da corrente de água que flui através do corpo, trazendo oxigênio e alimento e removendo detritos; de modo geral, partículas com mais de 50 μm não conseguem passar pelos poros.
- A digestão é **intracelular**. Coanócitos e arqueócitos englobam partículas nutritivas por **fagocitose**. As partículas digeridas parcialmente pelos coanócitos são transferidas aos arqueócitos, onde ocorre a digestão final.
- O movimento da água, promovido pelo batimento dos flagelos dos coanócitos, faz o seguinte trajeto no interior de uma esponja asconoide: a água entra pelas aberturas dos porócitos, os **poros inalantes**, passa pelo átrio e sai pelo ósculo.

Reprodução

- **Reprodução assexuada:** ocorre mediante a produção de gêmulas e brotos, conferindo grande capacidade de regeneração. Essa capacidade possibilita o desenvolvimento de organismos a partir de fragmentos de indivíduos.
- **Reprodução sexuada:** a esponja pode produzir óvulos quando jovem, e nos estágios posteriores passa a produzir espermatozoides. O contrário também pode ocorrer. Os espermatozoides abandonam uma esponja e entram em outra pelas correntes que fluem através dos canais hídricos. Os óvulos no mesoílo são fertilizados, sendo liberados pelos canais hídricos ou incubados até o estágio larval. Nesse estágio, as larvas têm um breve período de vida livre, movimentando-se sobre o fundo do mar.

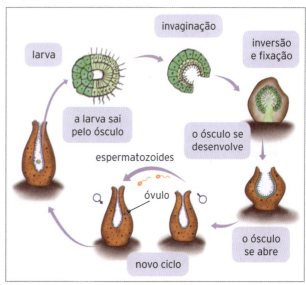

Ciclo de vida de uma esponja com fecundação interna.

83

■ Cnidários (filo Cnidaria)

O filo Cnidaria inclui organismos aquáticos predominantemente marinhos, conhecidos como hidras, águas-vivas, corais, anêmonas-do-mar e medusas.

Enquanto algumas espécies são **sésseis** (**pólipos**), ou seja, vivem fixas a um substrato, outras são de **vida livre** (**medusas**).

Organização colonial: desenvolveu-se em vários grupos polipoides, formada pela associação de muitos indivíduos. Apresentam simetria radial na fase adulta.

Estrutura

Os cnidários são primitivos, pois não possuem órgãos e células epiteliais e musculares completamente diferenciados. No entanto esses organismos formam o primeiro grupo animal que apresenta **tecidos verdadeiros**, formados a partir da ectoderme e da endoderme, sendo por esse motivo denominados **diblásticos**.

A parede do corpo é constituída por uma camada externa denominada **epiderme**, uma camada interna denominada **gastroderme** e a **mesogleia** entre as duas. A mesogleia pode ser fina ou espessa, celular ou acelular.

Os cnidários possuem duas características estruturais básicas dos metazoários: a presença de boca e de uma cavidade digestiva. Essa cavidade digestiva comporta alimento com tamanhos maiores do que os utilizados pelas esponjas.

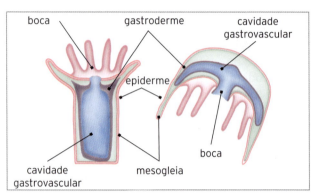

Representação da estrutura corporal de um cnidário séssil (à esquerda) e de uma medusa (à direita). Cores-fantasia.

A epiderme é composta de cinco tipos celulares principais: **células epiteliomusculares** (cada célula que reveste o corpo apresenta uma miofibrila contrátil em sua base próxima à mesogleia), **células intersticiais** (células totipotentes localizadas entre as bases das células epiteliomusculares), **células glandulares da epiderme** (células que secretam substâncias para a fixação, são particularmente abundantes no disco basal das formas sésseis), **cnidócitos** (células urticantes que contêm o nematocisto, uma cápsula com filamento em seu interior, e um opérculo, que se abre diante de estímulos químicos e mecânicos, projetando o filamento e o nematocisto para fora) e **células sensoriais e nervosas**.

Ciclo de vida

Em muitos cnidários, o ciclo de vida envolve a alternância entre uma **fase polipoide** e uma **fase medusoide**. Muitas espécies de pólipos se reproduzem **assexuadamente** por **brotamento**. Neste caso, o broto surge a partir da parede corporal e, após a formação da boca e dos tentáculos, se destaca, dando origem a um indivíduo independente.

No gênero *Aurelia*, as formas medusoides produzem gametas e a fecundação pode ser externa ou interna. A larva gerada a partir do zigoto se fixa, dando origem a um pólipo denominado **cifístoma**, que, por sua vez, se reproduz por um tipo de brotamento conhecido como **estrobilização**. Esse processo dá origem a inúmeras medusas jovens, as **éfiras**, que crescem até a forma adulta.

Classificação

O filo é dividido em quatro classes: **hidrozoários** (hidras, caravelas e pólipos coloniais), **antozoários** (anêmonas-do-mar, corais e gorgônias), **cifozoários** (águas-vivas) e **cubozoários** (vespas-do-mar).

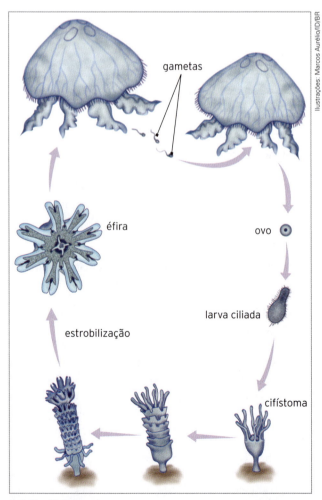

Ciclo de vida da *Aurelia*.

Moluscos

Os moluscos são representados por caracóis, ostras, polvos e lulas. Existem mais de 90 mil espécies viventes e 70 mil fósseis. Algumas características dos moluscos serão descritas adiante.

- Simetria **bilateral**.
- Tubo digestório **completo**.
- Cavidade interna do tipo **celoma**; são animais **celomados**.
- A maioria possui uma **concha** recobrindo o corpo ou no interior do corpo.
- Apresentam **sistema circulatório**.
- Têm sistema respiratório **pulmonar** ou **branquial**.
- Podem ser hermafroditas ou apresentar sexos separados.
- Corpo dividido em três partes: cabeça, pé e massa visceral.
- A **cabeça** abriga o encéfalo, os olhos e os tentáculos.
- O **pé** é uma estrutura musculosa, adaptada à locomoção, que pode modificar-se em tentáculos.
- A **massa visceral** aloja a maior parte dos órgãos corporais.

Hábitat e modo de vida

- São encontrados em ambientes marinhos, de água doce e terrestres.
- Podem ser herbívoros, predadores, filtradores, detritívoros ou parasitas.
- Podem viver fixos às rochas, mover-se lentamente ou nadar rapidamente.
- Nos herbívoros e nos predadores, a boca apresenta um órgão musculoso com dentes quitinosos (**rádula**).

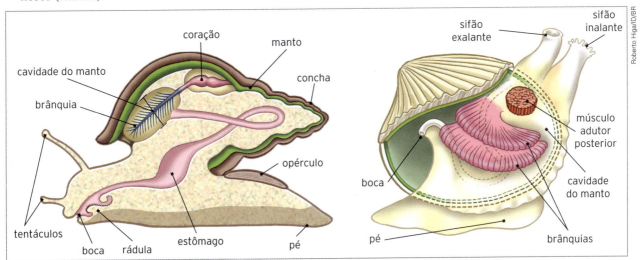

Esquemas simplificados de caramujo de água doce (à esquerda) e de bivalve (à direita).

Classe	Características
Aplacophora	• Moluscos desprovidos de concha, semelhantes a vermes.
Gastropoda (lesmas e caracóis)	• Concha espiral, exceto em lesmas, que não possuem conchas. • O pé possui um opérculo que fecha a abertura da concha quando ocorre a retração do corpo para seu interior. • Cefalização apresentando órgãos de equilíbrio, olhos e tentáculos. • Brânquias ou pulmões abrigados na cavidade do manto.
Bivalvia (mexilhões, mariscos e ostras)	• Corpo lateralmente achatado protegido por uma concha com duas valvas, com cabeça muito pequena e rádula ausente. • Brânquias normalmente são grandes e têm função coletora (filtradora) e respiratória.
Cephalopoda (polvos, lulas e náutilos)	• Inclui os organismos mais especializados de todos os moluscos. • A concha não está presente nos polvos; é interna e reduzida nas sibas e nas lulas e é externa e espiralada nos náutilos. • A rádula é bem desenvolvida.
Monoplacophora	• Concha constituída de peça única, cabeça pequena e sem olhos e rádula membranosa, bastante alargada.
Polyplacophora (quítons)	• Corpo alongado e achatado, pé bem desenvolvido e concha formada por oito placas dorsais. • As espécies conhecidas são marinhas, sendo a maioria herbívora.

Questões

1. **(UEPG-PR)** Entre os seres vivos adultos que são dotados de simetria radial figuram[1]:
   01. pólipo.
   02. homem.
   04. caramujo.
   08. ouriço-do-mar.
   16. sanguessuga.
   Resposta: Soma (__)

2. **(UFPel-RS)**

   Recifes, ou arrecifes, são verdadeiros paredões naturais, largos e, às vezes, profundos, que ocorrem no mar. Os recifes podem ser formados pelos esqueletos de corais ou por acúmulo de produtos das rochas e dos solos, como o arenito, com participação da atividade de alguns organismos, podendo ocorrer até mesmo a presença de corais.

   Existem, assim, dois tipos de recifes: os de corais, chamados também de recifes coralíneos, e os de pedra. Esse último tipo, recifes de pedra, pode ser observado em praticamente toda a costa nordeste do Brasil, tendo dado origem ao nome da capital do estado de Pernambuco.

   LAURENCE, J. *Biologia*. v. único (adaptado).

   Baseado no texto e em seus conhecimentos, assinale a alternativa que indica o Filo e a Classe dos indivíduos que constituem um recife.
   a) Filo "Ctenophora" – Classe "Cnidaria"
   b) Filo "Anthozoa" – Classe "Hydrozoa"
   c) Filo "Cnidaria" – Classe "Scyphozoa"
   d) Filo "Ctenophora" – Classe "Anthozoa"
   e) Filo "Cnidaria" – Classe "Anthozoa"

3. **(Fuvest-SP)** Uma pessoa tem alergia a moluscos. Em um restaurante onde são servidos "frutos do mar", ela pode comer, sem problemas, pratos que contenham:
   a) lula e camarão.
   b) polvo e caranguejo.
   c) mexilhão e lagosta.
   d) lula e polvo.
   e) camarão e lagosta.

4. **(UEL-PR)** Para entender a evolução animal, o estudo da presença do celoma é fundamental, porque indica a separação de linhagens importantes. Considerando a classificação tradicional dos animais segundo esse critério, assinale a alternativa que indica aqueles que são, respectivamente, acelomados, pseudocelomados e celomados.
   a) Planárias, lombrigas e minhocas.
   b) Tênias, gafanhotos e medusas.
   c) Filárias, protozoários e ancilóstomos.
   d) Poliquetos, lesmas e esquistossomos.
   e) Camarões, sanguessugas e estrelas-do-mar.

5. **(UFPB)** Os poríferos são considerados os representantes mais simples entre todos do reino Animalia.
   Sobre os representantes desse grupo, é correto afirmar que possuem:
   a) um estádio larval durante seu desenvolvimento.
   b) sistema nervoso simples e difuso pelo corpo.
   c) representantes protostômios.
   d) representantes diploblásticos.
   e) digestão extracelular.

---

[1] Dê como resposta a soma dos números associados às alternativas corretas.

6. (FGV-SP)

> Planta ou animal? Conheça alguns dos mistérios dos ceriantos, estes seres tão diferentes das demais espécies marinhas.

Terra da Gente, ago. 2008.

Os ceriantos são do filo Cnidaria, o mesmo das águas-vivas e das anêmonas marinhas. Deste modo, é correto dizer que os ceriantos:

a) são animais, reino Animalia, cujos representantes são eucariontes, multicelulares e heterótrofos.

b) são animais, reino Animalia, cujos representantes podem ser unicelulares ou multicelulares, mas exclusivamente eucariontes e heterótrofos.

c) são plantas, reino Plantae, cujos representantes são eucariontes, multicelulares e autótrofos.

d) são plantas, reino Plantae, cujos representantes podem ser unicelulares ou multicelulares, mas exclusivamente eucariontes e autótrofos.

e) não são plantas nem animais, mas pertencem ao reino Protista, cujos representantes podem ser eucariontes unicelulares heterótrofos ou multicelulares autótrofos.

7. (UFRGS-RS) O filo "Mollusca" é o segundo filo com maior diversidade de espécies, possuindo representantes nos ambientes marinho, de água doce e terrestre.

Considere as afirmações a seguir, relacionadas às características apresentadas por esse filo.

I. O corpo compreende três regiões distintas: região cefálica, massa visceral e pé.

II. O sistema nervoso é centralizado e do tipo ganglionar.

III. A reprodução é sexuada e se dá mediante fecundação externa ou interna.

Quais estão corretas?

a) Apenas I.

b) Apenas II.

c) Apenas I e III.

d) Apenas II e III.

e) I, II e III.

8. (Uece) Os moluscos caracterizam-se por serem animais que:

a) utilizam uma estrutura denominada rádula para se alimentar.

b) possuem, logo após a faringe, uma região dilatada de paredes grossas denominada moela.

c) apresentam exoesqueleto de quitina.

d) eliminam os produtos da excreção através de estruturas denominadas túbulos de Malpighi.

9. (Mackenzie-SP) A respeito dos moluscos, é correto afirmar que:

a) são de simetria bilateral, celomados e não segmentados.

b) são encontrados, unicamente, no ambiente marinho.

c) todos apresentam sistema circulatório aberto.

d) a maioria é hermafrodita (monoicos).

e) têm excreção por túbulos de Malpighi.

10. (Unicamp-SP) Os animais podem ou não apresentar simetria. Considere os seguintes animais: planária, esponja, medusa (água-viva), minhoca, coral e besouro.

a) Quais deles apresentam simetria radial? E quais apresentam simetria bilateral?

b) Caracterize esses dois tipos de simetria.

c) Por que a simetria radial da estrela-do-mar é considerada secundária?

Animais: platelmintos e nematoides

■ Verminoses causadas por platelmintos

Teníase

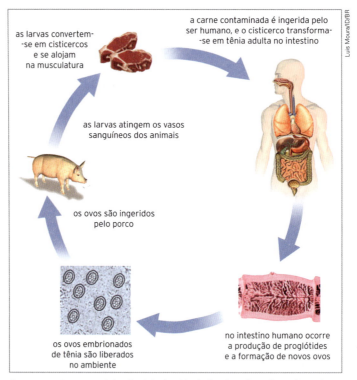

Representação esquemática do ciclo de vida da *Taenia solium*. Cores-fantasia.

Esquistossomose

Também chamada de barriga d'água, essa verminose é causada pelo platelminto trematódeo *Schistosoma mansoni*. Os adultos do *S. mansoni* vivem nas veias do intestino grosso. Após a reprodução sexuada, os ovos são liberados com as fezes. Ao atingirem lagoas ou represas, os ovos podem eclodir, originando miracídios ciliados, que penetram em caramujos do gênero *Bionphalaria*. Os miracídios originam **esporocistos** e, posteriormente, cercárias. Ao abandonarem o caramujo, as cercárias penetram nos seres humanos através da pele em contato com água infestada. As cercárias perdem a cauda e entram nos vasos sanguíneos até atingir vários órgãos. Os vermes jovens permanecem no fígado, onde se desenvolvem nas formas adultas, podendo causar cirrose. Em pares, machos e fêmeas adultos migram para as veias do intestino e para a parede intestinal, misturando-se às fezes.

Verminose	Agente	Ciclo do parasita
Fasciolíase	*Fasciola hepática* (platelminto trematódeo)	Parasita que vive no canal biliar de ovelhas e ruminantes domésticos e também pode infestar o ser humano. Após a reprodução sexuada, os ovos passam do canal biliar ao intestino, onde são eliminados com as fezes. Os **miracídios** oriundos da eclosão dos ovos penetram nos caramujos, onde se transformam em **rédias**, que por sua vez originam as **cercárias**. As cercárias abandonam o caramujo e formam cistos, que se fixam na vegetação. Quando a vegetação é ingerida pelos animais ou por seres humanos, as cercárias penetram pela parede intestinal até o canal biliar.

Ancilostomose (amarelão)	*Ancylostoma duodenale* e *Necator americanus* (nematódeos)	As larvas penetram na corrente sanguínea através da pele e atingem a mucosa intestinal, onde se alimentam do sangue do hospedeiro, provocando grave anemia.
Bicho-geográfico ou *larva migrans*	*Ancylostoma braziliensis* (nematódeo)	O parasita, comum em cães e gatos, apresenta ciclo parecido com o do amarelão, porém as larvas não atingem os vasos sanguíneos, permanecendo nas camadas internas da pele. Assim, as larvas não completam seu ciclo de vida, causando lesões limitadas à região da pele e coceira nas áreas afetadas.
Filariose ou elefantíase	*Wuchereria bancrofti* (nematódeo)	A doença é transmitida por picada de mosquitos do gênero *Culex*. Ao picar uma pessoa infestada, o mosquito ingere as formas jovens do verme, as **microfilárias**. Na pessoa contaminada, os vermes causam obstrução, inflamação e edema dos vasos sanguíneos e linfáticos.
Triquinose	*Trichinella* sp. (nematódeo)	A contaminação ocorre pela ingestão de carne contaminada com cistos do parasita. Os vermes adultos perfuram a mucosa do intestino, vivendo entre as células epiteliais. As fêmeas fecundadas eliminam ovos. Ao eclodirem, os ovos liberam formas juvenis que migram pela corrente sanguínea até os tecidos, principalmente musculares. Nas células musculares, as larvas formam cistos provocando infestação, inflamação e até destruição da musculatura.
Oxiurose	*Enterobius vermicularis* (nematódeo)	Fêmeas adultas que vivem no intestino grosso depositam seus ovos na região anal, causando muita coceira e irritação. Ao coçar essa região, a pessoa pode contaminar suas mãos, e os ovos podem ser ingeridos, causando reinfestação.

Prevenção

O combate às verminoses deve incluir tratamento dos doentes e práticas de saneamento básico e de higiene pessoal, que ajudam a romper o ciclo vital dos vermes.

As principais medidas de prevenção são: instalações sanitárias adequadas; hábitos de higiene, como lavar sempre as mãos após ir ao banheiro e antes das refeições; não ingerir carne crua ou malpassada; lavar bem verduras e legumes; sempre ingerir água tratada, fervida ou filtrada; combater mosquitos; não andar descalço em solos que podem estar contaminados.

■ Verminoses causadas por nematódeos

Ascaridíase

O agente causador da ascaridíase é o *Ascaris lumbricoide*, nematoide também chamado de lombriga. A infestação dá-se por meio de água ou de alimentos contaminados. Os embriões eclodem e perfuram a parede intestinal, atingindo veias ou vasos linfáticos. Migram para o coração e depois para os pulmões, atingindo a traqueia e, com a deglutição, alcançam novamente o intestino.

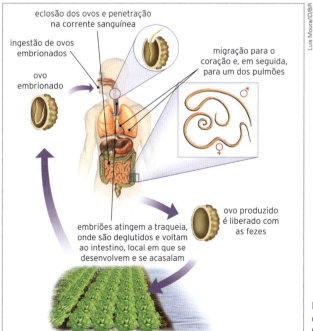

Representação esquemática do cilco de vida da *Ascaris lumbricoides*. Cores-fantasia.

Questões

1. (IFSP) A tabela hipotética a seguir apresenta dados sobre a ocorrência de doenças parasitárias em três cidades do interior do Brasil, entre janeiro de 2009 e julho de 2010.

	Esquistos-somose	Ascari-díase	Filariose	Ancilosto-mose
Cidade A	241	42	0	0
Cidade B	0	56	139	48
Cidade C	52	347	32	71

Diante dessa situação, para diminuir a ocorrência das doenças na população, as prefeituras locais estabeleceram algumas medidas profiláticas, tais como o controle da população do vetor das doenças e o uso de telas em portas e janelas.

Essas medidas foram eficientes para a(s) cidade(s):

a) A, apenas.
b) B, apenas.
c) A e B, apenas.
d) B e C, apenas.
e) A, B e C.

2. (Unicamp-SP) A teníase e a cisticercose são doenças parasitárias que ainda preocupam as entidades sanitaristas. São medidas que controlam a incidência de casos dessas parasitoses: lavar bem os alimentos e tomar água fervida ou filtrada, para evitar a:

a) ingestão de ovos dos platelmintos causadores dessas doenças; e controlar as populações de caramujos, que são hospedeiros intermediários dos platelmintos.
b) ingestão de ovos dos nematelmintos, além de cozinhar bem as carnes de porco e de boi, ambos portadores desses nematelmintos.
c) ingestão de cisticercos; e controlar a população de insetos vetores, como o barbeiro, que transmite os ovos do parasita ao picar o homem.
d) ingestão de ovos do parasita; e cozinhar adequadamente as carnes de porco e de boi para evitar a ingestão de cisticercos.

3. (Uesc-BA) As espécies do gênero *Schistosoma* que afetam o homem chegaram às Américas durante o tráfico de escravos (*S. mansoni*) e com os imigrantes orientais e asiáticos (*S. haematobium* e *S. japonicum*). Entretanto, apenas o *S. mansoni* aqui se fixou, seguramente pelo encontro de bons hospedeiros intermediários e pelas condições ambientais semelhantes às da região de origem.

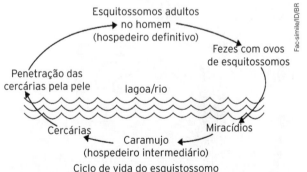

Ciclo de vida do esquistossomo

Neves, David Pereira. *Parasitologia humana*. 10. ed. São Paulo: Atheneu, 2002. p. 175.

Considerando-se as informações apresentadas a respeito da biologia desse parasita, é correto afirmar:

a) O *S. mansoni* encontrou, no Brasil, uma nova espécie de hospedeiro definitivo, que permitiu uma boa adaptação desses vermes ao novo ambiente.
b) As cercárias maduras penetram ativamente no caramujo para que possam completar seu estágio de desenvolvimento.

c) A presença de caramujos da família dos planorbídeos é essencial para que o miracídio complete seu ciclo de desenvolvimento por um processo sexuado de reprodução.

d) A ingestão de água e alimentos contaminados com ovos do parasita é a principal forma de contágio de seres humanos para esse tipo de verminose.

e) A construção de instalações sanitárias nas moradias para evitar que os ovos do esquistossoma contaminem rios e lagos é considerada como uma medida profilática adequada para essa endemia.

4. (UTF-PR) A tênia ou solitária é um verme chato causador de uma doença humana conhecida como teníase. No ciclo normal da doença, uma pessoa adquire o verme através da ingestão de carne mal cozida. O verme se desenvolve no sistema digestório do ser humano, que é o hospedeiro definitivo do verme, se reproduz e elimina ovos que saem com as fezes. Um ambiente contaminado com fezes de uma pessoa doente pode transmitir ovos para um animal, que é o hospedeiro intermediário da doença. Em um ciclo anormal da doença, uma pessoa pode se contaminar com os ovos que estão no ambiente, sem que eles passem pelo hospedeiro intermediário.

Esse ciclo anormal desenvolve uma doença chamada de cisticercose. Assinale a alternativa que contenha o nome do verme causador da cisticercose e seu hospedeiro intermediário.

a) *Taenia solium*; porco.
b) *Taenia saginata*; porco.
c) *Taenia solium*; boi.
d) *Taenia saginata*; boi.
e) *Taenia solium*; galinha.

5. (Mackenzie-SP) O desenho representa o ciclo de vida de um parasita humano. Trata-se do:

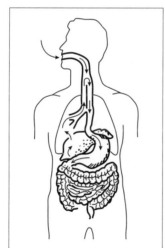

a) *Ascaris lumbricoides*.
b) *Ancylostoma duodenale*.
c) *Necator americanus*.
d) *Schistosoma mansoni*.
e) *Strongyloides stercoralis*.

6. (UFRRJ) Em um estudo sobre variabilidade genética, um pesquisador utilizou como modelo de estudo para as suas análises a *Taenia solium* e o *Schistosoma mansoni*.

Indique em qual dos modelos de estudo utilizados foi observada uma maior variabilidade genética. Justifique a razão desse resultado obtido pelo pesquisador.

Animais: anelídeos, artrópodes e equinodermos

■ Anelídeos (filo Annelida)

O **filo Annelida** abrange os vermes segmentados, como as minhocas, as sanguessugas e muitas espécies de vermes marinhos, que, em geral, atingem e apresentam grande diferenciação estrutural. Veja algumas características dos anelídeos.

- Apresentam **metameria**, ou seja, a divisão do corpo em partes similares ou segmentos.
- São triblásticos, com celoma verdadeiro.
- Os sistemas nervoso, circulatório e excretor são metaméricos.
- Têm simetria bilateral.
- Apresentam tubo digestório completo e sistema circulatório fechado.
- Presença de **cutícula** na parede do corpo e de camadas de **músculos longitudinais** e **circulares** separadas do tubo digestório pelo celoma.
- O tubo digestório não é segmentado e se estende entre a boca e o ânus.
- O fluido celomático funciona como um **esqueleto hidrostático**, contra o qual os músculos agem para mudar a forma do corpo.
- Os segmentos possuem **cerdas**, estruturas duras e pontiagudas dispostas nas laterais, que aumentam a tração com o substrato.

Classificação

Os anelídeos são divididos em duas classes: Polychaeta e Clitellata. A classe Clitellata é dividida em duas subclasses, Oligochaeta e Hirudinea.

- **Classe Polychaeta:** representada por vermes marinhos.
- Cada segmento do corpo tem muitas cerdas alojadas em apêndices laterais denominados **parapódios**.
- Existem espécies filtradoras, predadoras e detritívoras.
- Muitas espécies realizam trocas gasosas através da superfície do corpo. Algumas espécies podem apresentar parapódios vascularizados ou **brânquias** que facilitam as trocas gasosas entre o sangue e a água.
- A maioria dos poliquetos tem sexos separados.
- **Classe Clitellata:** todos os representantes possuem o **clitelo**, uma estrutura reprodutora formada por um conjunto de três segmentos fundidos, com glândulas que secretam muco para a cópula e também o casulo. Os parapódios estão ausentes e as cerdas são reduzidas ou ausentes.
- **Subclasse Oligochaeta:** inclui as minhocas e os minhocuçus.
- A maioria das espécies é de água doce ou terrestre de hábitos fossoriais.
- A **metameria** é bem desenvolvida, as cerdas são escassas e geralmente a cabeça não tem órgãos sensoriais.
- Algumas células epidérmicas produzem muco, o que mantém a superfície do corpo úmida, permitindo a realização das trocas gasosas.
- A maioria das espécies é saprófaga, ou seja, alimenta-se de matéria orgânica em decomposição.
- A excreção dá-se por **metanefrídeos**.
- Todos são hermafroditas e possuem testículos e ovários. Durante a cópula, ocorre a transferência mútua de espermatozoides, pelo contato entre as superfícies ventrais anteriores de um par de vermes. Os **poros genitais** masculinos de um verme sobrepõem-se às **espermatecas** do outro verme. Essa sobreposição permite que cada indivíduo transfira espermatozoides de seu poro genital masculino para a espermateca do outro. Após essa transferência, as minhocas se separam e o clitelo produz um envoltório de muco que é conduzido até a extremidade anterior. Ao passar pelo poro genital feminino, esse envoltório recebe óvulos e, ao passar sobre a espermateca, recebe os espermatozoides depositados pela outra minhoca. A fecundação ocorre no interior desse envoltório, que, por sua vez, forma o casulo. O casulo é deixado no solo e posteriormente sua eclosão libera os indivíduos jovens.
- **Subclasse Hirudinea:** é representada pelas sanguessugas.
- A maioria das sanguessugas vive em ambientes de água doce.
- O corpo é achatado dorsoventralmente, e os segmentos das duas extremidades transformam-se em ventosas, utilizadas na locomoção e na fixação.

- A metameria é muito reduzida, e o celoma não possui compartimentos segmentados.
- Apesar de serem conhecidas como sugadoras de sangue, muitas espécies não são ectoparasitas. Espécies predadoras alimentam-se de larvas de insetos, pequenas lesmas e minhocas. Espécies hematófagas alimentam-se do sangue de peixes, répteis, aves e mamíferos.
- As trocas gasosas geralmente ocorrem através da superfície do corpo.
- Elas são hermafroditas e apresentam fecundação cruzada. Assim como ocorre nos oligoquetos, é secretada uma cápsula de ovos ou casulo, que é depositado no solo úmido.

■ Artrópodes (filo Arthropoda)

O **filo Arthropoda** compreende um vasto conjunto de animais, formado por mais de 1 milhão de espécies. Os artrópodes são encontrados em praticamente todos os ambientes. A maioria das espécies é herbívora, mas existem muitas espécies predadoras, além de onívoras e detritívoras. Adiante estão descritas algumas das principais características dos artrópodes.

- **Metameria:** há uma tendência para a redução da metameria por meio da perda ou da fusão dos segmentos ou da diferenciação das estruturas segmentares. Os segmentos fundidos com função especializada são denominados **tagmas**.
- Presença de **apêndices corporais articulados**, que possibilitam os movimentos dos segmentos dos apêndices e do corpo.
- Presença do **exosqueleto** de quitina. Esse exosqueleto protege o animal contra agressões e desidratação e também pode apresentar ceras, proteínas e sais de cálcio em sua composição. Como o exoesqueleto de quitina não é flexível, o crescimento dos artrópodes depende de **mudas** ou **ecdises**.
- O sistema circulatório é aberto, ou seja, a **hemolinfa** circula no interior dos vasos, que se abrem em cavidades corporais.
- O sistema nervoso é bem desenvolvido, formado por um cérebro de onde partem dois cordões longitudinais com pares de gânglios segmentares. O sistema nervoso coordena todos os músculos, que por sua vez estão associados ao esqueleto.
- Os apêndices podem ser ramificados, sendo denominados **birremes** (crustáceos), ou não ramificados. Nesse caso são denominados **unirremes** (insetos).

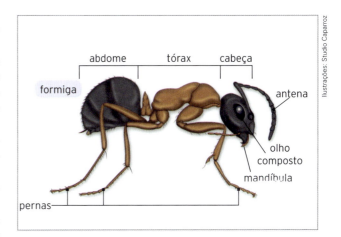

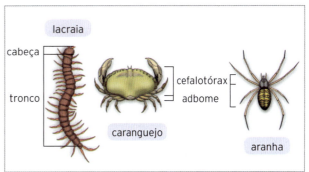

O corpo de insetos como a formiga apresenta três regiões ou tagmas: cabeça, tórax e abdome. Nas aranhas e nos crustáceos, podem ser reconhecidos dois tagmas: cefalotórax e abdome. Nas lacraias também existem dois tagmas: cabeça e tronco.

Classificação

O filo Arthropoda está dividido em três subfilos: Crustacea, Chelicerata e Uniramia.

Quadro comparativo dos grupos de artrópodes					
Grupo taxonômico		Pares de antenas	Peças bucais	Tagmas	Apêndices locomotores
Subfilo Crustacea (camarões, siris e caranguejos)		2	mandíbulas e maxilas	cefalotórax e abdome	vários pares
Subfilo Chelicerata (aranhas, escorpiões, ácaros e carrapatos)		ausentes	pedipalpos e quelíceras	cefalotórax e abdome	geralmente 4 pares
Subfilo Uniramia	Classe Chilopoda (lacraias)	1	mandíbulas e maxilas	cabeça e tronco	1 par por segmento
	Classe Diplopoda (piolhos-de-cobra e gongolôs)	1	mandíbulas e maxilas	cabeça e tronco	2 pares por segmento
	Classe Hexapoda ou Insecta (moscas, baratas, pulgas e formigas)	1	mandíbulas e maxilas	cabeça, tórax e abdome	3 pares

Subfilo Crustacea

- A maioria das espécies é marinha, apesar de existirem espécies de água doce e terrestres.
- Os crustáceos são os únicos artrópodes que possuem **dois pares de antenas**.
- É comum a presença de uma **carapaça** que recobre o cefalotórax.
- Podem ser predadores, filtradores ou detritívoros.
- As espécies de maior porte apresentam respiração branquial.
- Os apêndices são birremes e adaptados a diferentes funções.
- Nos crustáceos filtradores, cerdas próximas dos apêndices funcionam como filtro.
- A cópula é comum na maioria dos crustáceos, além da incubação de ovos na base das pernas ou em estruturas especiais.
- A **larva náuplio**, típica dos crustáceos, é o primeiro estágio de desenvolvimento nas espécies que apresentam desenvolvimento indireto.

Subfilo Chelicerata

- Os representantes do **subfilo Chelicerata** são os límulos, as aranhas-do-mar, os carrapatos, os ácaros, as aranhas e os escorpiões.
- Possuem o corpo dividido em **cefalotórax** e **abdome** e apresentam seis pares de apêndices.
- O primeiro par de apêndices forma as **quelíceras** (estruturas para alimentação) e o segundo par forma os **pedipalpos**. Os pedipalpos podem ter diversas funções nas diferentes classes. Os quatro pares de apêndices restantes são as pernas.

Subfilo Uniramia

Classe Hexapoda. Grupo dos insetos, o maior entre os animais.

- O corpo é dividido em três tagmas: cabeça, tórax e abdome. A cabeça tem um par de antenas e os apêndices bucais (**mandíbulas**, **maxilas** e **lábio**). Apresenta um par de **olhos compostos** e três **ocelos**.
- As asas estão situadas no tórax, que possui três pares de pernas.
- A maioria dos insetos tem dois pares de asas.
- Nas laterais do tórax e do abdome existem pequenas aberturas do sistema respiratório traqueal, os **espiráculos**.
- O **aparelho ovipositor** (fêmeas) e os **cercos** (machos) estão presentes no último segmento abdominal. Todos os insetos apresentam sexos separados, e a fecundação é interna.
- Após a cópula, os espermatozoides armazenados nos receptáculos seminais fertilizam os ovos produzidos pela fêmea.

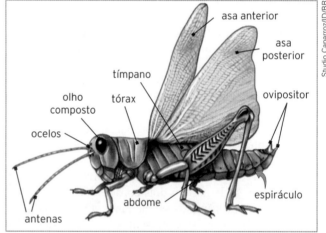

Organização geral do corpo de um inseto.

- O **ácido úrico**, por ser um resíduo do metabolismo, é excretado pelos túbulos de Malpighi; o **exosqueleto impermeável** e a **retenção de água** pelas válvulas e pelas cerdas dos espiráculos constituem importantes adaptações para reduzir a perda de água.
- A maioria dos insetos é herbívora, pois alimenta-se de tecidos e fluidos vegetais.
- O desenvolvimento pode ser direto ou apresentar fases larvais com **metamorfose**. As traças são exemplos de insetos **ametábolos**, cujo **desenvolvimento** é **direto**, ou seja, os ovos eclodem dando origem a formas juvenis semelhantes aos adultos. Libélulas e baratas são exemplos de insetos **hemimetábolos**, em que cada estágio, após a eclosão, é denominado **ninfa**. As ninfas diferem dos adultos pela ausência de asas e sistema reprodutor. Na maioria das espécies de insetos a **metamorfose** é **completa**, sendo denominados **holometábolos**. A larva ou lagarta, semelhante a um verme segmentado, eclode do ovo, e depois de várias mudas se transforma em **pupa** ou crisálida. O adulto emerge e não sofre mais mudas.

Classe Chilopoda. Inclui as centopeias e as lacraias.

- O corpo achatado é formado por cabeça e tronco segmentado, e cada segmento apresenta um par de pernas.

Classe Diplopoda. São os piolhos-de-cobra.

- Assim como nos quilópodes, possuem corpo formado por cabeça e tronco segmentado. Cada segmento tem dois pares de pernas.

Equinodermos (filo Echinodermata)

Os equinodermos estão entre os invertebrados marinhos de vida livre mais conhecidos, como as estrelas-do-mar, as bolachas-da-praia e os ouriços-do-mar.

- São animais com simetria **pentarradial**; no entanto, essa simetria derivou de uma forma ancestral bilateral. Os equinodermos não derivam de outros filos radiados.
- Alguns aspectos do desenvolvimento embrionário tornam os equinodermos evolutivamente próximos aos cordados.
- São animais triblásticos, deuterostômios, celomados e que apresentam simetria bilateral no início do desenvolvimento embrionário.
- Apresentam **endosqueleto calcário** formado por ossículos que podem articular-se entre si.
- Possuem muitos apêndices revestidos pela epiderme na superfície externa do corpo. Esses apêndices, que dão ao corpo uma aparência espinhosa ou verrucosa, têm diversas funções, como locomoção, defesa, respiração, excreção e limpeza.
- Uma característica distintiva é a presença de um sistema de canais e apêndices superficiais que compõem o **sistema ambulacral** ou sistema hidrovascular. Nesse sistema relacionado com a locomoção, os canais internos, preenchidos por um líquido similar à água do mar, ligam-se ao meio externo pelo **madreporito**. Existem **canais radiais**, que se ramificam em estruturas denominadas **ampolas**. Estas, por sua vez, terminam em ventosas na superfície ventral, denominadas **pés ambulacrais**.
- As ventosas aderem ao substrato ou se soltam dele por meio das contrações e dos relaxamentos das ampolas, possibilitando a movimentação do animal.
- O tubo digestório é completo, com boca e ânus.
- Não existe sistema excretor, nem sistema circulatório.
- O sistema respiratório varia conforme o grupo.
- A maioria dos equinodermos é dioica, os órgãos reprodutores são simples e não há cópula.
- Os gametas são lançados na água através de poros genitais e a fecundação é externa. As larvas geralmente são planctônicas e o adulto é bentônico.
- São capazes de regenerar espinhos e apêndices.

Classificação

Classe dos asteroides. Compreende as estrelas-do-mar.
- A simetria é pentarradial.
- Cinco ou mais braços são unidos por um disco central.
- As larvas apresentam simetria bilateral.
- Os asteroides são carnívoros. Alimentam-se de caramujos, crustáceos, poliquetos, posicionam-se sobre a presa e envolvem-na projetando a boca e o estômago para fora do corpo.

Classe dos equinoides. Engloba os ouriços-do-mar e as bolachas-da-praia.
- O corpo tem forma circular e não possui braços.
- Locomovem-se por pés ambulacrais ou pela flexão da base dos espinhos.
- Algumas espécies de ouriços-do-mar possuem espinhos com toxinas.
- A região da boca possui um aparelho raspador e triturador de alimento denominado **lanterna de Aristóteles**.

Classe dos ofiuroides. Compreende as serpentes-do-mar.
- Animais semelhantes às estrelas-do-mar, com braços mais finos e ágeis.
- É considerado o grupo de equinodermos mais bem-sucedido, provavelmente em razão da motilidade.
- Não têm intestino nem ânus.
- Alimentam-se de detritos ou são filtradores.

Classe dos crinoides. Engloba os equinodermos sésseis ou lírios-do-mar.
- Vivem fixos ao substrato pelo disco central, de onde partem os braços.
- As crinoides são filtradores. Alimentam-se de partículas em suspensão.
- Únicos equinodermos com a boca voltada para cima. No adulto, o ânus está localizado ao lado da boca.

Classe dos holoturoides. Compreende os pepinos-do-mar.
- Esses animais distinguem-se, pelo corpo cilíndrico, pela redução do esqueleto a ossículos microscópicos e pela modificação dos pés ambulacrais a tentáculos ao redor da boca.
- Na extremidade oposta à boca, está situado o ânus, ligado a uma cloaca, onde desemboca o intestino.
- A água penetra pela cloaca e atinge as **árvores respiratórias**, estrutura ramificada responsável pelas trocas gasosas.
- As holotúrias alimentam-se de material em suspensão ou de depósitos.

Questões

1. **(Uece)** Muitos animais passam por um processo conhecido como ecdise. Assinale a alternativa que contém somente animais que substituem periodicamente seus exoesqueletos durante o seu crescimento.
   a) cobras, ostras e caranguejos
   b) aranhas, baratas e caranguejos
   c) caranguejos, corais e aranhas
   d) baratas, cobras e aranhas

2. **(UFSCar-SP)** Um biólogo encontra uma nova espécie animal de aspecto vermiforme. A princípio, fica em dúvida se este é um representante do Filo Annelida ou Nematoda. Para decidir entre as duas opções, você recomendaria que ele examinasse a presença de:
   a) simetria bilateral.
   b) segmentação corporal.
   c) sistema circulatório aberto.
   d) sistema digestório completo.
   e) sistema nervoso difuso.

3. **(PUC-SP)** O animal A é hermafrodita e tem respiração cutânea, enquanto o animal B é dioico (tem sexos separados) e tem excreção por túbulos de Malpighi; já o animal C apresenta simetria pentarradial e sistema ambulacral. Os animais A, B e C podem ser, respectivamente:
   a) minhoca, gafanhoto e estrela-do-mar.
   b) minhoca, planária e estrela-do-mar.
   c) barata, planária e ouriço-do-mar.
   d) barata, gafanhoto e hidra.
   e) gafanhoto, barata e hidra.

4. **(Unesp)** Observe os quadrinhos.

Sobre o contido nos quadrinhos, os alunos em uma aula de Biologia afirmaram que:
   I. o besouro, assim como a borboleta, apresenta uma fase larval no início de seu desenvolvimento.
   II. as lagartas são genética e evolutivamente mais aparentadas às minhocas que aos besouros.
   III. ao contrário dos besouros, que possuem sistema circulatório fechado, com hemoglobina, as borboletas e as minhocas possuem sistema circulatório aberto, sem hemoglobina.

É correto apenas o que se afirma em:
   a) I.
   b) III.
   c) I e II.
   d) I e III.
   e) II e III.

5. **(Fatec-SP)** Um grupo de estudantes do Ensino Médio acompanhou, durante algumas semanas, a variação do tamanho do corpo das três diferentes espécies animais a seguir.

O gráfico a seguir representa a variação apresentada pelas três espécies estudadas, desconsiderando-se a escala.

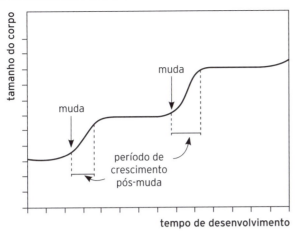

Adaptado de www.biomania.com.br. Acesso em: 15 set. 2009.

De acordo com as observações feitas, os alunos formularam três afirmações.

Afirmação A: O crescimento desses animais está relacionado às estações do ano.

Afirmação B: O crescimento só acontece após a troca do exoesqueleto.

Afirmação C: O padrão de crescimento apresentado no gráfico é típico dos artrópodes.

Está correto o contido:

a) na afirmação A, apenas.
b) na afirmação C, apenas.
c) nas afirmações A e B, apenas.
d) nas afirmações B e C, apenas.
e) nas afirmações A, B e C.

6. (Uece) Maria Paula e Pedro combinaram fazer um sorteio de estruturas que deveriam estar presentes no animal que iriam consumir em uma saborosa refeição. Dentre as estruturas sorteadas apareceram: glândulas coxais, maxilípedes e brânquias. Para esta refeição escolheram um caranguejo. Quanto à escolha, podemos afirmar, corretamente, que é:

a) equivocada, pois não existe um animal com as três estruturas sorteadas.
b) acertada, pois o caranguejo possui as três estruturas sorteadas.
c) equivocada, pois o animal com as três estruturas sorteadas é a aranha.
d) equivocada, pois o animal com as três estruturas sorteadas é a lagosta.

7. (UFRN)

Diferente do que é observado nas diversas espécies da classe dos insetos, todas as espécies da classe das aranhas:

a) apresentam antenas e quatro pares de patas.
b) nascem com forma semelhante à do adulto.
c) inoculam veneno por meio de ferrão abdominal.
d) apresentam o corpo com cabeça, tórax e abdome.

Animais: cordados

■ Subfilo Protocordados

Não apresentam crânio ou vértebras.

- A notocorda é a estrutura que sustenta o corpo e que pode persistir durante a vida.

Urocordados. Reúnem o maior número de características primitivas.

- Entre seus representantes estão as **ascídias**, animais marinhos filtradores. Os adultos são sésseis e as formas larvais têm vida livre.
- Existem espécies solitárias e espécies coloniais.
- A notocorda e o tubo neural são bem desenvolvidos nas larvas, e apenas as fendas branquiais se mantêm nos adultos.
- A água do mar entra pelo **sifão inalante**, atravessa as fendas branquiais, chegando até o átrio, e sai pelo **sifão exalante**.
- Fragmentos de alimento ficam presos no muco que reveste as fendas branquiais e descem para o estômago, onde sofrem digestão.
- A reprodução é sexuada, a maioria das espécies é hermafrodita e a fecundação é externa.

Cefalocordados. Possuem notocorda, tubo neural e brânquias bem desenvolvidas.

- São representados pelos anfioxos (gênero *Branchiostoma*).
- Possuem corpo afilado, semelhante a um pequeno peixe.
- Têm vida livre e vivem com a porção posterior do corpo enterrada no substrato.
- As partículas alimentares presentes na água são capturadas pelos **cirros**, pequenos tentáculos localizados ao redor da boca. Da faringe, as partículas presas no muco presente nas fendas branquiais chegam ao estômago.
- Apresentam sexos separados e a fecundação é externa.

Os hemicordados

São considerados membros de um filo separado do filo dos cordados, pois não há desenvolvimento da notocorda ou do tubo nervoso dorsal.

Esses animais de corpo alongado ficam enterrados na areia em um túnel em forma de U. O gênero mais conhecido é o *Balanoglossus*.

■ Peixes

Os peixes são animais aquáticos que possuem **brânquias**, locomovem-se por meio de nadadeiras e atualmente estão divididos em dois grandes grupos: **agnatos** (sem mandíbula) e **gnatostomados** (com mandíbula).

Agnatos

Os peixes **agnatos** atuais, também denominados **ciclostomados**, têm corpo alongado, boca circular e pele desprovida de escamas. O esqueleto é cartilaginoso e a notocorda persiste no adulto.

Fazem parte desse grupo os peixes-bruxas, ou **feiticeiras**, animais praticamente cegos, que vivem no fundo do mar, possuem língua raspadora e boca circundada por tentáculos.

Além dos peixes-bruxas, nesse grupo incluem-se as **lampreias**, animais marinhos e de água doce.

Gnatostomados

Os **gnatostomados** dividem-se em: os condrictes e os osteíctes.

Condrictes

São peixes que têm **esqueleto cartilaginoso**.

- A maioria das espécies é marinha e predadora, representada por arraias e tubarões.
- A boca está situada na posição ventral, os olhos não têm pálpebras e estão situados nas laterais; possuem uma ou duas nadadeiras dorsais (a nadadeira caudal, denominada heterocerca, e, na maioria das espécies, a nadadeira anal); apresentam linha lateral.
- Os sexos são separados e a fecundação é interna. Tubarões e arraias possuem **cláspers**, órgãos copulatórios dos machos.

Osteíctes

É o grupo da grande maioria dos peixes dotados de **esqueleto ósseo** e escamas dérmicas delgadas e flexíveis.

Actinopterígios

Formam o grupo mais diversificado entre os vertebrados. Eles apresentam as seguintes características:

- boca frontal e nadadeira caudal achatada do tipo **homocerca** (em forma de leque);
- **bexiga natatória**, órgão que permite ao peixe manter-se a determinada profundidade, alterando a própria densidade;
- sexos separados na maioria das espécies, fecundação externa e desenvolvimento indireto. As larvas são denominadas **alevinos**.

Sarcopterígios

Têm nadadeira carnosa ou lobada, que possui estrutura óssea sustentada por músculos. A nadadeira caudal é do tipo **dificerca** (em forma de pena).

▪ Anfíbios

Os animais da classe Amphibia representam a transição das formas de vida aquáticas para formas terrestres. Esqueletos fossilizados de animais que viveram há 400 milhões de anos apresentam características semelhantes às dos tetrápodes terrestres. Os representantes dos anfíbios incluem sapos, rãs, pererecas, além de salamandras e cecílias.

Veja algumas características dos animais desse grupo.
- A queratina e o muco produzidos pela epiderme protegem contra a perda de água.
- Os pulmões são pouco desenvolvidos, e as trocas gasosas ocorrem principalmente através do tecido epitelial da boca e da pele.
- O coração apresenta três cavidades: dois átrios e um ventrículo. A circulação é dupla.
- O tato, o olfato e o paladar são bem desenvolvidos.
- A maioria dos anfíbios alimenta-se de insetos, minhocas e outros pequenos invertebrados.
- A língua produz substâncias viscosas.
- Nos adultos, a urina é rica em ureia.
- Apresentam sexos separados, e a fecundação é externa na maioria das espécies. Os ovos são cobertos por uma capa gelatinosa e, ao eclodirem, originam os **girinos** (larvas), que sofrem metamorfose. Durante esse processo, a cauda e as brânquias são perdidas e surgem as pernas e os pulmões.

Representação esquemática do ciclo de vida de um sapo.

A classe dos anfíbios é dividida em três ordens: anuros, caudados e ápodes, dependendo da ausência ou da presença de cauda e membros e do grau de dependência da água para a reprodução.

A ordem **Anura** é a mais diversificada e inclui os sapos, as rãs e as pererecas, muito abundantes nas regiões tropicais e temperadas, próximo a lagos, brejos e corpos de água. As espécies que vivem em florestas retornam à água para reproduzirem.

Veja algumas características dos anuros:
- não têm cauda, são saltadores e a fase larval é aquática;
- os sapos possuem a pele espessa, as rãs têm os membros posteriores mais longos do que os sapos e as pererecas apresentam discos adesivos nas extremidades dos dedos;
- durante o período reprodutivo, os machos emitem sons característicos (coaxados) para atrair as fêmeas.

A ordem dos **caudados** inclui as salamandras. Algumas características dos caudados são:
- a maioria das espécies é terrestre, carnívora e possui dois pares de membros;
- geralmente a fecundação é interna e o desenvolvimento é indireto.

As espécies da ordem dos **ápodes** são conhecidas como cecílias. Algumas características dos ápodes são:
- não possuem pernas e são encontrados em florestas tropicais;
- o corpo é longo e delgado, adaptado a ambientes aquáticos ou ao solo úmido, onde vivem em túneis;
- alimentam-se de invertebrados e são conhecidos como cobras-cegas, pois os olhos são pequenos ou ausentes;
- possuem tentáculos sensoriais utilizados para localização das presas e orientação;
- a fecundação é interna e as fêmeas depositam ovos em locais próximos à água.

▪ Répteis

A classe dos **répteis** é representada por serpentes, lagartos, jacarés e tartarugas. Os répteis são os descendentes de antigos anfíbios que se transformaram nos primeiros vertebrados completamente terrestres.

A principal diferença entre répteis e anfíbios é a presença do **ovo amniótico**, no qual o embrião se desenvolve, sem fase larval aquática. Outras características são:
- os répteis atuais (lagartos, serpentes e tartarugas) são relativamente abundantes nos trópicos, incomuns em zonas temperadas e ausentes em climas frios, pois são ectotérmicos;
- apresentam a derme espessa e bem desenvolvida e a epiderme delgada que origina **escamas de queratina**;
- serpentes e lagartos realizam mudas periodicamente, que substituem escamas mais velhas pelas mais novas;
- na maioria das espécies, os pulmões bem desenvolvidos são as únicas estruturas respiratórias. Tartarugas marinhas podem complementar a respiração mediante trocas gasosas realizadas pela mucosa faringiana;
- o coração possui três câmaras, separando o sangue arterial do sangue venoso, o que aumenta a eficiência da oxigenação dos órgãos corporais. A circulação é dupla, com menor mistura de sangue venoso e arterial em relação aos anfíbios. Os crocodilianos apresentam o coração com quatro cavidades, com separação completa entre os ventrículos;

- geralmente os rins secretam **ácido úrico**, resultando em grande economia de água;
- a maioria é carnívora. As maxilas são capazes de movimentos rápidos e fortes, importantes na apreensão e na trituração da presa;
- o sistema nervoso e os órgãos sensoriais são bem desenvolvidos;
- a fecundação é interna. O ovo amniótico possui casca coriácea, **vesícula vitelínica** e três membranas que formam bolsas (**âmnio**, **alantoide** e **cório**) e o filhote respira por meio de pulmões.

Os répteis podem ser divididos em duas subclasses: os anápsidos e os diápsidos.

Subclasse dos anápsidos
- Inclui os quelônios (tartarugas, jabutis e cágados) cujo crânio é desprovido de aberturas temporais.

Subclasse dos diápsidos
- Inclui os répteis que possuem dois pares de aberturas temporais. Essa subclasse é dividida, atualmente, em duas superordens: Lepidosauria e Archosauria.
- As serpentes (subordem Serpentes) não possuem membros, têm visão deficiente, olfato bem desenvolvido, em virtude da presença do **órgão de Jacobson** no céu da boca, que capta partículas odoríferas trazidas pela língua para dentro da boca, e muitas apresentam um órgão sensível à radiação ultravioleta para localização de presas, a **fosseta loreal**.
- Algumas serpentes desenvolveram glândulas de veneno, mas não possuem órgão inoculador (como a jiboia e a sucuri); outras possuem presas bem desenvolvidas e diversos venenos potentes (como a cascavel e a jararaca).

Classe	Excreção	Número de cavidades cardíacas	Número de cavidades cardíacas	Anexos embrionários
Peixes	Brânquias excretam amônia (octeíctes) e ureia (condrictes)	duas	brânquias	vesícula vitelínica
Anfíbios	Rins excretam ureia	três	pulmões e superfície do corpo	vesícula vitelínica
Répteis	Rins excretam ácido úrico	três (quatro em crocodilianos)	pulmões	vesícula vitelínica, alantoide, âmnio e cório

■ Aves

As **aves** são animais vertebrados presentes em quase todos os ecossistemas do planeta e importantes polinizadores e dispersores de sementes, podendo estar no papel de predador ou de predado. Quase 10 mil espécies já foram descritas nessa classe de vertebrados. Elas se originaram dos répteis **terópodos**, pequenos predadores bípedes não voadores.

- A principal característica desse grupo é a presença de **penas** na superfície do corpo. Acredita-se que tenham se desenvolvido a partir das escamas dos répteis.
- Os membros anteriores são modificados em **asas**.
- Esses animais possuem **sacos aéreos** e **ossos com cavidades** (ossos pneumáticos).

Tipos de dentição em serpentes.

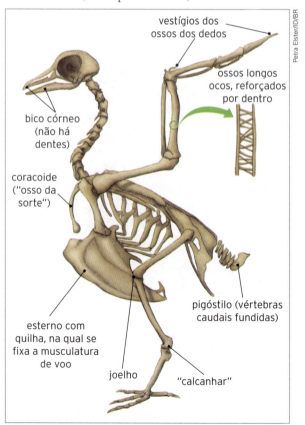

Esquema representando o esqueleto de uma ave (pombo) e as adaptações ao voo.

A superordem dos **arcossauros** é representada, atualmente, pelos crocodilianos (crocodilos, gaviais e jacarés).

- O **bico** e a **moela** cumprem o papel dos dentes, que são ausentes nesses vertebrados.
- As penas exercem duas funções principais: atuam como isolante térmico e aumentam a eficiência do voo, graças ao revestimento aerodinâmico da plumagem. A estrutura de uma pena típica possui um eixo central, **raque**, e uma base oca, **cálamo**.
- A **glândula uropigiana**, única glândula da pele, situa-se logo acima da cauda e secreta um óleo. As aves utilizam o bico para espalhar o óleo sobre as penas, evitando que a plumagem se encharque e perca sua propriedade de isolamento térmico.
- Os ossos são finos e leves e apresentam cavidades (ossos pneumáticos).
- Também estão presentes os músculos peitorais, que movimentam as asas.
- O coração das aves tem quatro cavidades, ou seja, o sangue venoso não se mistura com o sangue arterial, estrutura essencial para animais com alto metabolismo e consumo de gás oxigênio.
- Além dos pulmões relativamente pequenos e compactos, existem estruturas denominadas **sacos aéreos**, que invadem as principais partes do corpo e estão conectadas aos pulmões e às cavidades dos ossos pneumáticos. Essas estruturas aumentam a eficiência da respiração, pois o ar que sai dos pulmões é rapidamente substituído pelo ar dos sacos aéreos. Além disso, os sacos aéreos reduzem a densidade corpórea, facilitando o voo.
- Assim como nos répteis, as aves secretam ácido úrico, que é expelido junto com as fezes. Essa adaptação melhora o desempenho do voo, pois não há necessidade de ingestão de água para diluir as excretas.
- O sistema nervoso é bem desenvolvido nas aves.

Reprodução

- Apresentam sexos separados e a fecundação é interna. Está presente um **oviduto**, que liga a cloaca ao ovário. Todas as espécies são **ovíparas**, e os ovos são mantidos sob temperatura adequada.

Classificação

- A classe das aves abrange cerca de 28 ordens, dependendo do sistema de classificação, que, em geral, utiliza características ósseas.

■ Mamíferos

Os animais da classe dos **mamíferos** ocupam quase todos os ecossistemas do planeta; há espécies voadoras e aquáticas. Os mamíferos pertencem à classe Mammalia. Principais características dos mamíferos.

- Presença de **glândulas mamárias**, **pelos**, **diafragma** (músculo localizado entre os pulmões e o abdome), cérebro muito desenvolvido e dentes com diferentes formatos.
- A diversidade estrutural, fisiológica e ecológica é maior nos mamíferos do que nas aves.

Classificação

Principais grupos de mamíferos		
Grupo	Reprodução	Exemplos
monotremados	ovíparos	ornitorrinco, equidna
marsupiais	vivíparos; presença de marsúpio	canguru, coala, gambá
placentários	vivíparos; presença de placenta bem desenvolvida	os mais diversificados: cavalo, peixe-boi, baleia, gato, macaco, morcego

Estrutura

- Pele formada pela derme e pela epiderme. Essa camada mais externa possui a **queratina**, importante para o controle da umidade do corpo e para a proteção. Abaixo da pele existe uma camada de gordura que atua como isolante térmico. Glândulas, pelos, unhas e cornos são anexos da pele.
- Nos mamíferos surgiram as glândulas: **mamárias** (estrutura exclusiva dos mamíferos, ativas nas fêmeas, produzem leite para alimentar os filhotes), **sudoríparas** (produzem suor, que auxilia na regulação da temperatura), **sebáceas** (produzem secreção oleosa, com função protetora); e **odoríferas** (produzem substâncias com cheiro, utilizadas na comunicação, na atração sexual e na defesa).
- Esqueleto formado principalmente por ossos e algumas cartilagens nas articulações.
- A maioria dos mamíferos é **heterodonte**, pois possui dentes com diferentes formatos de acordo com sua função.
- O coração tem quatro cavidades, ou seja, o sangue venoso não se mistura com o sangue arterial.
- A respiração é pulmonar.
- A contração do diafragma, músculo presente apenas nos mamíferos, contribui para a respiração.
- Os mamíferos são **ureotélicos**: excretam ureia diluída na urina.
- Os hemisférios cerebrais e o cerebelo aumentados resultaram no desenvolvimento de funções sensoriais e nervosas complexas.

Reprodução

- Fecundação interna; a maioria é vivípara.
- Os três grupos de mamíferos diferem quanto ao modo de reprodução. Os **monotremados** são ovíparos e incubam os ovos até sua eclosão. Os **marsupiais** são vivíparos, mas a gestação dentro do útero é curta. Os filhotes completam o desenvolvimento no **marsúpio**, bolsa abdominal que contém as mamas. Os **placentários** também são vivíparos, mas o desenvolvimento completo do filhote ocorre dentro do corpo da mãe. A placenta, membrana que envolve o embrião, fornece nutrientes e gás oxigênio.
- Nos três grupos os filhotes são amamentados pela mãe, e os cuidados parentais são muito desenvolvidos.

Questões

1. **(Udesc)** Os anfíbios são classificados em três ordens: Urodela, Anura e Gymnophiona ou Apoda.
Assinale a alternativa CORRETA que contém, respectivamente, os animais classificados como anfíbios e pertencentes a essas ordens.
   a) salamandra, sapo, cobras-cegas (cecília)
   b) jacaré, sapo, tartaruga
   c) perereca, jiboia, salamandra
   d) sapo, salamandra, cobras-cegas (cecília)
   e) cobras-cegas (cecília), tartaruga, sapo

2. **(UFPI)** A maioria dos peixes ósseos apresenta sacos similares a pulmões, que permitem o controle da flutuação e da profundidade em que pode ficar na água, sem gastar energia. Marque a alternativa que contém a estrutura em questão.
   a) Nadadeira ventral.
   b) Nadadeira lobada.
   c) Nadadeiras pélvicas.
   d) Nadadeiras peitorais.
   e) Bexiga natatória.

3. **(Unifesp)** A presença de ovos com envoltório rígido é mencionada como uma das principais características que propiciaram a conquista do ambiente terrestre aos vertebrados. Contudo, essa característica só resultou em sucesso adaptativo porque veio acompanhada de outra novidade evolutiva para o grupo no qual surgiu. Tal novidade foi:
   a) a total impermeabilidade da casca.
   b) o cuidado à prole.
   c) a fecundação interna.
   d) o controle interno da temperatura.
   e) a eliminação de excretas pela casca.

4. **(UFC-CE)** Assinale a alternativa que apresenta o componente do corpo dos animais cujo constituinte principal é a queratina.
   a) Camada dérmica da pele de mamíferos.
   b) Endoesqueleto de condrictes e osteíctes.
   c) Escamas da pele de serpentes e lagartos.
   d) Cutícula dos diplópodes e quilópodes.
   e) Concha dos gastrópodes e bivalves.

5. **(Cefet-MG)** As aves, para se adaptarem ao voo, apresentam as seguintes características, **exceto**:
   a) ossos compactos e bicos pequenos e leves.
   b) sacos aéreos e músculos peitorais poderosos.
   c) membrana nictante nos olhos e ausência de dentes.
   d) ausência de bexiga urinária e filhotes fora do corpo da fêmea.

6. **(PUC-Campinas-SP)** As gazelas, como todos os mamíferos:
   a) são ruminantes.
   b) são placentárias.
   c) possuem marsúpio.
   d) apresentam diafragma.
   e) têm desenvolvimento interno.

7. **(UFPE)** No ano de 2011, um novo ataque de tubarão voltou a acontecer com um surfista que desobedeceu aos avisos que proibiam a prática do esporte em uma praia do Recife. Sobre esses animais, considere as afirmações seguintes[1].
   ( ) São animais triblásticos, deuterostômios, metamerizados, com sistema digestório completo e presença de tubo nervoso dorsal durante o desenvolvimento embrionário.
   ( ) Pertencem ao filo dos protocordados, pois apresentam coluna vertebral cartilaginosa e não óssea como os demais vertebrados.
   ( ) Pertencem à mesma classe das raias, ambos com sistema nervoso desenvolvido; na região da cabeça, as ampolas de Lorenzini captam as correntes elétricas das presas.

---

[1] Indique as alternativas falsas (F) e as verdadeiras (V).

( ) Apresentam uma nadadeira dorsal proeminente, cauda heterocerca e bexiga natatória que regula a profundidade na lâmina d'água.

( ) São dioicos com fecundação interna; os machos apresentam um par de "cláspers" que são introduzidos na cloaca da fêmea para transferência espermática.

8. (Unicamp-SP) As cecílias, também chamadas de cobras-cegas, são facilmente confundidas com serpentes por observadores menos atentos, por também apresentarem corpo cilíndrico e desprovido de patas. Entretanto, uma análise mais cuidadosa pode diferenciar facilmente esses animais, pois as cecílias são anfíbios ápodos.

Duas características apresentadas exclusivamente pelas cecílias, que as diferenciam das serpentes, são:

a) corpo revestido por pele úmida e ovos com casca calcária.

b) corpo revestido por escamas e respiração exclusivamente cutânea.

c) pele rica em glândulas secretoras de muco e respiração cutânea.

d) pele úmida e corpo revestido por escamas queratinizadas.

9. (Unemat-MT) Em uma loja de animais estava exposta uma placa com as seguintes informações:

> Vende-se animais vertebrados, de pele úmida, intensamente vascularizada e pobre em queratina.
>
> São pecilotérmicos e dependem da água para sua reprodução. Têm fecundação externa e desenvolvimento indireto. As larvas respiram por meio de brânquias e os adultos realizam trocas gasosas por meio de pulmões rudimentares dotados de pequena superfície e através da pele.
>
> O coração apresenta 3 câmaras, sendo 1 ventrículo e 2 átrios. A circulação sanguínea é fechada, dupla e incompleta. – PREÇOS PROMOCIONAIS

O texto acima se refere a que animal?

a) Peixe.   c) Papagaio.   e) Iguana.
b) Rã.   d) Cachorro.

10. (UFRGS-RS) Com relação às aves, considere as seguintes afirmações.

I. Elas apresentam taxa metabólica elevada.

II. Suas penas atuam como isolante térmico.

III. Sua excreta nitrogenada é a ureia.

Quais estão corretas?

a) Apenas I.   d) Apenas I e II.
b) Apenas II.   e) I, II e III.
c) Apenas III.

11. (Cefet-MG)

> Na água do mar, estão sempre fazendo muito barulho e reunidos em grupos numerosos. Flutuam facilmente graças à grande quantidade de gordura e nadam com rapidez, usando apenas as nadadeiras, servindo as patas como leme. São ovíparos, homeotérmicos, desprovidos de bexiga urinária e extremamente adaptados ao mergulho.

Disponível em: <http://www.webciencia.com>. Acesso em: 29 ago. 2009. (Adaptado.)

Considerando as informações desse trecho, é correto afirmar que esses animais são:

a) aves cujas asas parecem com remos.

b) peixes capazes de respirar fora da água.

c) anfíbios que vivem tanto na terra quanto na água.

d) mamíferos que possuem pelos ao redor do corpo.

Fisiologia humana I

■ Sistema digestório

O sistema digestório é formado pelo tubo digestório e pelos órgãos acessórios.

O **tubo digestório** (ou trato gastrintestinal) tem cerca de 9 m de comprimento e se estende da cavidade da boca até o ânus. Ele é dividido em compartimentos com funções específicas, associadas à digestão dos alimentos e à absorção dos nutrientes.

Os **órgãos principais** do tubo digestório são: boca, faringe, esôfago, estômago, intestino delgado e intestino grosso. Os **órgãos acessórios** incluem: dentes, língua, glândulas salivares, fígado, vesícula biliar e pâncreas.

A **faringe**, um órgão muscular em forma de tubo, está situada na região da garganta e comunica-se com o **esôfago**, um canal muscular que se estende até o estômago. O alimento é empurrado para o estômago por contrações do esôfago promovidas pelo **peristaltismo** – atividade muscular que também ocorre no estômago e no intestino.

O **estômago** é uma bolsa muscular situada no abdome e que se comunica, por um orifício superior, ao esôfago e, por um orifício inferior, ao duodeno. Nas regiões de conexão entre os três órgãos, encontram-se os **esfíncteres**, anéis musculares que controlam o fluxo de substâncias.

O **intestino** é dividido em duas partes: o **intestino delgado** (região de absorção de nutrientes) e o **intestino grosso** (região de absorção de água).

O **intestino delgado**, com cerca de 6 m de comprimento, inicia-se na abertura denominada **piloro** e é dividido em três regiões: **duodeno**, **jejuno** e **íleo**.

A superfície interna da mucosa intestinal, ou **mucosa entérica**, apresenta muitas **dobras**, as quais, por sua vez, formam milhares de pequenas outras dobras, denominadas **vilosidades**. Por fim, as células epiteliais presentes na superfície das vilosidades apresentam dobras microscópicas, denominadas **microvilosidades**. Esse sistema de dobras aumenta cerca de 600 vezes a área de absorção da mucosa do intestino delgado.

O **intestino grosso**, com cerca de 1,5 m de comprimento, é dividido em três regiões: **ceco** (comunicação com o intestino delgado), **colo** (ascendente, transverso e descendente) e **reto** (conecta o colo com o exterior do corpo através do orifício **ânus**). A maior parte da água é absorvida no colo. Um músculo circular denominado **esfíncter anal** controla a abertura e o fechamento do ânus.

A digestão inicia-se na **boca**, onde o alimento é triturado mecanicamente pelos **dentes** durante a mastigação. Ao ser quebrado em partes menores, outras áreas do alimento ficam expostas à ação de enzimas. A **língua** auxilia nos processos de mastigação e deglutição. As glândulas salivares, o fígado, a vesícula biliar e o pâncreas, embora não entrem em contato direto com o alimento, auxiliam em sua digestão química sintetizando ou armazenando secreções, que são lançadas no interior do tubo digestório.

Algumas enzimas digestivas		
Enzima	**Órgão produtor**	**Ação**
Ptialina (amilase salivar)	Glândulas salivares (saliva)	Início da digestão de carboidratos em maltose.
Pepsina	Estômago (suco gástrico)	Início da digestão de proteínas em peptídios.
Tripsina	Pâncreas (suco pancreático)	Digestão de proteínas em oligopeptídios.
Lipase	Pâncreas (suco pancreático)	Digestão de lipídios em ácidos graxos e glicerol.
Lactase	Duodeno (suco entérico)	Digestão da lactose em glicose e galactose.
Maltase	Duodeno (suco entérico)	Digestão da maltose em glicose.
Carboxipeptidase	Duodeno (suco entérico)	Digestão de oligopeptídios em aminoácidos.

Sistema circulatório

Pelo sistema circulatório, nutrientes e gás oxigênio chegam às células, e excretas e gás carbônico chegam aos órgãos que os eliminam. O **sangue** flui no interior de **vasos sanguíneos** transportando essas substâncias, sendo constantemente bombeado pelo **coração**. Há autores que consideram o conjunto das estruturas envolvidas na circulação sanguínea um sistema cardiovascular.

Sangue

O sangue é um tecido líquido formado por células e por plasma. A grande maioria das células é constituída pelas **hemácias**, e o restante, por **leucócitos**. As hemácias, os leucócitos e as **plaquetas** (fragmentos celulares) formam os **elementos figurados do sangue**.

As hemácias contêm **hemoglobina**, pigmento responsável pelo transporte de gás oxigênio. O sangue contém fatores de **coagulação**.

O **plasma sanguíneo** é composto de água, proteínas, sais minerais, gases respiratórios, nutrientes e excretas.

Vasos sanguíneos

São nomeados conforme o tamanho e as características anatômicas.

Artérias: conduzem o sangue do coração para as demais regiões do corpo; **veias**: trazem sangue das diversas partes do corpo de volta para o coração. Artérias e veias não são definidas de acordo com a concentração de gás oxigênio do sangue que circula nesses vasos.

As paredes das artérias têm três camadas de tecidos, as **túnicas**: **túnica externa**, de tecido conjuntivo; **túnica média**, de tecido muscular liso; **túnica interna**, formada por células epiteliais ou endotélio.

Os vasos mais afastados do coração ramificam-se e têm o diâmetro reduzido; assim o sangue atinge o interior de órgãos e tecidos. Nesses espaços, os vasos são denominados **arteríolas**.

A ramificação das arteríolas dá origem aos **capilares sanguíneos**, vasos microscópicos formados por uma fina camada endotelial. Nos tecidos, os capilares se unem formando pequenas veias (**vênulas**), cuja função é coletar o sangue dos capilares e encaminhá-lo para as **veias** (vasos que levam o sangue de volta ao coração).

Coração

Está localizado no tórax, entre os pulmões.

É constituído por um tecido especial, o **músculo estriado cardíaco** ou **miocárdio**, e possui quatro cavidades: dois **átrios** (superiores) e dois **ventrículos** (inferiores).

Estão presentes os **septos** do miocárdio, estruturas formadas por tecido muscular e conjuntivo que separam as cavidades do coração, e as **valvas**, estruturas de tecido conjuntivo que possibilitam a passagem do sangue entre os compartimentos.

As valvas atrioventriculares impedem que o sangue retorne dos ventrículos para os átrios; elas estão presentes entre os átrios e os ventrículos. A valva direita é a **valva tricúspide**; a valva esquerda é a **valva mitral**. As **veias cavas** superior e inferior trazem sangue oriundo da rede venosa e desembocam no átrio direito. A **artéria pulmonar** parte do ventrículo direito levando sangue aos pulmões; no início dessa artéria existe a **valva pulmonar**.

As **veias pulmonares** partem dos pulmões e chegam ao átrio esquerdo. A **artéria aorta** parte do ventrículo esquerdo levando sangue rico em gás oxigênio para todos os órgãos e tecidos. No início dessa artéria existe a **valva aórtica**. As artérias **coronárias** são pequenas ramificações da aorta que irrigam o coração.

Funcionamento do coração

O batimento cardíaco é o resultado da atividade elétrica e contrátil do coração. Quando as fibras musculares do coração contraem-se, o sangue é ejetado; quando relaxam, o sangue entra no coração. Os impulsos elétricos são gerados no **nó sinoatrial** (localizado no átrio direito), onde cada impulso elétrico é distribuído por todo o átrio provocando a contração dessas cavidades. Após cerca de cinco centésimos de segundo, o **nó atrioventricular**, situado abaixo do nó sinoatrial, recebe o impulso oriundo do nó sinoatrial. Essa diferença de centésimos de segundo evita que ventrículos e átrios contraiam-se ao mesmo tempo. Após a passagem pelo nó atrioventricular, o impulso chega ao **fascículo atrioventricular**, de onde partem seus ramos direito e esquerdo, que conduzirão o impulso aos ventrículos. Esse percurso dura cerca de 12 centésimos de segundo, ocasionando a contração das fibras musculares dos ventrículos.

Ciclo cardíaco

Ciclo cardíaco é a sequência de eventos que ocorre entre o fim de uma contração cardíaca até o fim da contração seguinte. Em adultos, o normal é de 72 batimentos por minuto. A contração (**sístole**) e o relaxamento (**diástole**) do coração ocorrem de forma cíclica e contínua.

Durante a diástole, a pressão interna dos ventrículos diminui, conforme o espaço interno dos ventrículos se expande. A pressão menor nos ventrículos proporciona a abertura das valvas tricúspide e mitral, possibilitando a passagem do sangue atrial para os ventrículos.

A entrada de sangue nos átrios dilata suas paredes, estimulando o nó sinoatrial a produzir um impulso elétrico. Assim, a contração dos átrios (**sístole atrial**) bombeia o restante do sangue aos ventrículos.

A contração dos ventrículos (**sístole ventricular**) ocorre quando o impulso gerado no nó sinoatrial chega ao nó atrioventricular e espalha-se pelos ventrículos através dos ramos do fascículo atrioventricular.

O sangue é impulsionado contra as valvas tricúspide e mitral, resultando no seu fechamento, o que impede o refluxo do sangue. Essa contração aumenta a pressão interna dos ventrículos e das artérias pulmonar e aorta, forçando a abertura de suas valvas e possibilitando o envio de sangue ventricular esquerdo para todo o corpo e do ventricular direito aos pulmões.

Após a sístole ventricular, ocorre a diástole do músculo cardíaco, ocasionando o fechamento das valvas arteriais, reiniciando o ciclo.

Trajetória do sangue

Pequena circulação ou **circulação pulmonar**: circuito que se inicia no coração, percorre os pulmões e volta ao coração.

O sangue dos tecidos, pobre em gás oxigênio e rico em gás carbônico, chega ao átrio direito por meio das veias cavas.

O sangue do átrio direito vai para o ventrículo direito, que, ao se contrair, impulsiona o sangue para os pulmões através das artérias pulmonares.

A valva pulmonar impede o refluxo de sangue das artérias pulmonares para os ventrículos durante a diástole.

Nos pulmões, o sangue é oxigenado e encaminhado ao coração pelas veias pulmonares, que desembocam no átrio esquerdo.

Grande circulação ou **circulação sistêmica**: circuito que se inicia no coração, percorre os órgãos e tecidos e retorna ao coração.

O sangue do átrio esquerdo, rico em gás oxigênio, chega ao ventrículo esquerdo.

Após a contração do ventrículo esquerdo, o sangue é enviado à artéria aorta, que distribui o sangue oxigenado para todo o corpo. Ao mesmo tempo, o sangue recebe gás carbônico e outras substâncias resultantes do metabolismo celular, que serão eliminadas do corpo.

As veias cavas, que constituem a fusão de praticamente todas as veias do corpo, levam sangue pobre em gás oxigênio e rico em gás carbônico ao átrio direito.

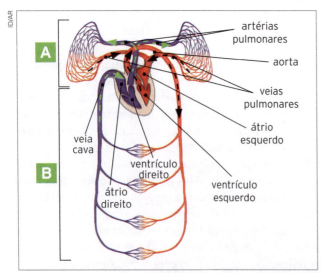

Representação da pequena circulação (A) e da grande circulação (B).

Forças que movem o sangue

Quando o ventrículo contrai e o sangue é lançado com pressão contra as paredes das artérias, a musculatura das artérias relaxa, possibilitando sua dilatação e diminuição da pressão. Quando o ventrículo relaxa e a pressão diminui, a musculatura das artérias se contrai, mantendo assim o fluxo sanguíneo. A **pressão arterial**, exercida pelo sangue nas paredes das artérias, divide-se em **pressão sistólica** e **pressão diastólica**. A pressão do sangue nas veias atinge valores muito baixos. A contração da musculatura esquelética contribui para o retorno do sangue ao coração, e as válvulas presentes nas veias de maior calibre impedem o refluxo sanguíneo.

Controle do sistema circulatório

A regulação local é um dos mecanismos de controle do fluxo sanguíneo. Nesse mecanismo, o fluxo de sangue é regulado pela contração (**vasoconstrição**) ou pelo relaxamento (**vasodilatação**) da musculatura presente na parede das artérias e arteríolas.

Concentrações baixas de gás oxigênio e altas de gás carbônico promovem a vasodilatação das arteríolas. O sistema nervoso e alguns hormônios também controlam o fluxo sanguíneo.

A **acetilcolina** promove a vasodilatação, aumentando o aporte de sangue.

A liberação de **noradrenalina** pelo sistema nervoso autônomo gera vasoconstrição em artérias e arteríolas, reduzindo o fluxo de sangue tecidual.

Em situações de estresse, a **adrenalina** e a **vasopressina** são hormônios que também promovem a vasoconstrição.

Circulação da linfa

A **linfa** é um líquido presente nos espaços intercelulares que formam os diversos tecidos; as substâncias do plasma sanguíneo são transferidas para a linfa e depois são absorvidas pelas células. Os **linfonodos** são órgãos distribuídos pelo corpo, ao longo dos vasos linfáticos.

A linfa pode retornar aos capilares sanguíneos ou penetrar nos **vasos linfáticos**, sendo reconduzida para o sangue.

Os **órgãos linfáticos** estão presentes em várias partes do corpo (timo, baço, linfonodos, medula óssea, entre outros).

A linfa entra no linfonodo através dos **vasos linfáticos aferentes** e sai pelos **vasos linfáticos eferentes.**

O bombeamento da linfa é possibilitado pela contração muscular e consequente compressão dos vasos linfáticos.

Válvulas presentes no interior dos vasos linfáticos impedem o refluxo da linfa, contribuindo para sua circulação.

Sistema respiratório

Anatomia

O sistema respiratório humano é formado por um par de **pulmões** e pelas vias respiratórias, um conjunto de órgãos tubulares que conduz o ar desde o meio externo até a superfície respiratória dos pulmões.

O ar entra no organismo pelas **narinas** e passa pela **cavidade nasal**. O ar segue pela **faringe**, de onde é conduzido para a **laringe**. Na parte interna da laringe estão as **pregas vocais**, responsáveis pela produção de sons. Da laringe o ar segue para a **traqueia**, um tubo muscular com anéis cartilaginosos que se bifurca em dois tubos, os **brônquios**. Cada brônquio se ramifica progressivamente, dando origem aos **bronquíolos**, que formam a **árvore respiratória** pulmonar. Um epitélio ciliado rico em células produtoras de muco ocorre desde a cavidade nasal até os brônquios, retendo impurezas e umidificando o ar.

Os **pulmões** são revestidos externamente pela **pleura**, formada por duas membranas justapostas e um espaço entre elas preenchido por um fluido.

Os **alvéolos** são pequenos sacos de tecido epitelial cheios de ar, com cerca de 0,2 mm de diâmetro e paredes extremamente delgadas, formadas por uma camada de células. Eles estabelecem contato íntimo com as paredes dos capilares sanguíneos.

Inspiração e expiração

A **inspiração** ocorre quando entra ar nos pulmões. Ela é desencadeada pela contração dos **músculos intercostais** e pela movimentação do **diafragma** para baixo, o que diminui a pressão dentro do pulmão e força a entrada do ar. A **expiração** ocorre quando sai o ar dos pulmões. Ela é desencadeada pelo relaxamento dos músculos intercostais e do diafragma, forçando a saída do ar dos pulmões, devido à maior pressão do pulmão. **Ventilação pulmonar** é a renovação do ar nos alvéolos a cada inspiração.

A hematose é definida como as trocas gasosas que ocorrem nos alvéolos pulmonares, através das quais o sangue venoso, rico em gás carbônico, é transformado em sangue arterial, rico em gás oxigênio. Essas trocas gasosas ocorrem por difusão.

Transporte dos gases no sangue

O gás oxigênio é transportado dos pulmões até as células e é ligado à **hemoglobina**, uma proteína presente nas **hemácias** ou **glóbulos vermelhos**. A molécula de hemoglobina (Hb) possui quatro cadeias polipeptídicas e cada cadeia contém um **grupo heme** com um átomo de ferro.

Sangue com baixa concentração de gás oxigênio apresenta cor escura, pois a molécula de hemoglobina sem gás oxigênio tem cor púrpura. Quando a molécula de hemoglobina se liga ao gás oxigênio, seu formato e sua cor são alterados e formam a molécula de **oxiemoglobina** (HbO_2), de cor vermelha.

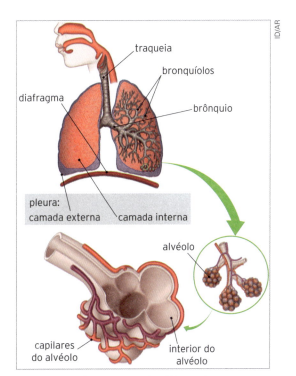

Representação do sistema respiratório com destaque para a estrutura alveolar.

A maior parte do gás carbônico é transportada até os pulmões pelo plasma, na forma de íons de bicarbonato. A menor parte do transporte é feita através de ligações com os grupos amina da molécula de hemoglobina presente nas hemácias, formando a **carbaminoemoglobina** ou **carboemoglobina** ($HbCO_2$).

O aumento da concentração de CO_2 pode tornar o meio mais ácido através da formação do ácido carbônico e posterior dissociação em íons hidrogênio e bicarbonato. A maior presença de íons H^+ promove a redução do pH do meio. A velocidade das reações químicas nas células pode aumentar ou diminuir, como consequência de pequenas alterações na concentração do íon de hidrogênio.

Um dos mecanismos de controle da concentração de íons H^+ no plasma sanguíneo é o **sistema tampão ácido-básico**. Nesse sistema, ocorre a combinação dos íons de hidrogênio com os íons de bicarbonato quando o pH do sangue está muito baixo e a dissociação do ácido carbônico quando o pH do sangue está muito alto.

Controle da respiração

Quando o pH está baixo (**acidose**), os centros respiratórios aumentam a frequência e a amplitude dos movimentos respiratórios, que por sua vez elevam o pH do sangue devido à maior eliminação de CO_2 (aumenta a ventilação pulmonar). Quando o pH está acima do normal (**alcalose**), o centro respiratório é deprimido, reduzindo a frequência e a amplitude dos movimentos respiratórios, que por sua vez reduzem o pH do sangue devido à maior retenção de CO_2 (diminui a ventilação pulmonar).

Questões

1. **(UFSC)** A figura abaixo mostra o aparelho digestório humano.

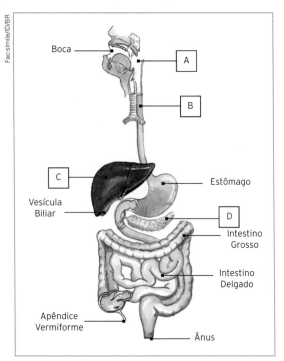

SOARES, J. *Biologia no terceiro milênio*. São Paulo: Scipione, 1999. v. 2. (Adaptada.)

Com respeito a esse aparelho, assinale a(s) proposição(ões) CORRETA(S)[1].

01. A estrutura A indica uma região comum aos aparelhos digestório e respiratório.
02. Os alimentos e os líquidos que entram pela boca são levados ao estômago, pela estrutura B, pela ação da gravidade.
04. Na cavidade bucal, ocorre a ação de enzimas (exemplo: ptialina) sobre o amido, transformando-o em maltose e dextrinas.
08. O órgão indicado em D produz algumas substâncias que são lançadas diretamente no duodeno e outras que são lançadas diretamente na corrente sanguínea.
16. Indivíduos com a doença conhecida como amarelão ou ancilostomíase têm em C o local típico da fixação do parasita *Ancylostoma braziliensis*.
32. Nas paredes do intestino delgado, temos a presença das vilosidades e, nestas, as células epiteliais se apresentam com microvilosidades, para aumentar a área de absorção.
64. Quando existe excesso de glicose no sangue, ela é convertida em amido no local indicado por D.

Resposta: Soma (___)

2. **(Mackenzie-SP)** A respeito das glândulas anexas do tubo digestório, é correto afirmar que:
   a) todas produzem enzimas digestivas.
   b) o alimento passa pelo interior delas para receber sua secreção.
   c) a secreção das glândulas salivares é responsável por iniciar a digestão de proteínas.
   d) a secreção do fígado se relaciona à digestão de carboidratos.
   e) o pâncreas produz a maior parte das enzimas digestivas.

[1] Dê como resposta a soma dos números associados às alternativas corretas.

3. **(Unifesp)** O DNA e o RNA que ingerimos em nossa alimentação são digeridos no mesmo local e sob ação da mesma secreção que promove, também, a digestão dos lipídios. Portanto, é CORRETO afirmar que:
   a) a digestão que ocorre na boca quebra grandes moléculas de DNA e RNA em cadeias polipeptídicas menores, que posteriormente sofrerão a ação dos ácidos presentes no estômago.
   b) o local da digestão do DNA e RNA é o intestino delgado, mais propriamente o duodeno; a secreção que atua nessa digestão possui pH alcalino e não é produzida no duodeno.
   c) o produto final da digestão dos lipídios são ácidos graxos e glicerol, ao passo que, no caso de DNA e RNA, o resultado da digestão são peptídeos de cadeia curta.
   d) DNA e RNA, sendo compostos levemente ácidos, são digeridos mediante a ação de enzimas que atuam em meio fortemente ácido, ao passo que os lipídios são emulsificados não por ácidos, mas por sais presentes nessas enzimas.
   e) os produtos da digestão dos lipídios são absorvidos no intestino delgado e utilizados pelo corpo, enquanto os produtos da digestão de DNA e RNA são eliminados nas fezes, por não serem passíveis de uso.

4. **(Fuvest-SP)** O sangue transporta o gás oxigênio (O_2) para os tecidos e remove deles o dióxido de carbono (CO_2), produto residual do metabolismo.
   a) Cada molécula de hemoglobina nas hemácias pode transportar até quatro moléculas de O_2. Ordene os vasos sanguíneos – veia pulmonar, artéria pulmonar e capilares da circulação sistêmica – de acordo com a concentração de hemoglobina saturada de O_2 neles encontrada, da maior para a menor concentração. Justifique sua resposta.
   b) Cerca de 5% do CO_2 produzido nos tecidos é transportado em solução, no plasma sanguíneo. Como o restante do CO_2 é transportado dos tecidos para os pulmões?

5. **(UFRJ)** O Ministério da Saúde adverte:
   FUMAR PODE CAUSAR CÂNCER DE PULMÃO, BRONQUITE CRÔNICA E ENFISEMA PULMONAR.
   Os maços de cigarros fabricados no Brasil exibem advertências como essa. O enfisema é uma condição pulmonar caracterizada pelo aumento permanente e anormal dos espaços aéreos distais do bronquíolo terminal, causando a dilatação dos alvéolos e a destruição da parede entre eles e formando grandes bolsas, como mostram os esquemas a seguir:

   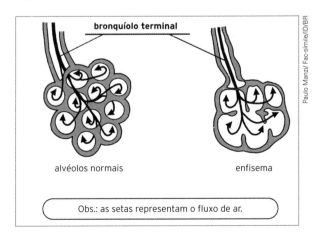

   Explique por que as pessoas portadoras de enfisema pulmonar têm sua eficiência respiratória muito diminuída.

Fisiologia humana II

■ Sistema urinário

O sistema urinário é formado por um par de **rins**, dois **ureteres**, **bexiga urinária** e **uretra**.

O rim possui o **córtex** (porção periférica) e a **medula** (porção interna). Em um corte longitudinal do rim é possível reconhecer na medula renal estruturas denominadas **pirâmides renais**. O ureter conecta o rim à **bexiga urinária**, órgão que armazena urina. A **uretra** liga a bexiga ao exterior do corpo.

O **néfron** é a unidade funcional dos rins. Uma das extremidades do néfron possui uma estrutura em forma de taça (**cápsula renal**, antigamente denominada cápsula de Bowman) conectada a um longo canal (**túbulo néfrico**) dividido em três regiões: **túbulo contorcido proximal**, **alça néfrica** (antigamente denominada alça de Henle) e **túbulo contorcido distal**. O túbulo contorcido distal corresponde à outra extremidade do néfron, que chega ao ducto coletor renal, estrutura que recebe urina de vários néfrons.

O sangue chega ao rim pela **artéria renal**. A cada néfron chega uma arteríola aferente que se ramifica em uma rede de capilares (**glomérulo**). Essa rede de capilares se reúne novamente formando a arteríola eferente.

O **corpúsculo renal** é formado pelo glomérulo e pela cápsula renal. Ao deixar a cápsula renal, a arteríola eferente se ramifica em muitos capilares que circundam o túbulo néfrico (**capilares peritubulares**). Ao se afastarem do túbulo néfrico, tais capilares se reúnem em pequenas vênulas que formarão a **veia renal** (contém sangue filtrado).

Formação da urina

A formação da urina ocorre em três processos: filtração glomerular, reabsorção e secreção.

Na **filtração glomerular**, a alta pressão com que o sangue chega ao corpúsculo renal possibilita a saída de água e de substâncias para fora dos capilares. O líquido formado nessa fase é o **filtrado glomerular**.

São produzidos cerca de 180 litros de filtrado por dia; no entanto, quase todo o filtrado volta ao sangue através do processo de **reabsorção**. Nesse processo, a maior parte da água, dos sais, da glicose e dos aminoácidos presentes no filtrado glomerular sai do túbulo néfrico e entra nos capilares peritubulares. Esse processo de reabsorção ocorre ao longo dos três segmentos do túbulo néfrico.

O processo de **secreção tubular** ocorre no segmento final do túbulo. Substâncias presentes nos capilares sanguíneos e no líquido intersticial entram no interior do túbulo contorcido distal. Íons de hidrogênio (H^+) e potássio (K^+), amônia, ácido úrico e eventuais resíduos presentes no sangue são as principais substâncias secretadas. Esse processo controla o pH do sangue através da eliminação de H^+ pela urina, fundamental para a homeostase.

Após passar pelo túbulo contorcido distal, o filtrado chega ao ducto coletor, onde ainda ocorre reabsorção de água.

No final do processo, um adulto excreta cerca de 1,5 litro de urina por dia.

Representação do sistema urinário e da estrutura do rim. Esquema de um néfron.

Controle hormonal

Um mecanismo de regulação da função renal envolve o **hormônio antidiurético (ADH)**, produzido no hipotálamo e armazenado na glândula hipófise. Quando há pouca ingestão de água, a redução do volume sanguíneo e o aumento na concentração de sais sensibilizam os receptores presentes no hipotálamo, estimulando a liberação do ADH pela hipófise. O ADH aumenta a permeabilidade dos dutos coletores, aumentando a absorção de água e tornando a urina mais concentrada.

Outro mecanismo está relacionado à reabsorção de íons sódio (Na^+), abundantes no líquido intersticial. Quando a concentração desses íons no sangue é baixa, a enzima **renina**, produzida por células do túbulo néfrico e das arteríolas aferentes, é secretada na corrente sanguínea. A renina converte o **angiotensinogênio** em **angiotensina** (forma ativa), que estimula as glândulas suprarrenais a secretarem **aldosterona**, que provoca a reabsorção de sódio nos túbulos distais e dutos coletores, reduzindo a concentração de sódio na urina.

■ Sistema endócrino

O sistema endócrino age de forma integrada com o sistema nervoso. Ele é formado pelas **glândulas endócrinas**, que são os órgãos produtores de **hormônios.**

A **retroalimentação positiva** (*feedback* **positivo**) e a **retroalimentação negativa** (*feedback* **negativo**) são dois mecanismos que mantêm a ação hormonal em níveis adequados ao bom funcionamento do corpo.

Hipotálamo

O **hipotálamo** recebe informações nervosas e hormonais e suas células secretoras produzem hormônios que regulam a atividade secretora da adenoipófise e também os hormônios:

- **oxitocina**: estimula contrações uterinas e secreção de leite.
- **hormônio antidiurético, vasopressina** ou **ADH**: aumenta reabsorção de água nos rins.

Hipófise

A **hipófise** ou **glândula pituitária** possui dois lobos, a adenoipófise (lobo anterior) e a neuroipófise (lobo posterior). Produz hormônios que regulam a homeostase e a atividade de outras glândulas endócrinas.

A **adenoipófise** produz hormônios que regulam a função de outras glândulas endócrinas.

Principais hormônios:

- **hormônio do crescimento (GH)** ou **somatotrofina**: estimula a divisão celular, principalmente da musculatura e dos ossos.
- **hormônio tireoideotrófico (TSH)** ou **tireotrofina**: estimula a secreção de hormônios da glândula tireoide; hormônios da tireoide podem inibir sua liberação através de retroalimentação negativa.
- **hormônio adenocorticotrófico (ACTH)** ou **corticotrofina**: estimula a secreção de hormônios do córtex das glândulas suprarrenais.

- **hormônio folículo-estimulante (FSH)**: estimula a produção de células sexuais no homem e na mulher.
- **hormônio luteinizante (LH)**: estimula a ovulação, a produção do corpo amarelo e a liberação de estrógenos na mulher; estimula a produção de testosterona no homem. O FSH e o LH são **gonadotrofinas** ou **hormônios gonadotróficos**.
- **prolactina**: estimula a liberação de progesterona na gravidez e a produção de leite após o parto.

A **neuroipófise** armazena o hormônio antidiurético e a oxitocina produzidos pelo hipotálamo.

Tireoide e paratireoides

A **tireoide** produz **tiroxina** ou **tetraiodotironina** (T4) e a **tri-iodotironina** (T3), que aumentam a atividade metabólica do organismo e com o GH, participam do processo de crescimento. O TSH estimula a secreção de T4 e T3; também produz a **calcitonina**, que diminui o nível de cálcio no sangue.

As **glândulas paratireoides**, situadas atrás da glândula tireoide, secretam o **paratormônio (PTH)**, que aumenta o nível de cálcio no sangue.

Suprarrenais

As **glândulas suprarrenais** apresentam duas regiões: a medula e o córtex.

- A **medula suprarrenal** produz a **adrenalina** (ou **epinefrina**) e a **noradrenalina** (ou **norepinefrina**). Essas duas substâncias, que agem como hormônios e neurotransmissores, provocam aumento da frequência cardíaca, da pressão arterial e do nível de glicose do sangue, além de estimular o sistema nervoso simpático, preparando o corpo para situações de emergência ou estresse. A **dopamina** é outro hormônio produzido pela medula suprarrenal.
- O **córtex suprarrenal** produz hormônios derivados do colesterol.

Glândulas mistas: gônadas e pâncreas

As **gônadas** são glândulas mistas que produzem os **hormônios sexuais** e os gametas.

- **Testículos**: o principal hormônio sexual masculino é a **testosterona**.
- **Ovários**: os principais hormônios sexuais femininos são os **estrógenos** e a **progesterona**.

O **pâncreas** é uma glândula mista que apresenta uma porção exócrina (produz o suco pancreático, liberado no duodeno) e outra endócrina (constituída pelas **ilhas pancreáticas**, que apresentam células alfa e beta). Os dois hormônios produzidos pelas células alfa e beta regulam o metabolismo da glicose e seus níveis no sangue.

- O **glucagon** (células alfa) promove o aumento do nível de glicose no sangue.
- A **insulina** (células beta) promove a redução do nível de glicose no sangue.

Questões

1. (PUC-RJ) A presença de ureia na urina de humanos é consequência direta da:
a) degradação de lipídeos.
b) degradação de proteínas.
c) degradação de açúcares.
d) incorporação de vitaminas.
e) transformação de O_2 em CO_2.

2. (IFSP) Todo sangue do corpo humano passa mais de 250 vezes pelos rins durante um dia. Isso significa que esses órgãos filtram cerca de 1 400 litros de sangue a cada 24 horas. Desse material filtrado (por volta de 180 litros, que saem dos glomérulos renais e vão para os túbulos) é produzido 1,5 litro de urina por dia.

Assinale a alternativa que contém as informações corretas sobre o processo de produção de urina.

a) O sangue é filtrado no glomérulo e levado, pela uretra, até a bexiga, onde ocorre a reabsorção de água e a finalização da produção da urina.
b) A urina é produzida a partir da filtração do sangue nos túbulos néfricos, onde o filtrado formado é constituído principalmente por glicose, aminoácidos, sais e água.
c) A filtração do sangue nos túbulos é o principal fator para a produção da urina, pois garante a formação de um filtrado rico em proteínas e água que evita a desidratação do organismo.
d) Após a filtração do sangue, a maior parte das substâncias úteis do filtrado resultante é reabsorvida, sobrando certa quantidade de água, sais minerais e ureia, que farão parte da composição da urina.
e) As proteínas e a ureia presentes no sangue são filtradas nos glomérulos renais e reabsorvidas no duto coletor, que leva a urina resultante para a bexiga, onde ficará armazenada até a eliminação para o meio externo.

3. (EEWB-MG) Durante uma série de exercícios aeróbicos, um estudante de enfermagem observou suas roupas intensamente molhadas de suor. Em condições normais, o aumento da perda de água por transpiração tem como principal consequência:

a) o aumento da produção de ADH, visando diminuir a produção de urina.
b) o aumento da produção de células sanguíneas, visando provocar aumento de pressão arterial.
c) a diminuição da frequência respiratória, visando diminuir a perda de água na transpiração.
d) o aumento da reabsorção de água pelo intestino.

4. (Ufla-MG) O consumo excessivo de sal e de açúcar tem despertado a atenção dos meios de comunicação em razão dos problemas de saúde, como pressão alta, obesidade e diabetes. O controle fisiológico desses solutos é feito pelo rim, que reabsorve, em condições normais, toda a glicose presente no filtrado renal proveniente do sangue.

A concentração da glicose no sangue humano é cerca de 1,0 mg/ml e o rim tem capacidade de reabsorver até 320 mg/min. Acima desse valor, parte da glicose é perdida na urina. Sabe-se também que o rim, em condições normais, filtra cerca de 120 ml/min de sangue. Caso uma pessoa apresente taxa glicêmica, no sangue, de 3,0 mg/ml, qual seria a quantidade de glicose filtrada em 10 min e o que aconteceria com esse soluto do filtrado?

a) 2 400 mg e toda a glicose seria reabsorvida.
b) 360 mg e toda a glicose seria reabsorvida.
c) 3 600 mg e parte da glicose seria perdida na urina.
d) 240 mg e parte da glicose seria perdida na urina.

5. (PUC-RJ) No esquema a seguir, podem ser observadas as partes componentes de um néfron humano.

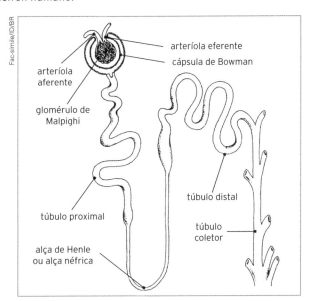

PAULINO, W. R. *Biologia atual*, 1992. v. 2.

Assinale a única opção que indica o trecho do néfron com o evento fisiológico a ele relacionado.
a) Cápsula de Bowman – filtração glomerular do sangue.
b) Túbulo proximal – absorção de macromoléculas do sangue.
c) Alça de Henle – formação do filtrado renal final desmineralizado.
d) Túbulo distal – reabsorção de moléculas de proteínas para o sangue.
e) Túbulo coletor – reabsorção de hemácias para o sangue.

6. (UFRJ) A figura a seguir mostra como é feita a vasectomia, um procedimento cirúrgico simples que envolve a interrupção dos vasos deferentes. Essa interrupção impede que os espermatozoides produzidos nos testículos atinjam a uretra, tornando os homens inférteis. A vasectomia não inibe o ato sexual. Para que um homem se mantenha sexualmente ativo, é preciso que haja produção e secreção do hormônio testosterona. A testosterona, que também é produzida nos testículos, é responsável pela indução do desejo sexual (libido) e é também necessária para que ocorra a ereção do pênis.

Por que a vasectomia não bloqueia os efeitos da testosterona, uma vez que esse hormônio também é produzido nos testículos?

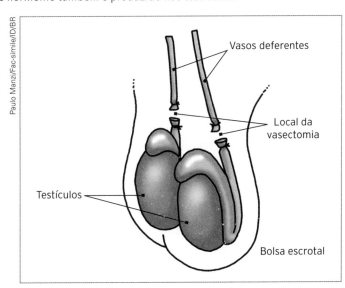

Fisiologia humana III

■ Sistema nervoso

O **sistema nervoso**, junto com o **sistema endócrino**, é responsável pela integração e coordenação de todas as funções do organismo. Suas atribuições são:

- receber, analisar e integrar informações do meio interno e do meio externo;
- com base nas informações, emitir ordens aos órgãos efetores de uma resposta ao estímulo;
- armazenar informações adquiridas (memória);
- manter a homeostase (processo de regulação que garante o equilíbrio das funções vitais);
- produzir reguladores químicos (**neurossecreções** ou **neurotransmissores**).

Anatomicamente, o sistema nervoso humano pode ser dividido em **sistema nervoso central** (**SNC**) e **sistema nervoso periférico** (**SNP**).

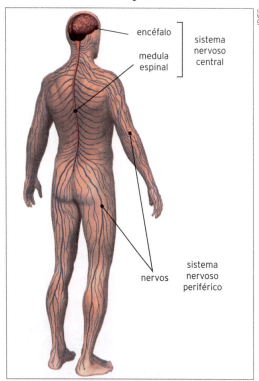

Esquema anatômico do sistema nervoso humano.

Sistema nervoso central (SNC)

Formado pelo **encéfalo** e pela **medula espinal**, o SNC recebe e processa informações e controla as funções corporais.

Os corpos celulares da maioria dos neurônios estão localizados nesse sistema, no qual se distinguem: **substância cinzenta**, formada principalmente pelos corpos celulares dos neurônios, e **substância branca**, constituída por neurofibras (ou fibras nervosas) envoltas por estrato mielínico.

O encéfalo é formado por: cérebro, diencéfalo (tálamo, epitálamo e hipotálamo), mesencéfalo, cerebelo, ponte e bulbo.

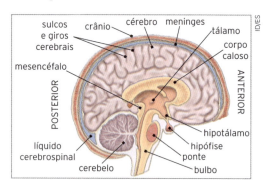

Esquema representando vista em corte do encéfalo humano: o crânio e as meninges são estruturas de proteção do sistema nervoso.

O **cérebro**, porção mais volumosa do encéfalo, é constituído por dois **hemisférios cerebrais**, conectados pelo **corpo caloso**. Sua porção externa, o **córtex cerebral**, é formada por substância cinzenta, e sua porção interna é formada por substância branca, cujas neurofibras chegam ao córtex ou saem dele. Ele comanda as ações motoras voluntárias, é o centro da inteligência, da consciência, do aprendizado, da memória, do pensamento e da linguagem e participa da integração dos estímulos sensoriais; também recebe, integra e analisa as informações recebidas pelos órgãos dos sentidos e elabora respostas a esses estímulos.

O **diencéfalo** compreende o tálamo, o epitálamo e o hipotálamo. O **tálamo** reorganiza os estímulos, pois recebe e reenvia informações dos órgãos dos sentidos para as áreas do córtex cerebral e transmite informações motoras à musculatura. No **epitálamo**, situa-se a **glândula pineal**, que atua nos padrões de sono e vigília.

O **hipotálamo** é o centro que organiza as emoções e produz hormônios que são enviados para a

114

hipófise; também tem papel importante na regulação da temperatura corporal, da pressão sanguínea, do ciclo menstrual, do comportamento sexual e das sensações de fome, sede e sono.

O **mesencéfalo** é responsável pelo controle de funções motoras e sensoriais, por reflexos visuais e auditivos e pela regulação de algumas funções viscerais; auxilia na manutenção do tônus muscular.

O **cerebelo** é formado por dois hemisférios, que controlam o equilíbrio, a coordenação motora e movimentos complexos, como andar e escrever; também participa da manutenção do tônus muscular.

A **ponte** participa da retransmissão de impulsos para o cerebelo e do controle da respiração. Como as vias motoras se cruzam na ponte, ocorre o que chamamos de **domínio contralateral**: o hemisfério esquerdo do cérebro controla o lado direito do corpo, e vice-versa.

O **bulbo** (miencéfalo, bulbo raquidiano ou medula oblonga) controla importantes funções automáticas (vegetativas), como frequência cardíaca, transpiração e respiração, e alguns reflexos, como salivação, deglutição, tosse, espirro e vômito; liga o encéfalo à medula espinal.

O mesencéfalo, a ponte e o bulbo formam, em conjunto, o **tronco encefálico**, no qual o grupo de neurônios denominado **formação reticular** é responsável pelo controle do sono e da vigília. A formação reticular também age na atenção seletiva, filtrando as informações que chegam ao nível consciente.

A **medula espinal** é uma estrutura tubular que se aloja dentro da coluna vertebral, indo desde a base do encéfalo até a segunda vértebra lombar. Ela atua na condução de impulsos nervosos sensoriais (dos órgãos receptores para o encéfalo) e motores (do encéfalo para os órgãos efetores) e no controle nervoso de **atos reflexos**.

Na medula, ao contrário do que ocorre no encéfalo, a substância branca fica na parte externa, e a substância cinzenta, na parte interna. No centro da substância cinzenta, localiza-se o **canal do epêndimo** (ou canal central), preenchido pelo **líquido cerebrospinal**, que protege a medula contra choques e realiza a troca de substâncias com o sangue.

As neurofibras da substância branca da medula são dispostas em feixes de vias ascendentes sensitivas e vias descendentes motoras.

Sistema nervoso periférico (SNP)

O SNP liga o SNC aos demais órgãos do corpo. Ele é formado por **gânglios nervosos** (aglomerações de corpos celulares de neurônios) e **nervos** (feixes de neurofibras envoltos por tecido conjuntivo), situados fora do SNC e responsáveis pela condução de impulsos nervosos.

Conforme a função, os nervos podem ser classificados em **sensitivos** (ou aferentes), **motores** (ou **eferentes**) e **mistos**.

Conforme o local de origem, os nervos podem ser **cranianos** – são 12 pares, que têm origem no encéfalo – ou **espinais** (ou **raquidianos**) – são 31 pares, que partem da substância cinzenta da medula espinal e inervam os músculos; são todos mistos.

Sistema nervoso autônomo (SNA)

Formado por nervos motores, o SNA controla atividades viscerais involuntárias (autônomas), como o batimento cardíaco, a temperatura corporal, as secreções glandulares, entre outras. Sua ação é essencial para a homeostase do organismo.

Anatomicamente, compartilha estruturas com o SNC (é controlado por centros nervosos no hipotálamo, no bulbo e na medula espinal) e com o SNP (vias nervosas).

Do ponto de vista funcional, divide-se em:

- **sistema nervoso simpático** – utiliza os nervos espinais que partem das porções torácica e lombar da medula, cujos gânglios dispõem-se paralelamente a esta e longe dos órgãos que inervam; apresenta fibras adrenérgicas que liberam principalmente noradrenalina, cujas ações são geralmente associadas com o estado de alerta, entre elas a aceleração dos batimentos cardíacos e do ritmo respiratório, o aumento do nível de glicose no sangue, a dilatação das pupilas e o aumento da pressão sanguínea.

- **sistema nervoso parassimpático** – utiliza os nervos cranianos e espinais, cujos gânglios localizam-se no interior dos órgãos inervados ou perto deles; apresenta fibras colinérgicas, isto é, que liberam acetilcolina, cuja ação geralmente está associada ao estado de relaxamento, como a diminuição do ritmo dos batimentos cardíacos e dos movimentos respiratórios, a estimulação da digestão e a contração das pupilas.

O sistema nervoso simpático e o parassimpático, inervando os mesmos órgãos e tecidos, estimulam ações opostas. Embora seja costume associar o sistema

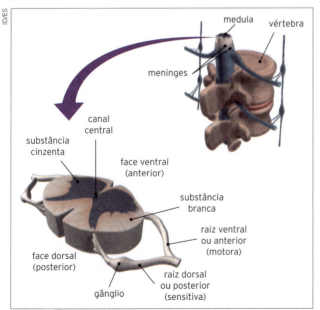

Esquema da coluna vertebral humana: no alto, a localização da medula; embaixo na ampliação, corte transversal mostrando a localização das substâncias cinzenta e branca da medula.

simpático a estados de ação e o parassimpático a estados de repouso, a ação de ambos sobre determinado órgão, no funcionamento normal do corpo, é simultânea, gerando uma resposta intermediária aos dois extremos.

Arco reflexo

Chama-se **arco reflexo** a resposta reflexa rápida a um estímulo.

O **órgão receptor** é aquele que recebe o estímulo; a **via sensitiva** (ou aferente) é o conjunto de neurônios sensitivos que conduzem o estímulo à **medula**, onde estão os neurônios associativos, que ligam neurônios sensitivos a neurônios motores, os quais constituem, por sua vez, a **via motora** (ou eferente), que conduz o impulso nervoso ao **órgão efetor** (músculo ou glândula), onde ocorre a resposta ao estímulo inicial.

O mais conhecido é o reflexo patelar, em que a perna de uma pessoa sentada move-se para a frente se, na região do joelho (patela), for aplicado um pequeno golpe (estímulo). Nesse reflexo, particularmente, o neurônio associativo é ausente.

■ Controle sensório-motor

Os **órgãos dos sentidos** são receptores sensoriais especializados que convertem **estímulos** do ambiente em **impulsos nervosos**, que são transmitidos ao sistema nervoso central pelos **nervos sensitivos**, que integram o sistema nervoso periférico.

O **córtex cerebral** é o responsável por receber, decodificar, armazenar e assimilar as informações recebidas dos receptores. Além de interpretá-las, o córtex compara essas informações com situações armazenadas na memória.

Estímulos e controle

Estímulos captados pelos receptores sensoriais que resultam em **percepção** chegam ao sistema nervoso central em áreas relacionadas à consciência. No entanto, parte desse tipo de informação é recebida de forma inconsciente, como a pressão sanguínea e o nível de oxigênio no sangue, entre outras.

Em resposta, há diferentes níveis de controle dos órgãos efetores pelo **córtex cerebral motor**. Movimentos voluntários (conscientes) requerem maior nível de controle. Movimentos involuntários, como os atos reflexos (como o piscar dos olhos ou o rápido afastamento de partes do corpo em resposta à dor), estão no nível mais básico de controle. Entre esses dois extremos, existem outros níveis de controle.

Visão

O órgão receptor de informações visuais é o **olho**, bolsa formada por várias membranas. A mais externa é a **esclera**, que reveste o **bulbo do olho**; o "branco do olho" é sua parte visível, e a **córnea**, sua porção transparente, funciona como uma lente, permitindo a passagem da luz e sua focalização.

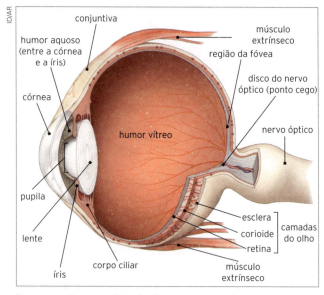

Representação esquemática do olho em corte lateral.

A camada média é a **corioide**, em cuja porção anterior, a **íris**, há uma abertura central, a **pupila**, que é atravessada pela luz. A **lente**, porção transparente e biconvexa da corioide, separa o bulbo em um compartimento anterior, preenchido pelo **humor aquoso**, e um posterior, preenchido pelo **humor vítreo**. O **corpo ciliar** tem músculos que regulam o formato da lente.

A **retina** é a camada interna, que está revestida por células sensíveis à luz (fotorreceptores): os **cones** (estimulados por luz abundante) e os **bastonetes** (estimulados por luz pouco intensa). Na retina fica o **disco do nervo óptico**, para onde convergem vasos sanguíneos e fibras nervosas, região também conhecida como **ponto cego,** pois nela não existem fotorreceptores.

A luz penetra pela pupila e é focalizada na retina pela córnea, pela lente e pelos humores, que atuam como lentes e fazem com que os raios de luz mudem de direção (**refração**), convergindo para o **ponto focal**, atrás do qual, sobre a retina, forma-se uma imagem invertida.

A lente pode mudar de forma, de acordo com a necessidade, no processo de **acomodação**, para a focalização de objetos mais próximos ou mais distantes: a ação dos músculos do **corpo ciliar** e dos ligamentos acessórios tensiona a lente, que se torna mais fina; quando a tensão diminui, a lente engrossa e fica mais convexa.

Os fotorreceptores da retina estimulados pela luz geram potenciais de ação, que seguem pelo nervo óptico até o **córtex visual**, onde a imagem é interpretada.

Alguns problemas da visão

Na **miopia** geralmente o olho é mais longo do que o normal, o que torna a imagem de objetos distantes desfocada, porque a luz que os objetos refletem é focalizada antes da retina. O problema é corrigido pelo uso de lentes divergentes.

Na **hipermetropia** geralmente o olho é mais curto do que o normal, o que faz com que a imagem de objetos próximos fique desfocada, porque a focalização aconteceria atrás da retina. O problema é corrigido pelo uso de lentes convergentes.

Audição e equilíbrio

A **orelha**, órgão responsável pela **audição** e pelo **equilíbrio corporal**, está dividida em:
- **orelha externa**, que capta e direciona os sons, pelo **meato acústico externo** e pela **membrana timpânica**;
- **orelha média**, que possui três ossículos articulados: o **martelo**, ligado à membrana timpânica; a **bigorna**; o **estribo**, que toca a **janela oval**, abaixo da qual está a **janela redonda**, conectada à **tuba auditiva**.

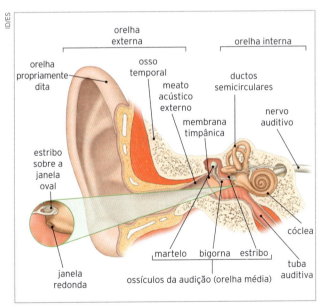

Esquema da estrutura da orelha humana em corte lateral.

- **orelha interna**, preenchida por um líquido, é formada por uma rede interligada de canais e câmaras, o **labirinto ósseo**. Este é revestido internamente por membranas (**labirinto membranáceo**) e dividido em duas regiões: a **cóclea** – estrutura em espiral, com células ciliadas em seu interior, que atua na audição; o **labirinto vestibular** – formado por três **ductos semicirculares** (em cujo interior existem células ciliadas), pelo **utrículo** e pelo **sáculo** (ambos atuam no equilíbrio).

A orelha detecta vibrações do ar (sons), que fazem vibrar a membrana timpânica. Desta, as vibrações passam aos três ossículos, que as amplificam e transmitem à janela oval, de onde as vibrações passam para a cóclea e estimulam as células sensoriais, gerando potenciais de ação, conduzidos ao córtex auditivo pelo **nervo auditivo**.

Na percepção do equilíbrio e orientação espacial do corpo, a movimentação do líquido que preenche o labirinto vestibular estimula as células ciliadas, que geram impulsos nervosos conduzidos pelo nervo auditivo até o bulbo, de onde seguem para a medula espinal, cerebelo e córtex cerebral.

No bulbo ocorre a integração das informações provenientes do labirinto vestibular, do sistema visual e dos **receptores** de músculos, tendões e órgãos internos, resultando na percepção do equilíbrio do corpo.

Paladar e olfato

Os receptores do paladar e olfato são **quimiorreceptores**, estimulados por substâncias do ambiente.

No **paladar**, **botões gustatórios**, situados principalmente nas **papilas gustatórias** da língua, são estimulados por sólidos e líquidos dissolvidos na saliva.

Um botão gustatório pode detectar os vários gostos, mas, em geral, cada um tem mais afinidade com um tipo de gosto. No botão gustatório há células sensoriais que estimulam os neurônios sensoriais, os quais conduzem impulsos nervosos até a área do paladar do córtex cerebral.

No **olfato**, as células sensoriais são os **neurônios olfatórios**, que formam o **epitélio olfatório** (situado no teto da cavidade nasal). Moléculas de substâncias gasosas, dissolvidas no muco produzido pelo epitélio, ligam-se aos cílios dos neurônios, gerando impulsos nervosos que se propagam pelos axônios até o **bulbo olfatório**, do qual parte um **nervo olfatório** para o córtex cerebral.

Tato

O **tato** é o conjunto de estímulos recebidos pelos **receptores cutâneos** existentes na pele.

Ao serem estimulados, esses receptores desencadeiam potenciais de ação, transmitidos por vias nervosas até o tálamo e depois para o córtex cerebral.

Há vários tipos de receptores de tato:
- **mecanorreceptores**, percebem o toque e a pressão na pele;
- **nociceptores**, sensíveis à dor, acionados por estímulos mecânicos, térmicos ou químicos;
- **termorreceptores**, detectam mudanças na temperatura.

Questões

1. (Fatec-SP) Uma dona de casa encostou a mão num ferro quente e reagiu imediatamente por meio de um ato reflexo.

Nessa ação, o neurônio efetuador levou o impulso nervoso para:

a) o encéfalo.
b) a medula espinhal.
c) os receptores de dor da mão.
d) os receptores de calor da mão.
e) os músculos flexores do antebraço.

2. (PUC-RS) O sistema nervoso autônomo (SNA) é subdividido em simpático e parassimpático, os quais têm atividades, em geral, antagônicas, reguladas pela liberação das catecolaminas (como a adrenalina e a noradrenalina) e da acetilcolina, respectivamente. Um dos importantes efeitos desencadeados pela ativação simpática é:

a) a contração da pupila.
b) a constrição dos brônquios.
c) a diminuição da atividade mental.
d) o aumento da frequência cardíaca.
e) o aumento do peristaltismo.

3. (IFCE) O bulbo do olho, encaixado numa cavidade óssea denominada órbita, é constituído de membranas e meios transparentes. As membranas são:

a) íris, pupila e lente.
b) esclera, corioide e retina.
c) córnea, lente e humor vítreo.
d) pupila, esclera e córnea.
e) retina, corioide e lente.

4. (UEL-PR) No organismo humano, os receptores sensoriais responsáveis pelos sentidos do olfato podem ser classificados como:

a) proprriorreceptores.
b) mecanorreceptores.
c) quimiorreceptores.
d) fotorreceptores.
e) termorreceptores.

5. (UFF-RJ)

Dizer que o som das vuvuzelas usadas pelos sul-africanos nos estádios é ensurdecedor não é exagero. Uma fundação suíça ligada a uma empresa fabricante de aparelhos auditivos alertou os torcedores da Copa que uma vuvuzela faz mais barulho que uma motosserra e que tal barulho pode prejudicar a audição de espectadores e jogadores.

O Globo on-line, 7 jun. 2010, às 19:05.

Supondo que um torcedor tenha a orelha média afetada pelo som da vuvuzela, as estruturas que podem sofrer danos, além do tímpano, são as seguintes:

a) pavilhão auditivo e cóclea.
b) ossículos e tuba auditiva.
c) meato acústico e canais semicirculares.
d) pavilhão auditivo e ossículos.
e) nervo coclear e meato acústico.

6. (UFG-GO) Leia o texto:

Mutirão de cirurgia de catarata foi prorrogado pela SESAB.

Estatísticas do Ministério da Saúde indicam que a cada ano, no Brasil, são registrados em torno de 120 mil novos casos de catarata, condição que pode levar à cegueira, mas é reversível mediante cirurgia. A doença afeta o cristalino, provocando dificuldades de visão, mas, na maioria dos casos, avança de forma lenta.

Disponível em: <http://www.saude.ba.gov.br/noticias>. Acesso em: 11 set. 2007.

Uma pessoa submetida a essa cirurgia tem o cristalino substituído por uma outra lente intraocular que permite:

a) regular a quantidade de luz que incide sobre o globo ocular.
b) responder aos estímulos luminosos de baixa e alta intensidades.
c) convergir os raios de luz, possibilitando a formação da imagem na retina.
d) lubrificar o globo ocular devido à produção de fluido lacrimal.
e) promover barreira física externa de proteção ao globo ocular.

7. (Fuvest-SP) O esquema mostra algumas estruturas presentes na cabeça humana.

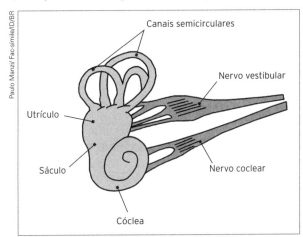

O nervo cócleo-vestibular compõe-se de dois conjuntos de fibras nervosas: o nervo coclear, que conecta a cóclea ao encéfalo, e o nervo vestibular, que conecta o sáculo e o utrículo ao encéfalo. A lesão do nervo vestibular deverá causar perda de:

a) audição.
b) equilíbrio.
c) olfato.
d) paladar.
e) visão.

8. (Unicamp-SP) "Os ouvidos não têm pálpebras." A frase do poeta e escritor Décio Pignatari mostra que não podemos nos proteger dos sons desconfortáveis fechando os ouvidos, como fazemos naturalmente com os olhos. O ruído excessivo, que atinge o auge em concertos de rock, causa problemas auditivos. Nesses concertos, cerca de 120 decibéis são transmitidos durante mais de duas horas seguidas, quando, de acordo com recomendações médicas, deveriam ser limitados a 3 minutos e 45 segundos. Quem ouve música alta, em fones de ouvido, também está sujeito a danos graves e irreversíveis, já que, uma vez lesadas, as células do ouvido não se regeneram.

Época, 10 ago. 1998. (Adaptado.)

a) O ouvido é constituído por três partes. Quais são essas partes? Em qual delas estão as células lesadas pelo excesso de ruído?
b) Indique a função de cada uma das três partes na audição.

9. (Uerj) Normalmente não se encontram neurônios no cérebro em plena divisão celular. Entretanto, no Mal de Alzheimer, grandes quantidades dessas células iniciam anormalmente o ciclo de divisão. Estudos mostram que até 10% dos neurônios nas regiões atingidas por tal degeneração tentaram iniciar a divisão celular. Contudo, nenhum deles conseguiu terminá-la, pois não foi observado o sinal mais característico da consumação da divisão de uma célula: cromossomos alinhados no meio dos neurônios.

S. Herculano-Houzel. *O cérebro nosso de cada dia*. Rio de Janeiro: Vieira e Lent, 2002. (Adaptado.)

Nomeie o tipo de divisão celular ao qual o texto faz referência e a fase dessa divisão correspondente ao alinhamento dos cromossomos.

Genética I

■ Experiências de Mendel

Mendel realizou seus experimentos com a **ervilha-de-cheiro** (*Pisum sativum*), planta de fácil cultivo, que cresce rapidamente, produz numerosos descendentes e cuja polinização artificial pode ser realizada facilmente. A ervilha-de-cheiro também possui flores **hermafroditas** cuja estrutura favorece a **autofecundação**.

As plantas puras utilizadas no cruzamento por Mendel foram chamadas de **geração parental** ou **geração P**. Os descendentes obtidos por polinização cruzada receberam o nome de **primeira geração híbrida** ou **geração F_1**.

Analisando os resultados obtidos, Mendel concluiu que, nas plantas híbridas (geração F_1), uma das variantes dos pais ficava "encoberta" ou em "recesso", por isso chamou de **recessivas** as variantes que não se manifestavam em F_1 e de **dominantes** as que estavam presentes em 100% dos indivíduos de F_1.

Proporção 3:1

A partir desse conceito, Mendel conseguiu determinar quais eram as características dominantes e as recessivas e quantificou o número de descendentes de cada geração com variantes dominantes e recessivas. Então, ele propôs um modelo teórico explicativo que segue os seguintes princípios:

- cada característica é determinada por um par de fatores hereditários presente nas células dos indivíduos;
- o par de fatores de um indivíduo é formado por um fator herdado do pai e outro da mãe;
- os fatores de cada par se separam durante a formação dos gametas, que carregam apenas um fator;
- o indivíduo puro produzirá gametas iguais; o indivíduo híbrido produzirá dois tipos de gametas, na mesma proporção.

Primeira lei de Mendel

As plantas híbridas de F_1 produzem gametas de dois tipos, sendo 50% com o fator **V** e 50% com o fator **v**. O resultado da autofecundação de F_1 possibilita quatro resultados:

- gameta masculino (**V**) com feminino (**V**) resulta plantas (**VV**) puras com sementes amarelas;
- gameta masculino (**V**) com feminino (**v**) resulta plantas (**Vv**) híbridas com sementes amarelas;
- gameta masculino (**v**) com feminino (**V**) resulta plantas (**Vv**) híbridas com sementes amarelas;
- gameta masculino (**v**) com feminino (**v**) resulta plantas (**vv**) puras com sementes verdes.

O resultado ocorre exatamente na proporção 3:1 encontrada por Mendel na geração F_2.

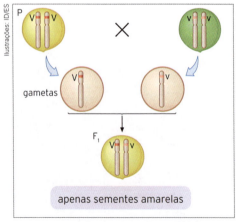

Representação do cruzamento de ervilhas da geração parental. Observe que cada gameta contém apenas um dos cromossomos do par de homólogos.

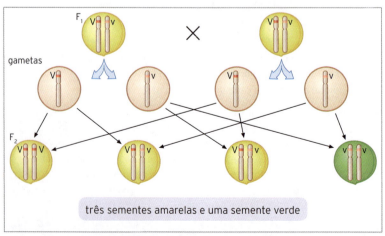

Representação da autofecundação de ervilhas da geração F_1. Observe que cada gameta contém apenas um dos cromossomos do par de homólogos.

Conceitos desenvolvidos em genética

Fenótipo: termo que designa as características observáveis em um organismo.

Genótipo: termo utilizado para designar a composição genética de um organismo.

- um par de alelos iguais. Nesse caso, o indivíduo é **homozigoto**. Quando os dois alelos são dominantes (**VV**), o indivíduo é homozigoto dominante, e quando os alelos são recessivos (**vv**), o indivíduo é homozigoto recessivo.
- um par de alelos diferentes, sendo um recessivo e outro dominante (**Vv**). Nesse caso, o indivíduo é **heterozigoto**.

■ Probabilidade genética

Nos estudos de genética é muito comum o uso de probabilidade para se prever o resultado de cruzamentos. Probabilidade é a possibilidade de ocorrer determinado evento entre vários possíveis. Um exemplo que podemos citar é a probabilidade de, ao se jogar um dado, sair o número 2 voltado para cima. O dado possui seis faces e qualquer uma delas pode cair voltada para cima; assim, a chance, ou a probabilidade, de sair a face do número 2 para cima é de $\frac{1}{6}$.

Na formação dos gametas, a distribuição das quatro cromátides entre os gametas que serão formados é um evento aleatório. Não há sentido em se falar de probabilidade quando o objeto de estudo são indivíduos homozigotos, que produzem somente um tipo de gameta, mas sim quando se trata de indivíduos heterozigotos, uma vez que os gametas podem apresentar o alelo dominante ou o recessivo. Assim, a probabilidade de um gameta produzido por um indivíduo heterozigoto conter um alelo recessivo é $\frac{1}{2}$ e de conter um alelo dominante também é $\frac{1}{2}$.

O fenótipo dominante pode se apresentar na forma homozigota (**AA**) ou na forma heterozigota (**Aa**).

Para determinar o genótipo de indivíduos que apresentam fenótipo dominante (**AA** ou **Aa**), faz-se o **cruzamento-teste** (cruzamento com indivíduo de genótipo homozigoto recessivo), esquematizado a seguir:

Cruzamento-teste: A? · aa

possibilidade 1 → geração F₁: fenótipos recessivos e fenótipos dominantes presentes na proporção 1 : 1

possibilidade 2 → geração F₁: presença de fenótipos dominantes apenas

Sabe-se que o genótipo dos dominantes em F₁ é heterozigoto pela presença de parental homozigoto recessivo

Conclusão: genótipo parental é Aa e aa

Regra do "e"

Para estabelecer a probabilidade de ocorrerem ao mesmo tempo dois ou mais eventos independentes entre si, aplicamos a seguinte regra: a probabilidade de dois ou mais eventos independentes ocorrerem conjuntamente é igual ao produto das probabilidades de esses eventos ocorrerem separadamente.

Exemplo: Qual é a probabilidade de obter o número 5 e o número 6 ao lançar simultaneamente dois dados?

A probabilidade de sair o número 5 é de $\frac{1}{6}$, e a probabilidade de sair o número 6 é de $\frac{1}{6}$. Aplicando-se a regra, multiplica-se $\frac{1}{6}$ por $\frac{1}{6}$, cujo resultado é $\frac{1}{36}$.

Regra do "ou"

Qual a probabilidade de, ao lançar um dado, sair a face 5 **ou** a face 6 voltada para cima?

Para calcular esse evento, onde um exclui a possibilidade da ocorrência do outro, aplica-se o seguinte: a probabilidade de dois ou mais eventos mutuamente exclusivos ocorrerem é igual à soma das probabilidades de cada evento ocorrer separadamente. No caso dos dados é $\frac{1}{6} + \frac{1}{6} = \frac{2}{6} = \frac{1}{3}$.

Representações gráficas

Para visualizar melhor os aspectos genéticos de um cruzamento, podemos construir uma tabela: na primeira coluna são representados todos os possíveis gametas masculinos, e na primeira linha representam-se todos os gametas femininos. Essa tabela chama-se **quadro de Punnett**.

♂ \ ♀	a	a
A	Aa	Aa
a	aa	aa

Quadro de Punnett representando o cruzamento entre macho **Aa** e fêmea **aa**.

O **heredograma** é uma forma de visualizar as relações de parentesco. As gerações são representadas por símbolos romanos (I, II, III), e os indivíduos de cada geração, em algarismos indo-arábicos.

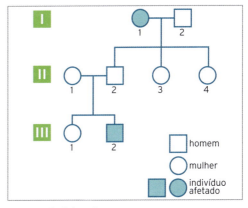

Um exemplo de heredograma.

Questões

1. (Unicamp-SP) Em relação a um organismo diploide, que apresenta 24 cromossomos em cada célula somática, pode-se afirmar que:

a) seu código genético é composto por 24 moléculas de DNA de fita simples.

b) o gameta originado desse organismo apresenta 12 moléculas de DNA de fita simples em seu genoma haploide.

c) uma célula desse organismo na fase G2 da interfase apresenta 48 moléculas de DNA de fita dupla.

d) seu cariótipo é composto por 24 pares de cromossomos.

2. (UFSM-RS)

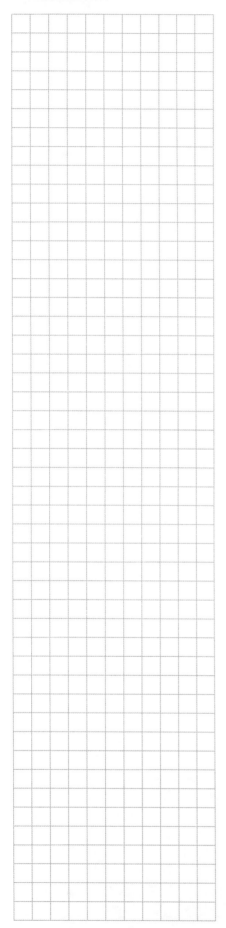

AMABIS; MARTHO. *Fundamentos da Biologia Moderna.* São Paulo: Moderna, 1997. p. 499.

A figura representa a:

a) mitose e explica a separação dos cromossomos durante a divisão.

b) meiose e explica a segregação independente dos genes previstos pela segunda lei de Mendel.

c) mitose e explica a segregação dos genes demonstrando a dominância e a recessividade.

d) meiose, que é um processo de formação de gametas, mas que não tem nenhuma relação com as leis de Mendel.

e) mitose, que é um processo de divisão celular, mas que não tem nenhuma relação com as leis de Mendel.

3. (Fuvest-SP)

Há uma impressionante continuidade entre os seres vivos (...). Talvez o exemplo mais marcante seja o da conservação do código genético (...) em praticamente todos os seres vivos. Um código genético de tal maneira "universal" é evidência de que todos os seres vivos são aparentados e herdaram os mecanismos de leitura do RNA de um ancestral comum.

MORGANTE; MEYER. Darwin e a Biologia, *O Biólogo,* 10:12-20, 2009.

O termo "código genético" refere-se:

a) ao conjunto de trincas de bases nitrogenadas, cada trinca correspondendo a um determinado aminoácido.

b) ao conjunto de todos os genes dos cromossomos de uma célula, capazes de sintetizar diferentes proteínas.

c) ao conjunto de proteínas sintetizadas a partir de uma sequência específica de RNA.

d) a todo o genoma de um organismo, formado pelo DNA de suas células somáticas e reprodutivas.

e) à síntese de RNA a partir de uma das cadeias do DNA, que serve de modelo.

4. (UFMG) A coloração das flores de ervilha é determinada por herança autossômica. A figura a seguir representa um dos cruzamentos realizados por Mendel entre plantas de ervilhas com flores púrpuras e plantas com flores brancas.

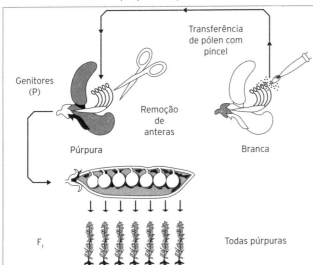

Se Mendel utilizasse como genitor masculino as plantas de flores púrpuras e como feminino, as plantas de flores brancas, os descendentes obtidos em F_1 apresentariam:
a) 100% de flores brancas.
b) 100% de flores púrpuras.
c) 75% de flores púrpuras e 25% de flores brancas.
d) 50% de flores púrpuras e 50% de flores brancas.
e) 100% de flores de coloração rósea.

5. (UnB-DF) No Brasil, uma lei determina que os recém-nascidos sejam submetidos ao "teste do pezinho", por meio do qual se identifica a fenilcetonúria, doença hereditária que pode levar ao retardamento mental, com prejuízo da fala e dos movimentos. Se detectada a tempo, essa doença pode ser controlada ministrando-se ao recém-nascido uma dieta especial. O heredograma seguinte ilustra uma situação em que há indivíduos fenilcetonúricos.

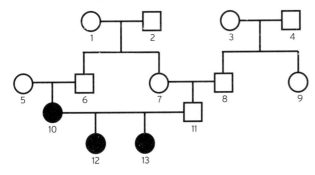

Considerando o heredograma, julgue os itens a seguir [1].
( ) O caráter fenilcetonúrico apresenta herança autossômica dominante.
( ) O cruzamento entre os indivíduos 10 e 11 ilustra como a consanguinidade influencia o aparecimento de doenças hereditárias.
( ) Os homens normais representados no heredograma são necessariamente heterozigotos.
( ) A probabilidade de que o casal formado pelos indivíduos 10 e 11 tenha um descendente do sexo masculino fenilcetonúrico é igual a 12,5%.
( ) A dieta especial a que devem ser submetidos os recém-nascidos fenilcetonúricos tende a alterar a frequência do gene da fenilcetonúria na população.

---
[1] Indique as alternativas falsas (F) e as verdadeiras (V).

Genética II

Padrões de dominância

Na natureza, os alelos de um gene podem se comportar de várias formas, apresentando diversos padrões de dominância.

Dominância completa

A característica é condicionada apenas por um par de alelos. O fenótipo dominante pode se apresentar tanto em homozigose quanto em heterozigose; o fenótipo recessivo apenas se apresenta em homozigose.

> **O fator Rh**
>
> As hemácias humanas apresentam outra substância chamada de **fator Rh**. As pessoas que apresentam esse fator são chamadas de Rh positivo (Rh$^+$), e as que não o apresentam são chamadas de Rh negativo (Rh$^-$).
>
> O genótipo do sistema Rh é determinado por um par de alelos de dominância completa. O alelo dominante é o **R**, e o recessivo, o **r**. Os indivíduos RR e Rr pertencem ao grupo Rh$^+$, e os homozigotos recessivos, rr, apresentam o sangue Rh$^-$.

Dominância incompleta

Indivíduos heterozigotos apresentam um fenótipo intermediário entre aqueles apresentados pelos homozigotos dominantes e pelos homozigotos recessivos. Alguns exemplos de dominância incompleta são a cor da flor boca-de-leão e a da plumagem de galinhas.

O cruzamento com dominância incompleta de indivíduos heterozigotos apresenta proporção fenotípica nos descendentes de 1:2:1.

Codominância

Na codominância, não há dominância de um alelo sobre o outro, mas os dois se expressam igualmente em indivíduos heterozigotos, resultando em um terceiro fenótipo formado pelas características de ambos. Exemplo: o sistema MN do grupo sanguíneo de seres humanos, que determina a presença de determinada proteína, **aglutinogênio**, na membrana das hemácias, é condicionado por um gene que possui dois alelos:

Pleiotropia

A pleiotropia ocorre quando o produto de um gene condiciona ou influencia mais do que uma característica no fenótipo do indivíduo. No homem, a fenilcetonúria e o albinismo são condicionados por genes pleiotrópicos.

Genes letais: Os genes letais são aqueles que causam a morte precoce de seus portadores. Geralmente surgem por alterações do DNA. Quando somente um alelo é capaz de provocar a morte, denomina-se **alelo letal dominante**, e quando são necessários dois alelos para provocar a morte prematura, chamamos de **alelo letal recessivo**.

Alelos múltiplos

Normalmente, uma característica é determinada por um par de alelos, um originado da mãe e outro do pai. Ao observar uma população, porém, percebe-se que muitos genes apresentam mais de duas variantes no alelo. Quando a herança de uma característica condicionada por apenas um gene envolve mais de duas formas alélicas, dizemos que ela é uma característica determinada por **alelos múltiplos**. Embora a característica seja determinada por diversos alelos, um indivíduo apresenta sempre apenas um par de alelos. São exemplos de características determinadas por alelos múltiplos a cor da pelagem em coelhos e o sistema sanguíneo ABO nos seres humanos.

Sistema ABO

Trata-se de um sistema que estabelece os seguintes tipos sanguíneos entre os humanos: A, B, AB e O.

As diferenças entre os tipos sanguíneos ocorrem devido a dois tipos de proteínas: as presentes na membrana das hemácias, chamadas de **aglutinogênios**, e as que estão dissolvidas no plasma, chamadas de **aglutininas**. Estão presentes no sistema ABO os **aglutinogênios A e B** e as **aglutininas anti-A e anti-B**.

Tipo sanguíneo	Aglutinogênio (na membrana das hemácias)	Aglutinina (no plasma)
A	A	anti-B
B	B	anti-A
AB	AB	não tem
O	não tem	anti-A e anti-B

A relação entre aglutinogênios e aglutininas limita as possibilidades de doação de sangue. Veja no quadro:

Portador do tipo	Pode receber de	Pode doar para
A	A e O	A e AB
B	B e O	B e AB
AB (receptor universal)	A, B, AB e O	AB
O (doador universal)	O	A, B, AB e O

Os alelos envolvidos na determinação do tipo sanguíneo são três: I^A, I^B e i. Os alelos dominantes são I^A e I^B, e o alelo i é recessivo. I^A e I^B são codominantes.

Fenótipos	Genótipos
Grupo A	$I^A I^A$, $I^A i$
Grupo B	$I^B I^B$, $I^B i$
Grupo AB	$I^A I^B$
Grupo O	ii

■ Segunda lei de Mendel

Após observar cada característica isoladamente nos experimentos de herança genética das plantas ervilha-de-cheiro, Mendel passou a fazer cruzamentos de plantas que difeririam em duas características de suas sementes: a **cor** e a **textura**.

Geração P	Geração F_1	Geração F_2
amarelas lisas homozigotas dominantes (VVRR) × verdes rugosas homozigotas recessivas (vvrr)	amarelas lisas heterozigotas (VvRr)	■ 9 amarelas lisas ■ 3 *amarelas rugosas** ■ 3 *verdes lisas** ■ 1 verde rugosa *novos fenótipos*

Segregação independente

Mendel observou que a proporção obtida entre sementes lisas e rugosas (ou verdes e amarelas) era aproximadamente 3:1 (porque foram 12 lisas e 4 rugosas, ou 12 amarelas e 4 verdes), mesmo resultado obtido na análise de uma só característica, evidenciando-se a primeira lei de Mendel. Ele deduziu que tal cruzamento podia ser dividido em dois cruzamentos simples, concluindo que a herança da textura não dependia da herança da cor, e vice-versa, transmitidas de forma independente. Por isso, cada uma delas deveria ser determinada por um par independente de fatores hereditários. Essa ideia ficou conhecida como segunda lei de Mendel ou lei da segregação independente.

Relação com a meiose. A segunda lei de Mendel se baseia na segregação ao acaso dos cromossomos homólogos durante a meiose. Sabe-se hoje que os genes localizados em um mesmo cromossomo não se distribuem independentemente. Então, a segunda lei de Mendel foi adaptada:

Pares de alelos que estão situados em cromossomos diferentes distribuem-se independentemente na meiose.

Interpretação da segunda lei de Mendel. A segunda lei de Mendel é uma extensão da primeira lei.

- **Primeira lei**: dois alelos de um *locus* se separam quando os gametas se formam.
- **Segunda lei**: a separação desses dois alelos é independente da separação de dois alelos de outros *loci*.

Nas ervilhas, as características textura e cor das sementes estão localizadas em cromossomos diferentes. Os gametas produzidos por uma planta homozigota de fenótipo amarelo e liso (**VVRR**) contêm os alelos **VR**, e os das plantas verdes e rugosas (**vvrr**) contêm os alelos **vr**. O cruzamento de **VVRR** com **vvrr** (**VR** × **vr**) produz em F_1 plantas heterozigotas de genótipo **VvRr**, conforme vimos no quadro ao lado.

Na autofecundação da geração F_1, cada par de alelos pode se separar de duas formas, com igual probabilidade: os alelos **V** e **R** podem ficar juntos em uma célula, e os alelos **v** e **r** podem ficar em outra, produzindo gametas **VR** e **vr**; ou os alelos **v** e **R** podem ficar em uma célula, enquanto os alelos **V** e **r** ficam em outra, produzindo gametas **vR** e **Vr**. Com isso, verificamos que um indivíduo heterozigoto para duas características (**VvRr**) produz quatro tipos de gametas.

O quadro a seguir resume o resultado da autofecundação da geração F_1 (proporção de fenótipos 9:3:3:1).

gametas	VR	Vr	vR	vr
VR	VVRR amarelas lisas	VVRr amarelas lisas	VvRR amarelas lisas	VvRr amarelas lisas
Vr	VVRr amarelas lisas	VVrr amarelas rugosas	VvRr amarelas lisas	Vvrr amarelas rugosas
vR	VvRR amarelas lisas	VvRr amarelas lisas	vvRR verdes lisas	vvRr verdes lisas
vr	VvRr amarelas lisas	Vvrr amarelas rugosas	vvRr verdes lisas	vvrr verdes rugosas

Mendel cruzou uma planta homozigota de semente lisa, amarela e de casca cinza (**RRVVBB**) com uma homozigota de semente rugosa, verde e de casca branca (**rrvvbb**). A geração F_1 resultante apresentou 100% de plantas heterozigotas para os três alelos (**RrVvBb**), que, autofecundados, produziram uma geração F_2 com proporção fenotípica de 27:9:9:9:3:3:3:1.

125

Identificação dos gametas produzidos. Para saber os genótipos e os fenótipos dos descendentes quando cruzamos indivíduos com genótipos e fenótipos conhecidos, é necessário identificar os tipos de gametas que serão formados por eles e suas possíveis combinações.

Cálculo do número de gametas. Para determinar quantos tipos de gametas são produzidos por um indivíduo, utiliza-se a seguinte expressão:

> tipos de gametas = 2^n, onde **n** é o número de genes em heterozigose.

Cálculo das combinações genotípicas. Para calcular o número de combinações genotípicas de determinado cruzamento, é preciso multiplicar o número de tipos de gametas que cada indivíduo parental pode produzir. Vamos exemplificar com o cruzamento dos indivíduos **VvrrCcttBb × VvrrccTtbb**. O primeiro indivíduo produz 8 tipos de gametas ($2^3 = 8$), e o segundo, 4 tipos ($2^2 = 4$); portanto, o número de combinações genotípicas possíveis é de $8 \times 4 = 32$.

Cálculo do número de genótipos resultantes. Para obter o número de genótipos produzidos a partir de um cruzamento, deve-se primeiro calcular quantos genótipos resultam de cada *locus*. Por exemplo: quando existem dois alelos alternativos para um gene, existem três genótipos possíveis nesse *locus*; no cruzamento mono-híbrido são produzidos três genótipos possíveis e nos cruzamentos tri-híbridos, com três *loci* envolvidos, o número de combinações de genótipos desses três *loci* é $3 \times 3 \times 3 = 27$.

Portanto, para determinar o número de genótipos possíveis produzidos a partir de um cruzamento poli-híbrido, basta analisar cada cruzamento separadamente. Obtido o número de genótipos de cada característica, efetua-se o produto desses números.

Os genótipos em F_2 são dados pela expressão:

> número de genótipos = 3^n
> em que 3 representa o número de genótipos possíveis de cada *locus*, e **n**, o número de *loci* em heterozigose.

Cálculo do número de fenótipos resultantes. A decomposição de um cruzamento poli-híbrido em cruzamentos individuais auxilia também na determinação das proporções fenotípicas esperadas na geração resultante. A identificação da proporção esperada para cada fenótipo específico é dada pela multiplicação das proporções obtidas em cruzamentos individuais.

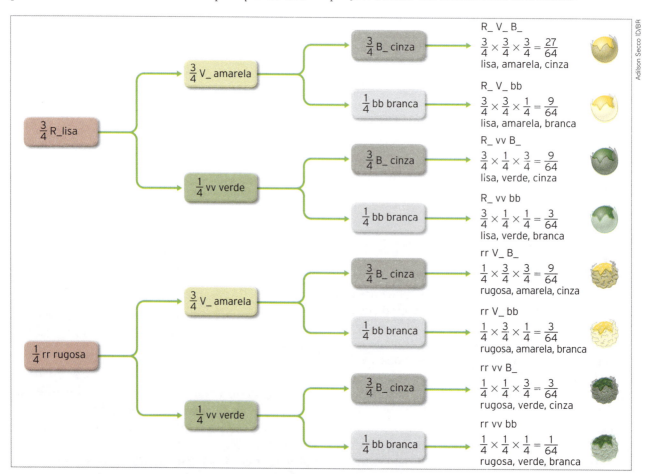

Fonte de pesquisa: PIERCE, B. A. *Genética*: um enfoque conceitual. Rio de Janeiro: Guanabara Koogan, 2004.

Representação dos fenótipos e proporções fenotípicas esperadas na prole de um dos cruzamentos tri-híbridos realizados por Mendel.

Modos de interação entre os genes

Interação gênica

Muitas características dos seres vivos são determinadas por **interação gênica**, que acontece quando dois ou mais genes controlam a mesma característica. Tais genes podem estar ou não no mesmo cromossomo e interagir ou não na mesma via metabólica. A pleiotropia é o oposto da interação gênica.

A interação gênica:

- pode ser detectada por meio de desvios das proporções di-híbridas 9:3:3:1. Tais desvios ocorrem quando os genes não atuam de maneira independente na sua expressão fenotípica;
- pode produzir novos fenótipos não previsíveis pela análise de um só *locus*.
- pode ter vários graus de complexidade que dependem do número de *loci* envolvidos, sendo os mais simples resultantes da interação entre dois genes segregados independentemente.

Por exemplo: a forma da **crista de galinhas** é um caráter condicionado por dois genes, com segregação independente. Os genes **r** e **e** interagem entre si e se manifestam em quatro formatos de cristas: simples, noz, ervilha e rosa.

- Crista noz. Ocorre quando há pelo menos um alelo dominante para cada *locus* (**R_E_**).
- Crista rosa. É produzida quando há ao menos um alelo dominante para o gene *r* e homozigose recessiva para o gene *e* (**R_ee**).
- Crista ervilha. Ocorre quando há pelo menos um alelo dominante para o gene *e* e homozigose recessiva para o gene *r* (**rrE_**).
- Crista simples. Ocorre somente quando todos os alelos são recessivos (**rree**).

Epistasia

A epistasia ocorre quando um alelo de um gene impede a expressão de alelos de outro gene. Esse fenômeno lembra o efeito de dominância. Nela, porém, um alelo impede a expressão de outro alelo no mesmo *locus*, enquanto na epistasia ocorre a inibição da expressão de alelos em outro *locus*, que podem estar no mesmo cromossomo ou em outro.

O alelo que inibe outro gene é chamado de **alelo epistático**, e o alelo inibido é o **alelo hipostático**. Quando apenas um alelo é necessário para inibir o alelo hipostático, a epistasia é dominante; se sua ação inibitória só ocorre na presença de dois alelos, diz-se que a epistasia é recessiva.

Complementação gênica

Ocorre quando dois (ou mais) genes com segregação independente se complementam manifestando um fenótipo; não há dominância nem recessividade entre eles.

Um exemplo é a cor do grão de milho. O gene **b** é responsável pela produção do pigmento de cor roxa, e o gene **a** é responsável pela deposição do pigmento. Para apresentar o fenótipo pigmentado, deve haver pelo menos um alelo dominante de cada gene. O cruzamento de plantas homozigotas de grão sem pigmento (**AAbb** $\times$ **aaBB**) produz uma F_1 com 100% de plantas de grão roxo, que, autofecundadas, produzem F_2 com proporção de nove plantas de grão roxo para sete sem pigmento (9 : 7), resultado dos dois alelos dominantes (**A_B_**) para originar o grão roxo; os demais genótipos determinam o fenótipo grão sem pigmento.

Herança quantitativa

Os exemplos estudados até agora, como crista de galinha, cor do fruto da abóbora e textura da semente da ervilha, são heranças de **caracteres discretos,** porque os fenótipos são distintos. Porém, há diversos casos de variação fenotípica contínua: vários fenótipos intermediários entre os fenótipos extremos. Os caracteres da variação contínua são chamados de **caracteres quantitativos**, ou **poligênicos**. Por exemplo: cor da pele em humanos, produção de leite nas vacas.

Herança quantitativa na cor da pele de seres humanos – É resultado da ação de dois pares de genes (**a** e **b**) sem dominância e situados em pares de cromossomos diferentes. Os alelos **A** e **B** determinam a produção do pigmento melanina e têm efeito aditivo. A variação na tonalidade de pele varia conforme a quantidade de alelos **A** e **B** que os indivíduos apresentam em seus genótipos. Existem cinco fenótipos e nove genótipos nesse caso.

Cálculo de probabilidade

É útil para prever proporções genotípicas e fenotípicas.

O **binômio de Newton** é utilizado para saber, por exemplo, a probabilidade de um casal de heterozigotos para a característica albinismo ter, numa prole de cinco filhos, dois albinos e três com pigmentação normal. O binômio de Newton é dado pela forma $(\mathbf{p} + \mathbf{q})^n$, em que **p** é a probabilidade de um evento; **q** é a probabilidade do evento alternativo; **n** é o número de vezes que o evento ocorre. O desenvolvimento de um binômio de Newton para $\mathbf{n} = 2$ é $(\mathbf{p} + \mathbf{q})^2 = \mathbf{p}^2 + 2\mathbf{pq} + \mathbf{q}^2$.

Outra forma de obter a distribuição fenotípica é usar o **triângulo de Pascal**, que pode ser utilizado como algoritmo. Cada linha do triângulo de Pascal representa todas as classes fenotípicas possíveis para o cruzamento de heterozigotos para caracteres quantitativos. Para encontrar as proporções das classes fenotípicas, é necessário saber o número de *loci* relacionado à determinada característica. Se **n** = 4, as proporções fenotípicas equivalem à quinta linha do triângulo de Pascal.

Questões

1. **(UFC-CE)** Em estudo publicado na revista *Nature* de 25 de junho passado, pesquisadores da Universidade de Toronto, no Canadá, afirmam que o gene CYP2A6 está ligado à dependência das pessoas ao cigarro. Este gene, em sua forma normal, codifica a síntese de uma enzima que metaboliza a nicotina, tornando as pessoas dependentes. Eles afirmam, ainda, que há, na espécie humana, três alelos para este gene: um normal e dois defeituosos. Fumantes portadores de dois alelos normais (homozigoto para o alelo normal) são altamente dependentes do cigarro, enquanto portadores de dois dos alelos defeituosos, apesar de fumantes, jamais se tornam dependentes. Por outro lado, fumantes heterozigotos, portadores de um alelo normal e outro defeituoso, são moderadamente dependentes, consumindo 20% menos cigarros que os fumantes inteiramente dependentes.

   Com base no texto anterior, é correto afirmar que a dependência ao cigarro determinada pelo gene CYP2A6 é um caso de:

   a) herança quantitativa, pois o fenótipo apresenta uma continuidade entre dependentes e não dependentes.

   b) pleiotropia, pois o heterozigoto apresenta fenótipo diferente de ambos os homozigotos.

   c) epistasia recessiva, pois qualquer um dos alelos defeituosos inibe, parcialmente, a ação do alelo normal.

   d) dominância completa da forma normal do gene CYP2A6 sobre as formas defeituosas.

   e) dominância incompleta entre a forma normal e as defeituosas do gene CYP2A6.

2. **(Mackenzie-SP)** Do cruzamento entre aves andaluzas de coloração azulada, nasceram 15 filhotes azulados, 7 brancos e 8 pretos. Trata-se de um caso de _____ e os indivíduos parentais são _____. O preenchimento correto das lacunas é, respectivamente:

   a) herança quantitativa e homozigotos dominantes.

   b) codominância e heterozigotos.

   c) *linkage* e heterozigotos.

   d) herança ligada ao sexo e homozigotos recessivos.

   e) epistasia e homozigotos dominantes.

3. **(Uerj)** Em determinado tipo de camundongo, a pelagem branca é condicionada pela presença do gene "A", letal em homozigose. Seu alelo recessivo "a" condiciona pelagem preta.

   Para os filhotes vivos de um cruzamento de um casal de heterozigotos, esperam-se as seguintes proporções de camundongos de pelagem branca e preta, respectivamente:

   a) 1/2 e 1/2   c) 2/3 e 1/3
   b) 1/4 e 3/4   d) 3/4 e 1/4

4. **(UEL-PR)** Um menino tem o lobo da orelha preso e pertence a uma família na qual o pai, a mãe e a irmã possuem o lobo da orelha solto. Esta diferença não o incomodava até começar a estudar genética e aprender que o lobo da orelha solto é um caráter controlado por um gene com dominância completa. Aprendeu também que os grupos sanguíneos, do sistema ABO, são determinados pelos alelos I^A, I^B e i. Querendo saber se era ou não filho biológico deste casal, buscou informações acerca dos tipos sanguíneos de cada um da família. Ele verificou que a mãe e a irmã pertencem ao grupo sanguíneo O e o pai, ao grupo AB.

   Com base no enunciado é correto afirmar que:

   a) a irmã é quem pode ser uma filha biológica, se o casal for heterozigoto para o caráter grupo sanguíneo.

   b) ambos os irmãos podem ser os filhos biológicos, se o casal for heterozigoto para os dois caracteres.

   c) o menino é quem pode ser um filho biológico, se o casal for heterozigoto para o caráter lobo da orelha solta.

d) a mãe desta família pode ser a mãe biológica de ambos os filhos, se for homozigota para o caráter lobo da orelha solta.

e) o pai desta família pode ser o pai biológico de ambos os filhos, se for homozigoto para o caráter grupo sanguíneo.

5. (Fuvest-SP) Em tomates, a característica planta alta é dominante em relação à característica planta anã e a cor vermelha do fruto é dominante em relação à cor amarela. Um agricultor cruzou duas linhagens puras: planta alta/fruto vermelho × planta anã/fruto amarelo. Interessado em obter uma linhagem de plantas anãs com frutos vermelhos, deixou que os descendentes dessas plantas cruzassem entre si, obtendo 320 novas plantas. O número esperado de plantas com o fenótipo desejado pelo agricultor e as plantas que ele deve utilizar nos próximos cruzamentos, para que os descendentes apresentem sempre as características desejadas (plantas anãs com frutos vermelhos), estão corretamente indicados em:

a) 16; plantas homozigóticas em relação às duas características.

b) 48; plantas homozigóticas em relação às duas características.

c) 48; plantas heterozigóticas em relação às duas características.

d) 60; plantas heterozigóticas em relação às duas características.

e) 60; plantas homozigóticas em relação às duas características.

6. (Fuvest-SP) Em cães labradores, dois genes, cada um com dois alelos (B/b e E/e), condicionam as três pelagens típicas da raça: preta, marrom e dourada. A pelagem dourada é condicionada pela presença do alelo recessivo e em homozigose no genótipo. Os cães portadores de pelo menos um alelo dominante E serão pretos, se tiverem pelo menos um alelo dominante B; ou marrons, se forem homozigóticos bb. O cruzamento de um macho dourado com uma fêmea marrom produziu descendentes pretos, marrons e dourados. O genótipo do macho é:

a) Ee BB. c) ee bb. e) ee Bb.
b) Ee Bb. d) ee BB.

7. (UFG-GO) No homem, a acondroplasia é uma anomalia genética, autossômica dominante, caracterizada por um tipo de nanismo em que a cabeça e o tronco são normais, mas os braços e as pernas são curtos. A letalidade dessa anomalia é causada por um gene dominante em dose dupla. Dessa forma, na descendência de um casal acondroplásico, a proporção fenotípica esperada em F_1 é:

a) 100% anões.
b) 100% normais.
c) 33,3% anões e 66,7% normais.
d) 46,7% anões e 53,3% normais.
e) 66,7% anões e 33,3% normais.

8. (Uece) Em periquitos australianos observam-se, principalmente, as seguintes cores de plumagem: amarela, azul, branca e verde, condicionadas por dois pares de genes de segregação independente e que interagem entre si. Sabendo-se que os indivíduos homozigotos recessivos são brancos; os indivíduos que apresentam em ambos os *loci* pelo menos um dos alelos dominantes são verdes; e que os indivíduos que apresentam um *locus* com genes recessivos e o outro com, pelo menos, um alelo dominante ou são azuis ou amarelos, podemos afirmar corretamente que a proporção esperada de um cruzamento de periquitos com ambos os *loci* heterozigotos é:

a) Amarela: $\frac{9}{16}$; Azul: $\frac{3}{16}$; Branca: $\frac{3}{16}$; Verde: $\frac{1}{16}$.

b) Amarela: $\frac{1}{16}$; Azul: $\frac{3}{16}$; Branca: $\frac{9}{16}$; Verde: $\frac{3}{16}$.

c) Amarela: $\frac{3}{16}$; Azul: $\frac{3}{16}$; Branca: $\frac{1}{16}$; Verde: $\frac{9}{16}$.

d) Amarela: $\frac{3}{16}$; Azul: $\frac{1}{16}$; Branca: $\frac{3}{16}$; Verde: $\frac{9}{16}$.

Genética III

■ Genes ligados

Genes ligados tendem a permanecer juntos na formação dos gametas, isto é, não se distribuem independentemente como os genes estudados por Mendel. A lei da segregação independente, portanto, só é válida para os genes em cromossomos diferentes.

Grupo de ligação

Cada cromossomo é formado por vários genes, todos ligados, formando um **grupo de ligação**; nesse caso, não há segregação dos genes na formação dos gametas.

Os genes localizados em um mesmo cromossomo podem estar dispostos de duas maneiras.
- **Configuração cis** – quando um cromossomo carrega os dois alelos dominantes, e o outro cromossomo carrega os dois recessivos.
- **Configuração trans** – quando um cromossomo contém um alelo dominante e um recessivo.

Ligação gênica incompleta

A ligação gênica não explica a ocorrência de fenótipos diferentes dos parentais, por isso se estudaram os entrelaçamentos das cromátides de cromossomos homólogos, chamados de **quiasmas**.

Verificou-se que os quiasmas eram pontos onde ocorriam trocas de fragmentos entre as cromátides-irmãs. Esse fenômeno acontece durante a prófase I da meiose e é chamado de **permutação** ou *crossing over*.

Os alelos que mudam de posição nas cromátides são chamados de **recombinantes**.

A situação em que há fenótipos recombinantes é chamada de **ligação incompleta**.

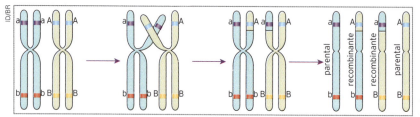

Esquema de permutação que resulta na produção de cromossomos recombinantes.

Recombinação e seus mecanismos

As recombinações e as mutações são fonte de **variabilidade genética**, sobre a qual atua a seleção natural. Elas podem ocorrer por:
- **recombinação intercromossômica**: entre genes de cromossomos diferentes, durante a anáfase I da meiose (segregação independente);
- **recombinação intracromossômica**: entre genes de um mesmo cromossomo, em decorrência da permutação (*crossing over*) durante a prófase I da meiose.

A proporção de gametas recombinantes é que vai indicar se estes se originaram do processo de segregação independente ou de permutação entre genes ligados.

Mapeamento de cromossomos

As frequências de permutação podem ser usadas para estabelecer a ordem dos genes ligados e a distância entre eles e mapear suas posições relativas no cromossomo.

A porcentagem de gametas recombinantes é igual à metade da porcentagem das meioses em que há permutação, ou seja, se houver permutação entre dois genes em todas as meioses (100%), apenas 50% dos gametas resultantes serão recombinantes.

A partir da frequência de recombinação, é possível montar mapas cromossômicos, que fornecem a distância relativa entre os *loci*. A unidade de mapa (u.m.) é chamada de **centimorgan** (cM). Um centimorgan equivale a 1% de recombinação.

■ Anomalias genéticas

Mutações genéticas podem acarretar **anomalias cromossômicas**, classificadas em: **numéricas** – alteração no número do cariótipo normal de uma espécie – e **estruturais** – alteração na estrutura de um ou mais cromossomos.

Anomalias cromossômicas numéricas

As causas dividem-se em:
- **poliploidia**: presença de um conjunto extra, completo, de cromossomo em uma célula;
- **aneuploidia**: ausência ou adição de um cromossomo.

Poliploidias

As poliploidias mais comuns na espécie humana são as **triploidias** (69 cromossomos) e as **tetraploidias** (92 cromossomos).

As triploidias podem ocorrer por fertilização de um óvulo por dois espermatozoides ou por falha meiótica, que forma um gameta diploide.

A maioria das concepções poliploides é abortada espontaneamente.

Aneuploidias

Entre as aneuploidias, estão a **monossomia** e a **trissomia**. Uma das principais causas dessas anomalias é a **não disjunção meiótica**, ou seja, a falha na separação de um par de cromossomos durante uma das duas divisões meióticas.

A **monossomia** é a **ausência da cópia** de um cromossomo em uma célula que seria diploide em sua condição normal.

Entre as monossomias, encontram-se:
- as autossômicas, que são geralmente letais;
- a do cromossomo sexual X, que provoca a síndrome de Turner (45, X0).

A **trissomia** de um cromossomo caracteriza-se pela presença de uma cópia a mais de um cromossomo que seria diploide em sua condição normal. A síndrome de Down, que é causada pela trissomia do cromossomo 21, é o exemplo mais comum de aneuploidia.

Anomalias cromossômicas estruturais

Ocorrem quando os cromossomos homólogos ficam desalinhados ou quando há quebra cromossômica durante a divisão celular. Partes dos cromossomos podem ser perdidas, duplicadas ou realocadas, o que determina a classificação dessas anomalias em:
- **não balanceadas**: quando há ganho ou perda de material genético, acarretando síndromes nos seus portadores;
- **balanceadas**: quando o rearranjo não implica perda ou ganho de material genético; em geral, os portadores são normais, mas os descendentes apresentam síndromes decorrentes da condição genética.

Principais tipos de alterações cromossômicas estruturais:
- **deleção**: perda de material genético por quebra cromossômica. Quando envolve muitos genes, a deleção costuma ser letal;
- **duplicação**: formação de um segmento adicional em um cromossomo. Geralmente é menos grave que a deleção, uma vez que o organismo humano tem maior tolerância ao excesso de material genético que à deficiência dele;
- **inversão**: quebra de duas partes de um cromossomo e a reinserção do fragmento na posição original, porém em ordem invertida. A inversão pode interferir na meiose do portador, produzindo anomalias cromossômicas nos descendentes. O pareamento de um cromossomo que sofreu inversão com seu homólogo não alterado gera a formação de uma alça; a permutação nessa alça resulta em deleções ou duplicações;
- **translocação**: troca de material genético entre cromossomos não homólogos. Durante o pareamento meiótico, os cromossomos não homólogos que sofreram translocação ficam cruzados ao se emparelharem com os trechos homólogos que agora compartilham.

■ Determinação do sexo e herança sexual

O sexo de um organismo, ou **fenótipo sexual**, pode ser determinado por mecanismos distintos, como por fatores ambientais, o que é observado nos répteis, por exemplo. Na maioria das espécies, no entanto, o sexo é determinado por um par de cromossomos diferenciados, denominados **cromossomos sexuais**. Os demais cromossomos, não envolvidos na determinação do sexo, são chamados **autossomos**.

Determinação do sexo nos seres humanos

No ser humano, o sexo é determinado pelo sistema XX-XY. Os cromossomos X e Y são bem diferentes, ou seja, **não são homólogos**. Enquanto o cromossomo X é um dos maiores entre os humanos, o cromossomo Y é um dos menores.

Nas extremidades dos dois cromossomos, X e Y, encontram-se pequenas regiões homólogas, denominadas **regiões pseudoautossômicas**, as quais permitem o emparelhamento correto durante a meiose. As demais regiões, não homólogas, são denominadas **regiões diferenciais**. Os genes presentes nessas regiões apresentam um padrão característico de herança relacionado ou ao cromossomo X ou ao Y.

Nos seres humanos, a constituição do sexo masculino é determinada pelo **gene SRY** (do inglês, *Sex-determining Region Y*, ou "região do Y determinante do sexo"). Além do SRY, outros genes – ligados ou ao X, ou ao Y e ou aos autossomos – também são responsáveis pelas diferenças entre os fenótipos sexuais.

Padrões de herança de genes de cromossomos sexuais

Os genes localizados na região diferencial do cromossomo:
- **X**: apresentam um padrão de **herança ligada ao sexo**;
- **Y**: apresentam um padrão de **herança ligada ao Y**.

Como os machos da espécie humana apresentam apenas um cromossomo X, qualquer alelo presente nesse cromossomo manifesta-se, pois não há outro alelo para impedir sua expressão. Nos machos, esse único alelo ligado ao X é sempre herdado da mãe. Assim, na herança ligada ao X, os termos "dominante" e "recessivo" aplicam-se somente às fêmeas.

Anomalias nos cromossomos sexuais dos seres humanos

Um exemplo de anomalia **dominante** ligada ao X é o raquitismo hipofosfatêmico. Já as anomalias **recessivas** ligadas ao X são mais frequentes, como a hemofilia, o daltonismo e a distrofia muscular.

Na herança ligada ao Y, como os genes estão localizados na região diferencial do cromossomo Y, os fenótipos resultantes ocorrem somente em indivíduos do **sexo masculino** e são transmitidos exclusivamente de pai para filho.

Questões

1. (Udesc) A figura mostra uma genealogia hipotética na qual aparecem casos de hemofilia, doença relacionada a um gene recessivo.

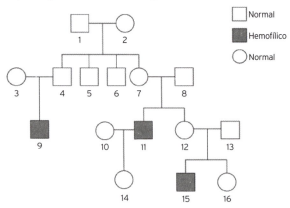

Analise as proposições a seguir.

I. A hemofilia é uma doença ligada ao cromossomo X, caracterizada por uma falha no sistema de coagulação do sangue.
II. A mulher número 2 é portadora do alelo para a hemofilia, apresentando o genótipo $X^H X^h$.
III. O homem número 9 recebeu o alelo para a hemofilia de sua avó paterna.
IV. Sabendo-se que a mulher número 10 não é portadora do alelo da hemofilia, a probabilidade de sua filha ter o genótipo $X^H X^h$ é de 50%.
V. A probabilidade de a mulher número 16 ser portadora do alelo da hemofilia é de 50%.

Assinale a alternativa CORRETA.
a) Somente a afirmativa I é verdadeira.
b) Somente as afirmativas I, II, III e V são verdadeiras.
c) Somente as afirmativas I, II e V são verdadeiras.
d) Somente as afirmativas III e IV são verdadeiras.
e) Todas as afirmativas são verdadeiras.

2. (UEL-PR) A hemofilia é uma doença hereditária recessiva ligada ao cromossomo sexual X, presente em todos os grupos étnicos e em todas as regiões geográficas do mundo. Caracteriza-se por um defeito na coagulação sanguínea, manifestando-se através de sangramentos espontâneos que vão de simples manchas roxas (equimoses) até hemorragias abundantes.

Com base no enunciado e nos conhecimentos sobre o tema, é CORRETO afirmar:
a) Casamento de consanguíneos diminui a probabilidade de nascimento de mulheres hemofílicas.
b) Pais saudáveis de filhos que apresentam hemofilia são heterozigotos.
c) A hemofilia ocorre com a mesma frequência entre homens e mulheres.
d) As crianças do sexo masculino herdam o gene da hemofilia do seu pai.
e) Mulheres hemofílicas são filhas de pai hemofílico e mãe heterozigota para esse gene.

3. (PUC-RJ) Na década de 1940, descobriu-se que algumas células, retiradas de indivíduos humanos com dois cromossomos sexuais X, apresentavam, no núcleo interfásico, um pequeno corpúsculo de cromatina intensamente corado.
Esse corpúsculo é denominado:
a) cromatina sexual e está presente somente nas mulheres adultas geneticamente normais e corresponde a um cromossomo somático condensado.
b) cromatina sexual e está presente somente nos homens adultos geneticamente normais e corresponde ao cromossomo Y condensado.
c) nucléolo e está presente em indivíduos geneticamente normais de ambos os sexos e corresponde a um cromossomo somático condensado.

d) cromatina sexual e está presente em indivíduos geneticamente normais de ambos os sexos e corresponde a um cromossomo X condensado.

e) corpúsculo de Barr e está presente somente em indivíduos do sexo feminino geneticamente normais e corresponde a um cromossomo X condensado.

4. (Fatec-SP)

Disponível em: <http://www.charge-o-matic.blogger.com.br/>. Acesso em: 20 ago. 2008.

Considere as afirmações a seguir sobre uma das doenças representadas na tirinha:

I. O daltonismo é uma deficiência visual que impede o indivíduo de enxergar certas cores e pode ser prevenido através de medicação específica.

II. Se uma mulher daltônica transmitir um dos seus autossomos portador do alelo para o daltonismo a um filho, ele será certamente daltônico.

III. Um homem homozigótico para o alelo mutante do daltonismo tem dificuldades para distinguir cores.

IV. O daltonismo, atualmente, graças à engenharia genética, já tem tratamento e cura.

V. Uma mulher heterozigótica para o daltonismo, que recebeu de seu pai o cromossomo X, portador do gene alelo mutante para essa doença, tem visão normal para as cores.

Está correto o contido em:

a) III e V, apenas.
b) I, III e IV, apenas.
c) II, III e V, apenas.
d) I, II, IV e V, apenas.
e) I, II, III, IV e V.

5. (UEM-PR) Relacionado à Genética, assinale o que for CORRETO [1].

01. Uma mulher daltônica, filha de mãe daltônica, mesmo sem saber quem era seu pai, concluiu que ele também seria daltônico.

02. A hemofilia, dificuldade de coagulação do sangue, manifesta-se principalmente no homem, porque é um caráter ligado ao cromossomo Y.

04. A eritroblastose fetal está associada ao fator ABO, manifestada pela mãe no primeiro filho, se este apresentar o anticorpo anti-Rh.

08. A cor da pele na espécie humana é determinada pela interação gênica, dita poligenia, que resulta em gradativa variação de fenótipos.

16. Há 50% de chance de uma menina com síndrome de Down (alteração no número de cromossomos) ter recebido dois cromossomos X de sua mãe.

Resposta: Soma (__)

6. (PUC-RJ) Existem algumas pessoas chamadas especiais porque possuem uma série de características diferentes da maioria da população. Entre essas, estão aquelas que possuem a síndrome de Down, também conhecida como mongolismo. Em relação a essa síndrome, podemos afirmar que:

a) é uma anomalia genética causada pela presença de 3 cromossomos 21 e transmitida sempre pela mãe.

b) é uma anomalia congênita causada pela presença de 3 cromossomos 21 e transmitida sempre pela mãe.

---

[1] Dê como resposta a soma dos números associados às alternativas corretas.

c) é uma anomalia genética causada pela presença de 3 cromossomos 21 e transmitida por qualquer um dos pais.

d) é uma anomalia congênita causada pela ausência de um cromossomo sexual X ou Y.

e) é uma anomalia genética causada pela translocação de um dos cromossomos 21 para um 22.

7. **(UFMG)** Duas irmãs, que nunca apresentaram problemas de hemorragia, tiveram filhos. E todos eles, após extrações de dente, sempre tinham hemorragia. No entanto, os filhos do irmão das duas mulheres nunca apresentaram esse tipo de problema.

É CORRETO afirmar que essa situação reflete, mais provavelmente, um padrão de herança:

a) dominante ligada ao cromossoma Y.

b) dominante ligada ao cromossoma X.

c) recessiva ligada ao cromossoma X.

d) restrita ao cromossoma Y.

8. **(Unicamp-SP)** Considere um indivíduo heterozigoto para três genes. Os alelos dominantes A e B estão no mesmo cromossomo. O gene C tem segregação independente dos outros dois genes. Se não houver *crossing-over* durante a meiose, a frequência esperada de gametas com genótipo abc produzidos por esse indivíduo é de:

a) 1/2

b) 1/4

c) 1/6

d) 1/8

9. **(Uesc-BA)** A taxa ou frequência de permutação entre pares de genes que estão ligados é constante e depende da distância que esses genes se encontram uns dos outros. O geneticista Alfred Sturtevant imaginou que seria possível construir mapas gênicos, que mostrariam a distribuição dos genes ao longo do cromossomo e as distâncias relativas entre eles. O quadro a seguir mostra um exemplo desse tipo de mapa gênico.

Gene	Taxa de permutação experimental		
	A	B	C
A	–	X	15%
B	20%	–	Y
C	15%	5%	–

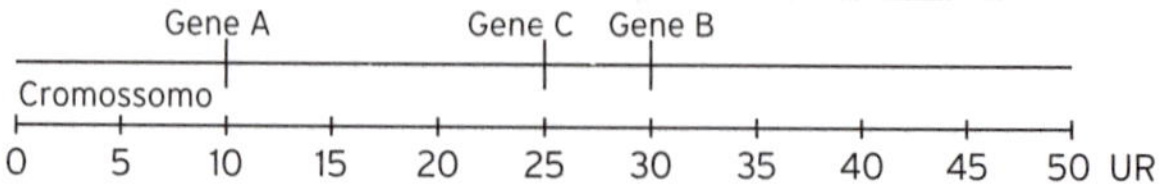

Com base nas informações contidas no quadro, é possível afirmar que os valores corretos para as taxas de permutação em X e Y são, respectivamente:

a) 5% e 20%

b) 15% e 20%

c) 15% e 5%

d) 20% e 15%

e) 20% e 5%

10. **(UEL-PR)** Quatro genes, A, B, C e D, localizados no mesmo cromossomo, apresentam as seguintes frequências de recombinação:

A-B = 32%

A-C = 45%

A-D = 12%

B-C = 13%

B-D = 20%

C-D = 33%

A sequência mais provável desses genes no cromossomo é:
a) ABCD
b) ABDC
c) ACDB
d) ADBC
e) ADCB

11. (UFSM-RS) Durante a evolução humana, muitas mutações ocorreram. Na figura, os cromossomos apresentam mutações ou alterações do tipo cromossômicas estruturais. Identifique cada uma delas e complete a coluna correspondente ao tipo de alteração.

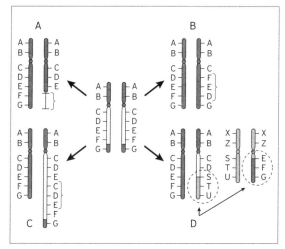

Uzunian, A.; Birner, E. *Biologia*. 2. ed. São Paulo: Harbra, 2004. p. 744. (Adaptada.)

(　) deleção
(　) inversão
(　) translocação
(　) duplicação

A sequência correspondente é:
a) A; B; D; C.
b) B; A; D; C.
c) C; B; A; D.
d) D; D; C; A.
e) A; C; D; C.

12. (UFRJ) Ao analisar o cariótipo de células obtidas de uma criança com síndrome de Down, observou-se que 70% das células apresentavam 47 cromossomos, por exibirem a trissomia do cromossomo 21, e que 30% das células apresentavam um cariótipo normal, ou seja, 46 cromossomos, sem trissomia do 21.

Responda se o fenômeno da não disjunção do par de cromossomos 21 ocorreu antes ou depois da formação do zigoto. Justifique sua resposta.

13. (Unesp) José é uma pessoa muito interessada na criação de gatos. Um de seus gatos apresenta hipoplasia testicular (testículos atrofiados) e é totalmente estéril. José procurou um veterinário que, ao ver as cores preta e amarela do animal, imediatamente fez o seguinte diagnóstico: trata-se de um caso de aneuploidia de cromossomos sexuais. As cores nos gatos domésticos são determinadas por um gene A (cor amarela) e outro gene P (cor preta), ambos ligados ao sexo, e o malhado apresenta os dois genes (A e P).

a) O que é e qual o tipo de aneuploidia que o gato de José apresenta?
b) Qual a explicação dada pelo veterinário relacionando a anomalia com as cores do animal?

Biotecnologia

A ampliação das descobertas no campo da biologia molecular propiciou o desenvolvimento da biotecnologia, que, por sua vez, modificou o cotidiano dos seres humanos e os rumos de diversas áreas do conhecimento.

"Biotecnologia é qualquer aplicação tecnológica que usa sistemas biológicos, seres vivos ou seus derivados para fazer ou modificar produtos ou processos". Essa definição ampla da Convenção sobre Diversidade Biológica das Nações Unidas, ratificada em 1993, inclui desde técnicas de seleção artificial utilizadas em plantas e animais até técnicas mais modernas de engenharia genética.

■ Seleção artificial

Há séculos, o ser humano vem realizando o melhoramento de espécies por meio da seleção artificial. A seleção artificial do milho, por exemplo, teve início há mais de 7,5 mil anos. O teosinto, ancestral silvestre do milho, tem pequeno porte e frutos com poucos grãos, pequenos e duros. Através da seleção artificial, reproduzindo-se apenas as variedades com características de interesse, obteve-se o milho conhecido atualmente, cujos frutos apresentam até 500 grãos, mais tenros que os do teosinto.

São técnicas convencionais de melhoramento genético:
- **heterose**: cruzamento entre linhagens homozigóticas distintas; quando os organismos oriundos desse cruzamento exibem características superiores aos indivíduos parentais, ocorre o chamado **vigor híbrido**.
- **endogamia**: baseada no entrecruzamento de indivíduos de parentesco próximo, a endogamia é um processo oposto ao da heterose; é utilizado quando há interesse em preservar genes em homozigose.
- **enxertia**: as plantas de interesse são propagadas assexuadamente.

■ Engenharia genética

Atualmente, as técnicas convencionais convivem com técnicas de engenharia genética (ou tecnologia do DNA recombinante), que permitem manipular diretamente o genoma dos organismos e construir sequências de DNA em laboratório.

Uma técnica que utiliza **enzimas de restrição** quebra moléculas de DNA em pontos específicos. Os fragmentos de DNA assim obtidos podem ser separados de acordo com seu tamanho e sua carga elétrica por meio de **eletroforese**. Nessa técnica, uma amostra de determinada substância, no caso, o DNA, é colocada em uma placa de gel à qual se aplica corrente elétrica, fazendo os fragmentos percorrem o gel em direção ao polo positivo, sendo que os menores movimentam-se com maior velocidade. Quando se interrompe a corrente, eles estacionam em posições diversas. Então, as faixas de DNA podem ser visualizadas sob luz ultravioleta. A distribuição dessas faixas, característica de cada DNA, permite identificar o organismo — uma pessoa por exemplo —, sendo por isso empregada em investigações policiais.

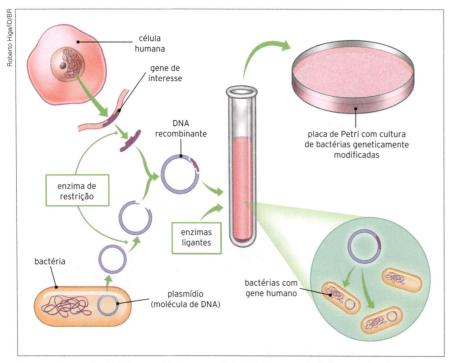

Processo de geração de DNA recombinante a partir de DNA humano e da bactéria *Escherichia coli*.

Os **organismos geneticamente modificados** (OGMs) apresentam seu genoma modificado por técnicas da engenharia genética. Por meio delas, um gene pode ser inserido no genoma de um indivíduo. Para isso, um fragmento de DNA que possua um ou mais genes de interesse (econômico, científico ou médico) é isolado e introduzido numa célula-alvo, que pode ser um óvulo fecundado, ou é incorporado a plasmídios posteriormente inseridos em células bacterianas. As enzimas ligantes unem os segmentos formando um **DNA recombinante**. O gene inserido vai se expressar no organismo modificado e transmitirá sua característica às células-filhas durante a mitose.

O emprego de OGMs é uma forma de melhoramento genético pela qual é possível obter rapidamente organismos com características de interesse. Esse tipo de manipulação genética possibilita o desenvolvimento de cultivares com maior resistência a pragas, herbicidas, geadas e estiagens, menor necessidade de adubo, geração de frutos mais doces e mais nutritivos, etc.

■ Clonagem

Organismos que apresentam o mesmo material genético são chamados **clones**. Na natureza, a clonagem de organismos ocorre em espécies com reprodução assexuada, caso em que o novo indivíduo é um clone de seu progenitor. Um clone de uma planta ou de um animal também pode ser desenvolvido artificialmente, por meio de técnicas que empregam uma célula somática ou seu núcleo. Na clonagem de animais, o núcleo de uma célula somática é inserido no citoplasma de um óvulo cujo núcleo foi previamente retirado.

A clonagem tem aplicação em diferentes atividades humanas, como agricultura, pecuária e medicina. Através da **clonagem de plantas**, é possível obter cópias de indivíduos com alguma característica de interesse, por exemplo, resistência a pragas. A **clonagem de animais** visa à obtenção de cópias idênticas de indivíduos que apresentem, por exemplo, maior produção de leite ou de carne. A técnica de **clonagem aplicada em seres humanos** tem finalidades terapêuticas, como a produção de órgãos ou tecidos para transplantes, a fim de evitar a rejeição.

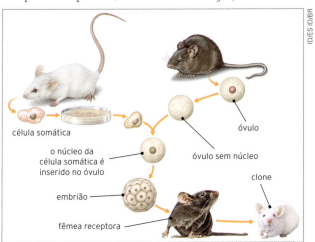

Processo de clonagem em ratos. Note que o clone é branco, tal qual o rato doador da célula somática.

■ Terapia gênica

É assim denominado o procedimento que, por meio de técnicas de DNA recombinante, altera o genoma de um indivíduo portador de uma doença genética.

A **terapia gênica** pode envolver:
- substituição ou deleção de um gene não funcional;
- introdução de uma cópia gênica normal sem modificação do gene original;
- adição de um gene ausente no genoma.

O gene inserido em uma célula para substituir um gene deficiente ou inibir sua expressão é chamado **gene terapêutico**.

A principal dificuldade para pôr em prática a terapia gênica é inserir o DNA desejado através da membrana plasmática em um grande número de células. Para isso, é necessário um vetor ou veículo que facilite a entrada do DNA nas células, geralmente um vírus ou uma bactéria.

Apesar de a terapia gênica ter origem em doenças hereditárias, como a hemofilia, atualmente muitos experimentos clínicos estão buscando o tratamento de doenças adquiridas, como a aids, doenças cardiovasculares e vários tipos de câncer.

> **Terapia celular × terapia gênica**
>
> Terapia celular e terapia gênica são conceitos distintos.
>
> Baseando-se nas propriedades das células-tronco, a **terapia celular** utiliza células inteiras no tratamento de uma doença, como a leucemia.
>
> A **terapia gênica** baseia-se na introdução ou modificação de genes, enquanto a terapia celular não envolve necessariamente modificação genética.

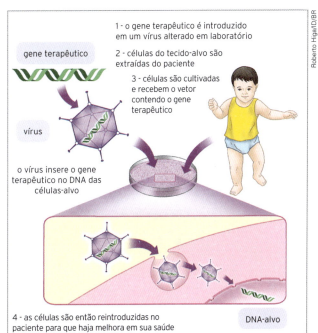

Esquema da aplicação de um dos tipos de terapia gênica existentes.
Fonte de pesquisa: National Institute of Health, EUA, 17 abr. 2009.

Questões

1. (UPE) O exemplo mostrado no texto a seguir revela o potencial que as ferramentas usadas em genética podem ter para inibir a exploração e o comércio de produtos e espécimes da fauna, auxiliando na conservação das espécies ameaçadas.

> Um dos casos mais interessantes da genética molecular forense envolveu o comércio ilegal de carne de baleias no Japão e Coreia. A pedido do Earthrust, Baker e Palumbi (1996) desenvolveram um sistema para monitorar esse comércio, utilizando sequências de DNAmt e PCR, que distinguiam, com confiança, uma variedade de espécies de baleias umas das outras e de golfinhos. As análises revelaram que parte das amostras obtidas em mercados varejistas não era de baleias Minke, nas quais o Japão caçava para "fins científicos", mas sim de baleias Azuis, Jubartes, Fin e de Bryde, as quais são protegidas por lei. Além disso, parte da "carne de baleia" era na realidade de golfinhos, botos, ovelhas e cavalos. Assim, além da ilegalidade da caça das baleias, os consumidores estavam sendo ludibriados.

FANKHAM et al. *Genética da conservação*. 2008. (Adaptado.)

Leia as proposições abaixo sobre a reação em cadeia da polimerase (PCR):

I. Antes da PCR, para se detectarem genes ou VNTRs (número variável de repetições em sequência), havia a obrigação de ter grande quantidade de DNA-alvo.

II. Pela PCR, promove-se a deleção de trechos do DNA *in vivo*, usando polimerases de DNA.

III. A técnica da PCR permitiu a obtenção de grandes quantidades de fragmentos específicos do DNA por meio da amplificação em ciclos.

IV. O DNA a ser amplificado não pode ser submetido a temperaturas altas, acima de 40 °C, sob pena de desnaturar e não mais renaturar.

Apenas é CORRETO afirmar o que está contido nas proposições:

a) I e II.
b) I e III.
c) II e III.
d) II e IV.
e) III e IV.

2. (UFPB) A tecnologia do DNA recombinante abriu novas perspectivas no melhoramento genético dos organismos. Essa técnica consiste na inserção de um segmento de DNA de uma espécie em outra e, para o seu desenvolvimento, diversas enzimas são utilizadas.

Com base na literatura sobre a tecnologia do DNA recombinante, é CORRETO afirmar:

a) As enzimas de restrição identificam o segmento de DNA que será inserido na célula-alvo.
b) Os plasmídeos são enzimas importantes para unir as moléculas de DNA.
c) A enzima DNA-ligase é importante para inserir o DNA na célula-alvo.
d) As enzimas de restrição são utilizadas para cortar a molécula de DNA.
e) O uso de plasmídeos diminui a eficiência das técnicas de manipulação do DNA.

3. (Unesp) Considere o cartum:

De maneira bem humorada e com certo exagero, a figura faz referência aos:

a) organismos transgênicos, nos quais genes de uma espécie são transferidos para outra espécie de modo que esta última expresse características da primeira.

b) organismos geneticamente modificados, nos quais técnicas de engenharia genética permitem que se manipulem genes da própria espécie, fazendo-os expressar características desejáveis.

c) animais híbridos, obtidos a partir do cruzamento entre indivíduos de espécies diferentes, o que permite que características de uma espécie sejam expressas por espécies não aparentadas.

d) animais obtidos por seleção artificial, a partir da variabilidade obtida por acasalamentos direcionados, processo que permite ao homem desenvolver em espécies domésticas características de interesse comercial.

e) animais resultantes de mutação gênica, mecanismo a partir do qual os indivíduos da espécie produzem novas características, em resposta às necessidades impostas pelo ambiente.

4. (Uerj) Experimentos envolvendo a clonagem de animais foram recentemente divulgados. No entanto, ainda há uma grande dificuldade de obtenção de clones a partir, exclusivamente, do cultivo de células somáticas de um organismo animal, embora estas células possuam o potencial genético para tal.

Por outro lado, a clonagem de plantas, a partir de culturas adequadas "in vitro" de células vegetais, já é executada com certa facilidade, permitindo a produção de grande número de plantas geneticamente idênticas, a partir de células somáticas de um só indivíduo original.

a) Indique o tipo de tecido vegetal que está em permanente condição de originar os demais tecidos vegetais e justifique sua resposta.

b) Estabeleça a diferença, quanto ao número de cromossomas, entre células somáticas e células germinativas da espécie humana.

5. (Unesp)

Empresa coreana apresenta cães feitos em clonagem comercial

Cientistas sul-coreanos apresentaram cinco clones de um cachorro e afirmam que a clonagem é a primeira realizada com sucesso para fins comerciais. A clonagem foi feita pela companhia de biotecnologia a pedido de uma cliente norte-americana, que pagou por cinco cópias idênticas de seu falecido cão *pit bull* chamado Booger. Para fazer o clone, os cientistas utilizaram núcleos de células retiradas da orelha do *pit bull* original, os quais foram inseridos em óvulos anucleados de uma fêmea da mesma raça, e posteriormente implantados em barrigas de aluguel de outras cadelas.

Correio do Brasil, 5 ago. 2008. (Adaptado.)

Pode-se afirmar que cada um desses clones apresenta:

a) 100% dos genes nucleares de Booger, 100% dos genes mitocondriais da fêmea *pit bull* e nenhum material genético da fêmea na qual ocorreu a gestação.

b) 100% dos genes nucleares de Booger, 50% do genes mitocondriais da fêmea *pit bull* e 50% dos genes mitocondriais da fêmea na qual ocorreu a gestação.

c) 100% dos genes nucleares de Booger, 50% dos genes mitocondriais de Booger, 50% do genes mitocondriais da fêmea *pit bull* e nenhum material genético da fêmea na qual ocorreu a gestação.

d) 50% dos genes nucleares de Booger, 50% dos genes nucleares da fêmea *pit bull* e 100% dos genes mitocondriais da fêmea na qual ocorreu a gestação.

e) 50% dos genes nucleares de Booger, 50% dos genes nucleares e 50% dos genes mitocondriais da fêmea *pit bull* e 50% dos genes mitocondriais da fêmea na qual ocorreu a gestação.

Evolução e história da Terra

Evolução é o processo de origem e modificação das espécies ao longo do tempo. Antes das primeiras teorias a respeito da evolução, prevaleciam as ideias do fixismo e do finalismo em relação aos seres vivos.

■ Fixismo

O fixismo surgiu na Antiguidade e na Idade Média; foi agregado ao Cristianismo e incorporado pelo naturalista Lineu na elaboração do seu sistema de classificação.

Segundo essa concepção, os seres vivos eram imutáveis, delimitados e criados por obra divina e continuavam sempre iguais ao longo do tempo.

■ Finalismo

De acordo com essa concepção, também conhecida como **teleologia**, todos os processos da natureza teriam um fim e um propósito determinado, como o desenvolvimento dos organismos, que passariam por diversas fases com o objetivo de atingir o estágio final, o do indivíduo adulto.

■ Teoria de Lamarck

Jean-Baptiste Lamarck (1744-1829), que publicou sua teoria em 1809, foi o primeiro cientista a propor uma teoria lógica sobre evolução.

Lei do uso e desuso

Lamarck propôs a **lei do uso e desuso** para explicar a evolução: as mudanças ambientais alterariam as necessidades de sobrevivência do organismo.

De acordo com a teoria lamarckista, os órgãos ou tecidos mais utilizados por um indivíduo deveriam se desenvolver com o passar do tempo, ou seja, aumentar em tamanho, capacidade e aptidão.

Em contrapartida, tecidos e órgãos em desuso poderiam sofrer redução de tamanho ou até mesmo desaparecer do organismo com o passar do tempo.

Transmissão dos caracteres adquiridos

Lamarck defendia que as características desenvolvidas pelo uso e desuso eram transmitidas de geração para geração, ou seja, transmitidas de pai para filho.

■ Teoria da evolução de Darwin

Somente com a ideia de evolução proposta por Charles Darwin (1809-1882), o conceito de evolução se consolidou. Sua teoria, publicada no livro *A origem das espécies*, é considerada uma das mais importantes revoluções intelectuais do século XIX.

A teoria darwinista propõe que todos os seres vivos descendem de ancestrais comuns e teriam evoluído por seleção natural.

A **seleção natural** propõe que os organismos mais bem adaptados teriam maiores chances de sobreviver e se reproduzir. Ao se reproduzirem, passam para seus descendentes a maioria de suas características, inclusive aquelas que permitiram sua sobrevivência diante da seleção natural. Essas características acabam se fixando na população, com o passar do tempo e, em muitos casos, podem ser chamadas de **adaptações**.

Um exemplo de seleção natural que ocorre nos dias de hoje e de fácil ilustração é a resistência de bactérias a certos antibióticos. Quando um paciente toma um antibiótico para combater determinada infecção, as bactérias mais resistentes a ele não morrem, sendo, portanto, selecionadas e posteriormente vindo a se reproduzir, passando a característica que confere resistência às gerações seguintes e tornando toda a espécie resistente a esse antibiótico.

■ Evidências da evolução

O processo evolutivo é muito lento e difícil de perceber, porém muitos indícios da evolução foram acumulados.

Fósseis

Entre as principais evidências evolutivas estão os fósseis, que são restos ou vestígios de seres vivos que se preservaram por mais de 11 mil anos.

O **processo de fossilização** é raro e acontece quando um organismo morto não se decompõe de imediato e sofre alterações físicas e químicas. Em geral, a fossilização ocorre na ausência de oxigênio. As partes duras como ossos e carapaças são mais fáceis de ser preservadas.

Entre os vários processos de fossilização estão a permineralização e a substituição. A permineralização ocorre quando há o preenchimento, por carbonato de cálcio, de poros ou canalículos de árvores ou troncos. A água se infiltra no organismo morto e leva consigo sais minerais que são depositados, preservando a estrutura do organismo. Na substituição, o material orgânico é lentamente substituído por um mineral transportado pela água que se infiltra no organismo, formando o fóssil.

Alguns vestígios como partes do corpo, fezes e pegadas também podem ser fossilizados. Um vestígio também pode ser de uma parte orgânica do ser que, apesar de ser decomposta e não se fossilizar, deixa impressões nas rochas.

Estruturas homólogas

Os estudos com fósseis e anatomia das espécies permitiram mostrar que existem estruturas ou órgãos que possuem a **mesma origem embrionária**, podendo ou não desempenhar a mesma função. Esses órgãos ou estruturas são chamados de **homólogos**.

Esse fato sugere que tais organismos evoluíram a partir de um **ancestral comum**.

Nas aves os membros dianteiros estão adaptados ao voo, e nas baleias, à natação. Esse exemplo é um modelo de **divergência evolutiva** ou **radiação adaptativa**, ou seja, mostra estruturas homólogas que possuem a mesma origem, mas que se modificaram para desempenhar funções diversas.

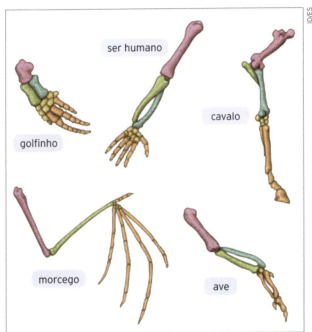

Homologia entre membros dianteiros de alguns vertebrados. As estruturas homólogas estão representadas pela mesma cor.

Estruturas análogas

Elas possuem a aparência externa e função semelhantes, mas têm **origem embrionária distinta**.

Um exemplo de estruturas análogas são as asas de morcegos e de moscas: ambas auxiliam o voo. Nos morcegos as asas são formadas a partir dos ossos dos membros dianteiros, e nas moscas, a partir de uma membrana do revestimento externo.

Órgãos vestigiais

Ao longo do processo evolutivo, algumas estruturas dos organismos podem perder sua função original.

Um exemplo de órgão vestigial é o apêndice vermiforme do intestino grosso. Apesar de não ter função no ser humano, essa estrutura é importante nos coelhos, pois participa da digestão da celulose. A presença do apêndice no ser humano e no coelho indica ter havido um ancestral comum.

Embriologia comparada

A embriologia comparada fornece outro tipo de ferramenta para o estudo da evolução. Pelo processo de desenvolvimento embrionário pode-se verificar se há ou não semelhanças anatômicas entre as espécies. A notocorda, por exemplo, está presente nos cordados desde a primeira fase da vida, mas desaparece na fase adulta na maioria deles; já as fendas branquiais originam, nos peixes, as brânquias, e, nos vertebrados terrestres, formam a cabeça e o pescoço.

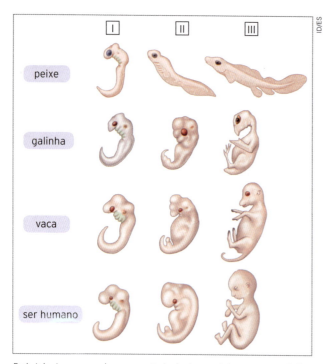

Embriologia comparada para o estudo de desenvolvimento em cordados.

	Idade aproximada de surgimento
Terra	4,6 bilhões de anos
Rochas mais antigas	4,28 bilhões de anos
Seres vivos	3,8 bilhões de anos
Dinossauros	230 milhões de anos
Primeiros ancestrais humanos	6 milhões de anos

Bioquímica

A bioquímica comparada também é utilizada para se determinar o grau de parentesco entre as espécies. Quanto mais próximas forem as espécies, mais semelhanças bioquímicas elas terão. As técnicas mais conhecidas são a **hibridização do DNA**, que aponta o grau de semelhança entre trechos de DNA de organismos diferentes, e o **relógio molecular**, que analisa sequências de aminoácidos para indicar quando duas espécies divergiram de um mesmo ancestral.

Teoria sintética da evolução

Entre 1936 e 1947, o geneticista Theodosius Dobzhansky (1900-1975), o ornitólogo e sistemata Ernst Mayr (1904-2005) e o paleontólogo Georges G. Simpson (1902-1984), entre outros, propuseram uma nova avaliação da seleção natural incorporando os conhecimentos oriundos da paleontologia, da genética e da sistemática.

Essa união de conhecimentos, que propiciou uma releitura da teoria da evolução, recebeu o nome de **teoria sintética da evolução**, na qual a unidade evolutiva é a população e não a espécie.

■ História geológica e evolução humana

A história da vida na Terra pode ser traçada pelo estudo de fósseis ou de minerais e rochas presentes nas camadas sedimentares. As evidências encontradas nesses materiais permitiram estimar a época do surgimento do planeta e das diversas formas de vida que se sucederam.

O tempo que tem início no final da formação da Terra foi chamado de **tempo geológico** e dividido em quatro eras: **Pré-cambriana**, **Paleozoica**, **Mesozoica** – estas divididas em períodos – e **Cenozoica** – dividida em períodos e épocas.

Uma das mudanças geológicas mais marcantes ocorridas na Terra durante esses bilhões de anos foi a **deriva continental**, que, pela movimentação das grandes massas rochosas que compõem a crosta terrestre, alterou a distribuição dos mares e dos continentes – os quais, até meados da era Mesozoica, encontravam-se unidos no supercontinente Pangeia. A hipótese da deriva continental é sustentada pela similaridade entre as estruturas geológicas na área de "encaixe" dos continentes e por registros fósseis de organismos pertencentes à mesma espécie localizados em continentes hoje distantes.

Ocupação do ambiente terrestre

Os seres vivos tiveram de se adaptar para migrar do ambiente aquático para a terra, provavelmente no período Siluriano (era Paleozoica), conforme indicam fósseis de ascomicetos (um tipo de fungo), plantas com tecidos condutores e alguns invertebrados, como aracnídeos e centopeias. As plantas terrestres desenvolveram-se graças a estruturas como vasos condutores e estômatos e à reprodução por meio de esporos.

Tetrápodes

Os tetrápodes – grupo de vertebrados terrestres que compreende anfíbios, répteis, aves e mamíferos – evoluíram de peixes com nadadeiras lobadas, para os atuais peixes pulmonados e celacantos. Essa transição ocorreu por volta de 350 a 400 milhões de anos atrás, no período Devoniano (era Paleozoica).

Fósseis que ajudaram a esclarecer a evolução dos tetrápodes:

- *Acanthostega*, tetrápode aquático que viveu há cerca de 360 milhões de anos.
- *Panderichthys*, peixe que viveu entre 375 e 370 milhões de anos atrás. Ele tinha espiráculo (abertura nasal situada no topo do crânio) e nadadeira pélvica com características semelhantes aos membros posteriores dos tetrápodes.
- *Tiktaalik roseae*, datado de 375 milhões de anos. Apresentava características tanto de peixe, como arcos branquiais bem desenvolvidos e escamas, quanto de tetrápode, com cabeça e corpo achatados, olhos situados no topo do crânio e pescoço funcional.

O estudo desses fósseis revelou que os primeiros tetrápodes desenvolveram as pernas ainda como organismos aquáticos e que somente mais tarde as utilizariam para caminhar em terra.

Dinossauros

Os dinossauros diversificaram-se em várias formas e tamanhos. No final do período Cretáceo, há cerca de 65 milhões de anos, uma grande extinção no planeta provocou o desaparecimento de vários organismos, entre eles os dinossauros.

As hipóteses que tentam explicar essa grande extinção entendem como fatos decisivos, ocorridos na passagem da era Mesozoica para a Cenozoica: uma mudança global que tornou o clima mais frio e instável; e distúrbios intensos que sobrecarregaram a atmosfera de fuligem, ocasionando chuvas ácidas e emissão de gases venenosos, que, a longo prazo, determinaram um efeito estufa global e a redução da luz solar que atingia o planeta. As principais correntes teóricas a respeito desse episódio são:

- a **gradualista**: acredita que a extinção foi gradual e teve origem na própria Terra, ocasionada por uma intensa atividade vulcânica que teria durado vários anos, produzindo poeira e fuligem que bloquearam a luz solar;
- a **catastrofista**: acredita que a extinção teve causa extraterrestre, como a colisão de um asteroide com a Terra, provocando grandes quantidades de poeira e fuligem.

Origem da humanidade

A origem da humanidade também gera polêmicas entre os cientistas. Darwin cogitava que nossa espécie se originara no continente africano, baseando-se na semelhança entre os humanos e os símios (chimpanzés e gorilas). Registros fósseis confirmam essa ideia, assim como os dados moleculares comparados entre seres humanos e chimpanzés.

Evidências indicam que os hominídeos começaram a se separar dos símios africanos há cerca de 6 milhões de anos, dando origem a várias espécies. Entre os mais antigos ancestrais do homem, está o *Ardipithecus ramidus*, datado de 4,4 milhões de anos. Essa espécie vivia na floresta e apresentava características anatômicas que permitiam sua sobrevivência tanto em árvores quanto no chão.

Entre cerca de 3,8 e 3 milhões de anos surgiu o *Australopithecus afarensis*, que se diferia de *Australopithecus anamensis*, hominídeo que teria surgido há 4,1 milhões de anos, apenas pela mandíbula e pelos dentes. O esqueleto mais completo dessa espécie, encontrado na Etiópia, foi datado em 3,2 milhões de anos e recebeu o nome de Lucy. Apesar de bípede, o *A. afarensis* ainda possuía muitas características "primitivas", como face proeminente e volume cerebral igual ao dos chimpanzés.

Entre 3,6 e 2 milhões de anos, houve grande diversificação: o gênero *Paranthropus* apresentava robustez, molares e pré-molares bem desenvolvidos em relação aos incisivos e caninos, indicando uma dieta baseada em raízes e tubérculos; o *Australopithecus africanus* e o *Australopithecus garhi* eram esbeltos e adotavam dieta onívora.

Tanto os *Paranthropus* quanto os *Australopithecus* apresentavam dimorfismo sexual, sendo o macho muito maior que a fêmea.

Gênero *Homo*

Há cerca de 2,3 milhões de anos, surgiu o primeiro representante do gênero humano: o **Homo habilis**, com o cérebro 50% maior e os maxilares reduzidos, bem como os dentes molares e pré-molares. Já utilizava instrumentos rústicos de pedra.

O **Homo ergaster** teria surgido por volta de 1,8 milhão de anos atrás, espécie muito parecida com a nossa em tamanho e proporção do esqueleto. O cérebro era pouco maior que metade do nosso, e a face um pouco mais proeminente. Era alto, com membros alongados e delgados. O fóssil chamado de Menino de Turkana (datado de 1,6 milhão de anos) atingiria quando adulto aproximadamente 1,80 m de altura. Usavam instrumentos mais elaborados, datados de 1,5 milhão de anos. Foram os primeiros hominídeos a deixar a África em direção à Ásia.

O **Homo erectus** apareceu há aproximadamente 1,8 milhão de anos, no leste da África. O *H. erectus* dispersou-se pela Ásia e Europa, desaparecendo por volta de 40 mil anos atrás, com o aparecimento dos humanos modernos. Os fragmentos de 40 exemplares dessa espécie, encontrados na China, receberam o nome de Homem de Pequim.

O **Homo heidelbergensis**, encontrado na Alemanha, teria migrado para a Europa há 500 mil anos. É o antepassado direto do Homem de Neanderthal e do *Homo sapiens*. Essa espécie apresentava mudanças na base do crânio e já articulava algumas palavras. Controlavam o fogo e se abrigavam em cavernas.

O **Homo neanderthalensis**, de aproximadamente 200 mil anos, era já muito semelhante aos humanos modernos, porém mais baixo e forte e com membros mais curtos. O crânio era alongado, com volume aproximado ao do *Homo sapiens*, e tinha sobrancelhas mais proeminentes. Adotava o sepultamento, com práticas fúnebres. Provavelmente vivia em sociedade, usava pedra lascada simples e era nômade.

O **Homo sapiens** surgiu entre 100 e 200 mil anos atrás. Duas hipóteses explicam sua origem:

- a **evolução multirregional**, ou da **continuidade** – propõe que o *H. erectus* teria se reproduzido com populações vizinhas, trocando características hereditárias e aprimorando cada vez mais as características modernas, como o aumento da caixa craniana. Gradualmente, a população de *H. erectus* foi dando origem à de *H. sapiens*.
- a **origem única**, ou da **substituição** – teoriza que o *H. sapiens* teria surgido de uma única vez na região subsaariana da África, em torno de 150 mil anos atrás, como evolução do *H. heidelbergensis*, e teria se dispersado substituindo a população de *H. erectus*.

As principais características do *H. sapiens* são: fronte alta e vertical, aberturas nasais pequenas, mandíbula formando queixo, caixa torácica cilíndrica e pelve estreita. Comparado ao *H. neanderthalensis*, o *H. sapiens* é mais alto, com membros mais longos e delgados.

Questões

1. (IFSP) Leia o texto para responder à questão a seguir.

(...) os indivíduos que, por causas particulares, são transportados a uma situação muito diferente daquela em que se encontram, e que experimentam constantemente outras influências nessa situação, tomam novas formas devido aos novos hábitos, e como consequência disso constituem uma nova espécie, formada pelo conjunto de indivíduos que estão na mesma circunstância.

O trecho retirado do livro *Recherches sur l'organisation des corps vivants*, de Jean Baptiste Lamarck, demonstra:

a) a teoria fixista indicando que as situações às quais os indivíduos são expostos influenciam a formação de novas características que serão transmitidas aos descendentes.
b) o rompimento, em termos filosóficos, do fixismo com o modelo apresentado por Lamarck, propondo uma visão evolucionista sobre a formação de novas espécies.
c) a constituição de uma nova espécie baseada na seleção natural dos indivíduos mais aptos a sobreviver quando submetidos a diferentes condições de pressão.
d) a influência do conjunto de circunstâncias às quais os indivíduos são submetidos como fator determinante na constituição de novas espécies, baseadas nos conceitos de genética e seleção natural.
e) a importância das situações de pressão para a ocorrência de mutações e formação de variações dentro de uma espécie e até mesmo de novas espécies geradas pelo conjunto de indivíduos que sofreram as mesmas alterações genéticas.

2. (Unicamp-SP) O gráfico abaixo mostra a variação ao longo do tempo na frequência de dois fenótipos, relativos à forma do bico de uma espécie de ave. Os pesquisadores notaram uma relação dessa variação fenotípica com uma alteração na disponibilidade de diferentes tipos de organismos predados por essas aves e atribuíram a variação observada à seleção natural.

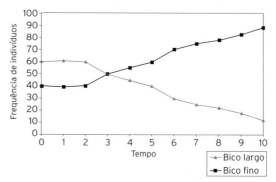

a) Explique como a variação em populações de presas pode causar as mudanças nas frequências dos fenótipos mostradas no gráfico.
b) Como o darwinismo explica o mecanismo de adaptação como parte do processo evolutivo?

3. (Fuvest-SP) Ao longo da evolução dos vertebrados, a:

a) digestão tornou-se cada vez mais complexa. A tomada do alimento pela boca e sua passagem pelo estômago e intestino são características apenas do grupo mais recente.
b) circulação apresentou poucas mudanças. O número de câmaras cardíacas aumentou, o que não influenciou a circulação pulmonar e a sistêmica, que são completamente separadas em todos os grupos.
c) respiração, no nível celular, manteve-se semelhante em todos os grupos. Houve mudança, porém, nos órgãos responsáveis pelas trocas gasosas, que diferem entre grupos.
d) excreção sofreu muitas alterações, devido a mudanças no sistema excretor. Porém, independentemente do ambiente em que vivem, os animais excretam ureia, amônia e ácido úrico.
e) reprodução sofreu algumas mudanças relacionadas com a conquista do ambiente terrestre. Assim, todos os vertebrados, com exceção dos peixes, independem da água para se reproduzir.

4. **(UEL-PR)** Atletas utilizam seus membros anteriores para a realização de lançamentos. As figuras a seguir representam membros anteriores de diferentes espécies animais.

Figura 16: Braço humano

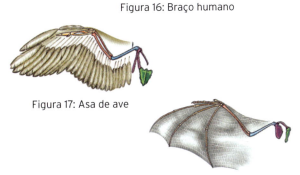

Figura 17: Asa de ave

Figura 18: Asa de morcego

De acordo com as figuras e os conhecimentos sobre características evolutivas dos animais, considere as afirmativas a seguir.

I. Por terem funções distintas, os membros anteriores de humanos e de aves apresentam esqueletos com estrutura diferente.
II. Os membros anteriores de morcegos e de humanos são estruturas que surgiram de forma independente, com origem embrionária diferente.
III. As estruturas ósseas das asas de morcegos e de aves são homólogas, pois são derivadas de um ancestral comum.
IV. No processo de adaptação para o voo, asas de aves e de morcegos evoluíram independentemente, fenômeno conhecido como evolução convergente.

Assinale a alternativa correta.
a) Somente as afirmativas I e II são corretas.
b) Somente as afirmativas II e IV são corretas.
c) Somente as afirmativas III e IV são corretas.
d) Somente as afirmativas I, II e III são corretas.
e) Somente as afirmativas I, III e IV são corretas.

5. **(Unifesp)** Ave "brasileira" conviveu com dinossauros. Com essa manchete, o jornal *Folha de S.Paulo* (11 ago. 2005) relata a descoberta, no interior do estado de São Paulo, de fósseis de aves que seriam tão antigas quanto os dinossauros. Caso esse fato se confirme, podemos afirmar CORRETAMENTE que:
a) essa descoberta revoluciona o conhecimento sobre a evolução dos vertebrados. Até agora, admitia-se que as aves surgiram a partir dos dinossauros e, portanto, não poderiam ter convivido com eles.
b) a descoberta é revolucionária por derrubar a teoria de que as aves descendem dos répteis. Como ambos conviveram num mesmo período, passa-se então a postular que aves tenham descendido diretamente de um grupo mais antigo, possivelmente dos peixes pulmonados.
c) essa convivência derruba a informação mais aceita atualmente de que o Brasil é um dos poucos países do mundo em que não há indícios da presença de dinossauros no passado. Até o momento, não foi localizado fóssil algum desses répteis em nosso território.
d) existe certa inadequação na manchete. O fato de os fósseis serem tão antigos quanto os dinossauros não prova que houve convivência entre aves e esses répteis, principalmente porque as evidências de dinossauros em nosso território são ainda fracas.
e) a informação é interessante por se tratar de ave brasileira; porém, não é novidade que as aves conviveram com alguns dinossauros. Várias teorias apontam para o fato de que possivelmente aves e algum grupo de dinossauros tenham tido um ancestral comum.

Seleção e adaptação

■ Mecanismo de seleção

A **teoria de Malthus** sobre as populações humanas teve grande influência na teoria de Darwin. Segundo ela, a produção de alimentos cresce em progressão aritmética enquanto a população humana se multiplica em progressão geométrica, ou seja, a população humana cresce em uma taxa maior que a da produção de alimento. Nesse caso, se não houvesse controle populacional, faltaria alimento, causando competição e morte. Darwin e seu colega Alfred Wallace aplicaram essa ideia para os demais seres vivos, propondo que na natureza haveria competição pelos recursos alimentares.

A **seleção natural** é determinada pelo ambiente e seus fatores, como a disponibilidade de alimento. As ideias básicas da evolução por seleção natural são:

- as características de uma população apresentam variações que são passadas de pais para filhos;
- o crescimento populacional tende a ser maior que a produção de alimentos, gerando competição;
- essa competição acontece em função de diferentes recursos ambientais;
- os organismos que apresentam características favoráveis à competição pelos recursos têm maior possibilidade de sobrevivência, e essas características são herdadas pelos seus descendentes.

O formato dos bicos dos tentilhões é uma característica hereditária. As variações no tamanho do bico estão relacionadas com a forma de obtenção de alimento. Aves com bicos pequenos têm dificuldade para comer sementes duras. As sementes mais macias são mais fáceis de ser comidas e por isso acabam primeiro. As aves com bicos grandes conseguem se alimentar também dos frutos mais duros e assim sobrevivem com maior facilidade e se reproduzem.

Outro exemplo do processo evolutivo é o caso dos caramujos-marinhos da Califórnia. A espécie de caramujo *Tegula funebralis* pode ser encontrada em diversas profundidades. Nas praias do sul, a espécie habita a região alta das rochas, acima do nível do mar; já nas praias do norte, os caramujos habitam preferencialmente as partes submersas. Esse padrão pode ser explicado pela presença de predadores como polvos e estrelas-do-mar, que atuam como agentes seletivos. Em um experimento, os caramujos do norte foram levados para o sul. Como resultado, todos os caramujos subiram acima do nível do mar, porém os que eram do sul moviam-se mais rapidamente do que os do norte. Essa diferença entre a velocidade de locomoção dos caramujos do norte e do sul é resultado da seleção natural nas praias do sul, que em face dos predadores favoreceu os caramujos que se locomovem mais rápido.

Seleção sexual

A seleção sexual está relacionada às vantagens que certos indivíduos têm sobre outros do mesmo sexo (dentro de uma mesma espécie) no que diz respeito à reprodução. Os machos muitas vezes apresentam características que os deixam mais atrativos para as fêmeas, chamados de **caracteres sexuais secundários**. Os machos mais atraentes ou mais eficientes tendem a se acasalar mais facilmente, passando essas características para as gerações seguintes. As plumagens dos machos das aves-do-paraíso são um exemplo de característica sexual secundária.

Seleção artificial

A seleção também pode ser feita artificialmente. Nesse caso, o ser humano determina as características a serem selecionadas, controlando cruzamentos de animais e plantas. Para obterem vacas que produzam mais leite, por exemplo, devem ser selecionadas as vacas mais produtivas, que por sua vez são cruzadas com touros descendentes de vacas também muito produtivas, por várias vezes, até obter a máxima quantidade e qualidade do leite. Essa seleção é dirigida, e graças a ela foram obtidas raças de gado mais produtivas para o leite e para carne, de galinhas para ovos e novas raças de cães e gatos.

Adaptação

Os indivíduos que conseguem se reproduzir com maior sucesso deixam mais descendentes ao longo das gerações, que tendem a ficar cada vez mais adaptados àquele ambiente. Desse modo, a adaptação é consequência direta da seleção natural. No caso dos tentilhões, o bico maior foi favorecido pela seleção natural. Outras adaptações, como a coloração, também podem aumentar a possibilidade de sobrevivência dos seres vivos. Entre os principais tipos de coloração temos a coloração de aviso, a camuflagem e o mimetismo.

- **Coloração de aviso.** Espécie de advertência para os predadores, indicando que o animal pode ser venenoso ou ter gosto desagradável. Muitos insetos e rãs apresentam essa coloração.
- **Camuflagem.** Tipo de coloração que confunde o animal no ambiente, fazendo com que presas passem despercebidas. A camuflagem também pode camuflar o predador, facilitando a caça. Alguns exemplos de camuflagem são o bicho-pau, que se assemelha a gravetos, e os anfíbios cuja coloração e textura os confundem com o substrato. A camuflagem se desenvolveu pela seleção natural: a população original seria composta de indivíduos de várias colorações; os que apresentavam alguma camuflagem seriam menos predados e transmitiam a característica aos descendentes. Ao longo de gerações, os indivíduos mais camuflados foram selecionados.
- **Mimetismo.** Adaptação em que uma espécie se assemelha à outra. A borboleta-vice-rei é um exemplo de mimetismo. Ela apresenta sabor agradável, o que a tornava atrativa a predadores; com o tempo foram selecionadas aquelas com um aspecto semelhante ao das borboletas-monarcas, que produzem uma substância tóxica. As aves evitam se alimentar das borboletas-vice-rei assim como evitam as borboletas-monarcas. Esse tipo de mimetismo é chamado de **mimetismo batesiano**.

Teoria sintética da evolução

Darwin não sabia ao certo como as variações se originavam, uma vez que os "fatores genéticos" ainda não eram conhecidos. Por causa disso, ele ainda usava algumas ideias lamarckistas para explicar a origem das variações. Entre os anos de 1936 e 1947 vários cientistas reavaliaram a teoria da evolução e a reformularam, dando origem à teoria sintética da evolução.

Os cientistas agregaram na teoria sintética da evolução os conhecimentos da genética molecular, como a estrutura do DNA e o mecanismo de replicação do material genético. Também levaram em conta os estudos sobre ecologia e comportamento animal. Verificaram que a unidade mais importante para o processo evolutivo é a **população** e não o indivíduo, uma vez que ela tem continuidade de geração para geração. A constituição genética de todos os indivíduos de uma população é chamada de **conjunto gênico**, que pode sofrer mudanças por mutações ou por recombinação gênica.

Mutações

As **mutações** são entendidas como alterações no material genético de um organismo que podem ser transmitidas aos seus descendentes. Elas ocorrem espontaneamente ou podem ser induzidas por fatores ambientais; podem ser prejudiciais, benéficas ou neutras. São importante fonte de variação genética: muitos alelos surgem a partir de mutação de um gene original.

A mutação que altera a sequência de bases nitrogenadas é chamada de **mutação gênica**, e aquela que altera o número ou a estrutura dos cromossomos é chamada de **mutação cromossômica**.

As mutações gênicas modificam o DNA pela troca, adição ou suspensão das bases de determinados genes e consequentemente alteram as proteínas por eles codificadas, modificando os fenótipos. Isso pode levar ao aparecimento de novos genes na população e, se forem favoráveis à sobrevivência e à reprodução, podem ser transmitidos ao longo das gerações, perpetuando-se na população. As mutações gênicas também podem se acumular ao longo do tempo e levar à formação de novas espécies mais bem adaptadas ao ambiente.

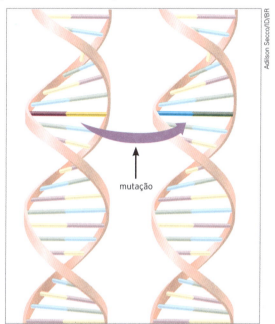

As mutações cromossômicas alteram o número ou a forma dos cromossomos. Quando alteram o número, são chamadas de alteração numérica e, quando alteram a forma, são chamadas de alteração estrutural.

Poliploidias são mutações cromossômicas numéricas mais comumente encontradas em plantas e invertebrados. No homem, dificilmente um indivíduo poliploide chega à fase reprodutiva. As inversões e as translocações podem formar novas espécies. Por exemplo, é possível que as moscas-das-frutas tenham surgido de um ancestral através da translocação entre os cromossomos 3 e 4.

Recombinação gênica

Importante fonte de **variabilidade genética**, assim como a **segregação independente**. Ambas ocorrem somente em indivíduos que apresentam reprodução sexuada.

Variabilidade genética

As mutações podem ocorrer em organismos com reprodução sexuada ou assexuada. As mutações formam novos genes e a variabilidade genética leva à formação de novas combinações, relacionadas principalmente ao fenótipo.

A **seleção natural** atua sobre a **variabilidade genética** de uma **população**: as populações com maior variabilidade têm maior chance de sobreviver quando submetidas à seleção natural.

Questões

1. (UFPE) As plantas do semiárido nordestino realizam uma série de adaptações morfofisiológicas para sobreviverem ao ambiente seco e árido. Sobre estas adaptações, é correto fazer as seguintes afirmações [1].

( ) Apesar do clima seco, a regularidade da precipitação pluviométrica no semiárido, mostrada no gráfico a seguir, é a principal responsável pela sobrevivência das plantas.

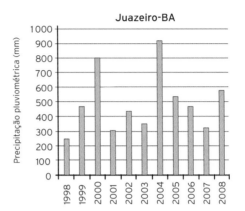

( ) A caatinga representa um bioma típico do semiárido e rico em biodiversidade, caracterizado por uma vegetação xerófita, que perde a folhagem durante a estação seca.

( ) As adaptações morfofisiológicas observadas a seguir no mandacaru são folhas modificadas para diminuir a perda de água por evaporação.

( ) A presença de cutícula espessa e de tricomas na epiderme foliar são adaptações que conservam a umidade nos períodos sem chuva.

( ) Plantas xerófitas possuem um número maior de estômatos, em comparação com plantas não xerófitas, o que constitui uma vantagem em ambientes secos.

2. (UFRGS-RS) Entre as adaptações da presa contra a predação, está o mimetismo. No mimetismo batesiano, uma espécie comestível mimetiza uma espécie não comestível, ou nociva.

Considere as seguintes afirmações, referentes à estabilidade desse tipo de mimetismo.

I. O predador que captura um indivíduo de uma espécie não comestível ou nociva evita qualquer presa de aparência semelhante.

II. O mímico evolui em direção à aparência de uma espécie não comestível mais depressa do que a espécie não comestível acumula diferenças em relação ao mímico.

III. O mímico deve ser de uma espécie menos comum que a espécie não comestível.

Quais estão corretas?

a) Apenas I.
b) Apenas II.
c) Apenas I e III.
d) Apenas II e III.
e) I, II e III.

---
[1] Indique as alternativas falsas (F) e as verdadeiras (V).

3. **(Mackenzie-SP)** Durante a evolução, a colonização do ambiente terrestre exigiu várias adaptações. Dentre elas:
   a) a presença de tubo digestório completo.
   b) a maior produção de gametas.
   c) a presença de pigmentos respiratórios no sangue.
   d) a eliminação de ureia ou ácido úrico como excreta nitrogenada.
   e) a presença de anexos epidérmicos como penas e pelos.

4. **(Cefet-MG)** Ao longo da evolução, vários fatores foram responsáveis por selecionar organismos mais aptos aos diferentes tipos de ambientes. Considerando vantagem adaptativa, correlacionou-se corretamente a característica e o meio em:
   a) pelos → lagos.
   b) dentes → florestas.
   c) pulmões → pântanos.
   d) queratina → desertos.

5. **(UFPE)** Os animais desenvolveram, ao longo da evolução, uma série de adaptações ecológicas para resistir às variações de temperatura nas diferentes regiões do planeta. Sobre este tema, analise o que se considera a seguir [1].
   ( ) Animais pecilotérmicos, como alguns lagartos, desenvolveram um mecanismo de adaptação à temperatura, que consiste em expor a cabeça ao sol a fim de esquentar o sangue e aquecer o corpo o suficiente para entrar em atividade.
   ( ) Animais homeotérmicos respondem metabolicamente às baixas temperaturas, consumindo uma quantidade maior de alimentos ricos em carboidratos e lipídios.
   ( ) Para tolerar temperaturas elevadas, cobras que vivem em regiões desérticas se movimentam encostando somente parte do corpo na areia quente, enquanto ratos silvestres se escondem em tocas.
   ( ) A fim de tolerar baixas temperaturas, os ursos-polares acumulam carboidratos como reserva energética para depois hibernar por até um ano, enquanto algumas aves migram para regiões mais quentes.
   ( ) Para diminuir a temperatura corporal, alguns animais se adaptaram evolutivamente reduzindo a pelagem e, assim, retendo menos calor; outros, aumentaram as taxas de evaporação de água.

6. **(UFC-CE)** Em um estudo realizado nas ilhas Galápagos, um casal de pesquisadores observou que indivíduos de uma espécie de tentilhão (espécie A) comumente se alimentavam de sementes de vários tamanhos. A ilha onde a espécie A ocorria foi colonizada por outra espécie de tentilhão (espécie B). Indivíduos de B se alimentavam de sementes grandes e eram mais eficientes que A na aquisição deste recurso. Com o passar dos anos, os dois pesquisadores observaram que o tamanho médio do bico dos indivíduos de A estava reduzindo gradualmente.
   Considerando que pássaros com bicos maiores conseguem se alimentar de sementes maiores, o processo de redução de bico observado em A é um exemplo de seleção:
   a) direcional: o estabelecimento de indivíduos da espécie B representou uma pressão seletiva que favoreceu indivíduos da espécie A com bicos pequenos.
   b) disruptiva: o estabelecimento de indivíduos da espécie B representou uma pressão seletiva que favoreceu indivíduos da espécie A com bicos muito pequenos ou muito grandes.
   c) estabilizadora: o estabelecimento de indivíduos da espécie B representou uma pressão seletiva que favoreceu indivíduos da espécie A com bicos de tamanho intermediário.
   d) sexual: o estabelecimento de indivíduos da espécie B aumentou a competição entre machos da espécie A por acesso às fêmeas.
   e) direcional: o estabelecimento de indivíduos da espécie B induziu mutações em indivíduos da espécie A.

---
[1] Indique as alternativas falsas (F) e as verdadeiras (V).

Genética de populações

A **genética de populações** estuda a evolução do ponto de vista genético, ou seja, as mudanças na composição gênica ao longo das gerações.

O conjunto das alterações genéticas que ocorrem em uma população é chamado **microevolução**. Por exemplo: a cor de uma população de peixes é determinada pelo par de alelos **V** e **v**, sendo que **V** condiciona a cor azul e **v** a cor amarela. Em certo momento, verifica-se que a frequência do alelo **V** é 40% e a do alelo **v** é 60%. Passadas algumas gerações, a porcentagem de **V** cai para 30% e a de **v** sobe para 70%. Essa mudança na frequência dos alelos indica que a população de peixes sofreu uma mudança evolutiva, uma microevolução.

■ População mendeliana

O conjunto de indivíduos que se reproduzem sexuadamente e que compartilham um conjunto gênico comum é denominado **população mendeliana**, cuja composição genética é avaliada pela frequência de seus genes.

Cálculo de frequências em população mendeliana

Suponha uma população mendeliana constituída por N indivíduos, que apresentam os alelos **A** e **a**. Em relação a esse gene, os indivíduos dessa população podem apresentar os genótipos **AA**, **Aa** ou **aa**. O número de indivíduos correspondente a cada genótipo é indicado por: $n(AA)$, $n(Aa)$ e $n(aa)$.

Para essa população, podemos calcular:

- **frequências genotípicas**: fornecem o número de indivíduos portadores de certo genótipo em relação ao número total (N) de indivíduos da população. Assim, a frequência do genótipo **AA** na população do exemplo é dada pela fórmula:

$$f(AA) = \frac{n(AA)}{N}.$$

De maneira similar, calcula-se a frequência dos genótipos **Aa** e **aa**, respectivamente, pelas fórmulas:

$$f(Aa) = \frac{n(Aa)}{N} \text{ e } f(aa) = \frac{n(aa)}{N}.$$

- **frequências gênicas**: fornecem a frequência dos alelos de cada gene na população. Assim, para calcular a frequência do alelo **A** do exemplo, e considerando sua ocorrência tanto nos indivíduos **AA** quanto nos indivíduos **Aa**, aplicamos a fórmula: $f(A) = \dfrac{n(AA) \times 2 + n(Aa)}{2N}$, na qual $n(AA)$ é multiplicado por 2, já que cada indivíduo

AA carrega dois alelos **A**, e N também é multiplicado por 2, pois cada indivíduo apresenta um par de genes. De maneira similar, calcula-se a frequência do alelo **a**: $f(a) = \dfrac{n(aa) \times 2 + n(Aa)}{2N}$.

Considere uma população de 10 000 indivíduos, que se reproduzem ao acaso e distribuem-se da seguinte maneira:

Genótipos	AA	Aa	aa
Número de indivíduos	3 600	4 800	1 600
Frequência genotípica	$f(AA) = \frac{3\,600}{10\,000} =$ $= 0,36$	$f(Aa) = \frac{4\,800}{10\,000} =$ $= 0,48$	$f(aa) = \frac{1\,600}{10\,000} =$ $= 0,16$
Frequência gênica	$f(A) = \frac{3\,600 \times 2 + 4\,800}{20\,000} = 0,6$ e $f(a) = \frac{1\,600 \times 2 + 4\,800}{20\,000} = 0,4$		

Note que tanto a soma das frequências genotípicas quanto a soma das frequências gênicas sempre resulta em 1.

Para as gerações seguintes, se fizermos os cálculos das probabilidades de os descendentes serem **AA**, **Aa** ou **aa**, veremos que:

> se nenhum fator evolutivo atuar sobre uma população, a frequência de cada genótipo e a frequência dos alelos permanecerão iguais às frequências parentais.

Essa ideia foi demonstrada, de modo independente, pelo matemático inglês Godfrey Harold Hardy (1877-1947) e pelo médico alemão Wilhelm Weinberg (1862-1937), razão por que é conhecida como **teorema** ou **princípio de Hardy-Weinberg**.

É importante notar, porém, que tal princípio apenas se aplica a uma população ideal, hipotética, pois sua validade depende de fatores como:

- a população ser significativamente grande;
- os cruzamentos ocorrerem ao acaso (pan-mixia);
- não haver nenhum fator evolutivo atuando sobre a população, como seleção natural, mutação, migração e deriva genética.

■ Binômio de Hardy-Weinberg

Se $f(A) = p$ e $f(a) = q$, então $p + q = 1$.
Assim, $f(AA) = p^2$, $f(Aa) = 2pq$ e $f(aa) = q^2$.

A frequência genotípica pode ser calculada por: $f(AA) + f(Aa) + f(aa) = 1$, ou por: $p^2 + 2pq + q^2 = 1$.

Essa é a expressão matemática do princípio de Hardy-Weinberg, também conhecida por **binômio de Hardy-Weinberg**. Ela é usada para verificar se uma população está em **equilíbrio gênico** (característico de uma população ideal e também conhecido como equilíbrio de Hardy-Weinberg).

Fatores evolutivos que afetam o equilíbrio gênico

- **Seleção natural**: principal fator que atua na variação das frequências gênicas e genotípicas de uma população. Na genética de populações, é definida como a reprodução e a sobrevivência diferencial de indivíduos com fenótipos mais adaptados ao ambiente.
- **Mutações**: mudanças que ocorrem no material genético e que ampliam a variabilidade genética das populações ao acrescentar novos alelos ao conjunto gênico. Com uma mutação gênica, o alelo **A**, por exemplo, pode se modificar para a forma **a**, aumentando a frequência desse alelo na população.
- **Migração** ou **fluxo gênico**: os indivíduos de uma população invadem outra população para se acasalarem, inserindo seus genes no conjunto gênico da população local e alterando sua composição genética. O fenômeno acontece com populações da mesma espécie.
- **Deriva genética**: os alelos de um gene, presentes em uma geração, não aparecem na geração seguinte. O fenômeno – que ocorre ao acaso, e não por seleção natural – altera a frequência gênica da população, sobretudo em populações pequenas. As consequências da deriva genética são perda da variabilidade das populações e formação de novas espécies. Um tipo específico de deriva genética é o **efeito do fundador**. Ele ocorre quando membros de uma população iniciam uma nova população e, ao se reproduzirem, apresentam frequências gênicas diferentes da original. Um exemplo desse efeito já fora observado por Darwin: no arquipélago de Galápagos, distribuíram-se aves de uma mesma espécie com fenótipos diferentes de uma ilha para outra; já no continente as populações dessas aves eram uniformes. O efeito do fundador também pode ser observado em várias anomalias humanas, como o nanismo e a polidactilia.

Especiação

A formação de duas ou mais espécies a partir de uma espécie ancestral é denominada **especiação**.

O processo pode ocorrer se houver **isolamento reprodutivo** criado por uma barreira geográfica, como um rio que separe uma população em duas frações ou subpopulações. Essas frações ficam então impedidas de reproduzir entre si, não havendo mais fluxo gênico entre elas. Após muitas gerações, os fatores evolutivos atuam de forma diferenciada em cada subpopulação, favorecendo determinadas mutações. No exemplo, o ambiente de cada lado do rio também vai se diferenciando e, em decorrência da seleção natural, cada nova população deverá se adaptar às novas condições locais. Se esses fatores evolutivos continuarem diferentes entre as duas regiões por longo tempo, duas novas espécies distintas serão formadas.

Um caso clássico de especiação é o das aves ratitas, que, de uma espécie ancestral da antiga Gondwana, subdividiram-se em três subpopulações, gerando novas espécies: a ema (América do Sul), o avestruz (África) e o emu (Austrália).

As novas espécies são formadas em um processo muito lento e gradual, chamado **gradualismo filético**, ou apenas **gradualismo**.

São dois os processos que atuam na formação de novas espécies:

- **Anagênese**: uma espécie sofre gradualmente sucessivas alterações em seu conjunto gênico. Tais mudanças ocorrem pela interação de fatores evolutivos, sobretudo de mutações e recombinações gênicas, que atuam na variabilidade genética sobre a qual a seleção natural age. A anagênese explica a diversidade que ocorre dentro da história evolutiva de uma única espécie.
- **Cladogênese**: duas populações, de mesma espécie e reprodutivamente isoladas, diferenciam-se uma da outra, gerando duas ou mais espécies distintas.

Muitos evolucionistas consideram a anagênese e a cladogênese processos simultâneos. Um exemplo da interação desses processos é a evolução dos peixes fluviais pulmonados da América do Sul, África e Austrália, que teriam surgido de um ancestral comum, habitante da antiga Gondwana. Em razão da deriva continental, a população original foi dividida em três subpopulações. Com o tempo, processos anagenéticos, como mutação e seleção natural, atuaram diferentemente em cada população, possibilitando que processos cladogenéticos levassem à formação de novas espécies de peixes pulmonados.

Especiação em plantas

- **Hibridação**: novas espécies se formam ao ocorrer fertilização entre espécies diferentes, como parece ser o caso de diversas espécies de girassóis.
- **Poliploidia**: mutação cromossômica que pode levar à formação de novas espécies, como ocorreu com o trigo.

Os conceitos de "espécie"

Para estudar a evolução das espécies, assim como outros ramos da Biologia, é necessário ter claro o conceito de "espécie".

O **conceito tipológico de espécie**, que se baseava em padrões de semelhança (morfologia, coloração, anatomia) entre as espécies, foi empregado por Carl von Linneé (1707-1778) para elaborar seu sistema de classificação. Porém, diante dos avanços da teoria sintética da evolução, que uniu as ideias da genética populacional aos conhecimentos dos naturalistas, tal conceito mostrou-se insatisfatório.

Entre 1940 e 1980, Ernst Mayr (1904-2005) propôs o **conceito biológico de espécie**: "Espécies são grupos de populações, atual ou potencialmente intercruzantes e reprodutivamente isoladas, que ocupam nicho específico na natureza".

Questões

TEXTO PARA AS QUESTÕES 1 E 2

Pena *et al.* (2000), no trabalho *Retrato molecular do Brasil*, descreveram o perfil genômico da população brasileira, e os resultados obtidos por análise do cromossomo Y indicaram alta frequência de grupos gênicos europeus na população masculina. Por outro lado, análises do DNA mitocondrial indicaram a existência de alta frequência de grupos gênicos indígenas e africanos. Esses dados ajudam a entender a formação da população brasileira a partir da miscigenação ocorrida durante a colonização, uma vez que os primeiros imigrantes portugueses não trouxeram suas mulheres e iniciaram o processo de miscigenação com mulheres indígenas e, mais tarde, no século XVI, esse processo se estendeu às mulheres africanas.

A partir dessas informações, um estudo sobre a frequência gênica da população brasileira mostrou:

- no ano de 1500, os alelos para o *locus* **A** e para o *locus* **B** apresentavam as seguintes frequências: **A** 90% e **a** 10%; **B** 20% e **b** 80%;
- no ano de 1580, a frequência de heterozigotos para o *locus* **A** era de 42% e para o *locus* **B** era de 32%;
- no ano de 1750, a frequência de heterozigotos para o *locus* **A** era de 42% e para o *locus* **B** era de 50%.

1. (UFPB) De acordo com a história da formação da população brasileira e os dados apresentados no texto, assim como com a literatura sobre genética de populações, identifique as afirmativas CORRETAS[1]:

( ) O alelo **a** tem alta frequência na população europeia.
( ) O alelo **B** tem alta frequência na população indígena.
( ) O alelo **B** tem alta frequência na população africana.
( ) O alelo **A** tem alta frequência na população indígena.
( ) O alelo **B** tem alta frequência na população europeia.

2. (UFPB) Considerando as frequências gênicas apresentadas para o ano de 1500 e sabendo-se que, nesse ano, a população brasileira estava em equilíbrio, os alelos **A** e **B** não estão ligados ao sexo, e cada gameta apresenta um alelo de cada gene, identifique as afirmativas CORRETAS[1]:

( ) A probabilidade de formarem-se homozigotos **AA** seria de 81%.
( ) A probabilidade de formarem-se heterozigotos **Aa** seria de 9%.
( ) A probabilidade de formarem-se heterozigotos **Ab** seria de 10%.
( ) A probabilidade de formarem-se homozigotos **bb** seria de 64%.
( ) A probabilidade de formarem-se heterozigotos **Bb** seria de 32%.

3. (UFRJ) O gráfico a seguir mostra as frequências dos genótipos de um *loco* que pode ser ocupado por dois alelos, **A** e **a**. No gráfico, **p** representa a frequência do alelo **A**.

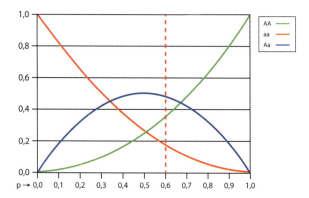

Calcule a frequência dos genótipos **AA**, **Aa** e **aa** nos pontos determinados pela linha pontilhada. Justifique sua resposta.

---
[1]. Indique as alternativas falsas (F) e as verdadeiras (V).

4. **(UFRJ)** O valor adaptativo de um indivíduo varia entre 0 e 1,0. Os valores extremos 0 e 1,0 indicam, respectivamente, indivíduos eliminados pela seleção natural sem deixar descendentes e indivíduos que contribuem com o maior número de descendentes para a geração seguinte.

   Medições do valor adaptativo de indivíduos portadores de seis genótipos, em duas populações diferentes, revelaram os seguintes resultados:

	População 1		
Genótipo	A_1A_1	A_1A_2	A_2A_2
Valor adaptativo	1,0	0	0

	População 2		
Genótipo	B_1B_1	B_1B_2	B_2B_2
Valor adaptativo	1,0	1,0	0

   Dos genes A_2 e B_2, qual deveria apresentar maior frequência? Justifique sua resposta.

5. **(Uerj)** Segundo o teorema de Hardy-Weinberg, uma população ideal deve atingir o equilíbrio, ou estado estático, sem grandes alterações de seu reservatório genético.

   Em uma das ilhas do arquipélago de Galápagos, uma das condições estabelecidas por Hardy e Weinberg para populações ideais foi seriamente afetada por uma erupção vulcânica ocorrida há cerca de 100 000 anos. Essa erupção teria diminuído drasticamente a população de jabutis-gigantes da ilha.

   a) Cite duas das condições propostas por Hardy e Weinberg para que o equilíbrio possa ser atingido.

   b) Defina o conceito de evolução em função da frequência dos genes de uma população e indique de que forma a diminuição da população afetou a evolução dos jabutis-gigantes.

6. **(Unirio-RJ)** A característica de ter covinha nas bochechas é determinada por um par de genes, seguindo a primeira lei mendeliana. Imagine que, numa população de 500 indivíduos, 84% das pessoas possuem covinhas (**CC** e **Cc**). Admitindo que essa população esteja em equilíbrio de Hardy-Weinberg, determine, respectivamente, qual é a frequência do gene **c** e qual é o número esperado de heterozigotos nessa população.

   a) 0,4; 420 indivíduos.
   b) 0,16; 180 indivíduos.
   c) 0,6; 240 indivíduos.
   d) 0,4; 240 indivíduos.
   e) 0,6; 180 indivíduos.

7. **(UFPR)** Em mexilhões, as cores externas das conchas são determinadas por dois alelos de um gene, sendo a cor azulada determinada por um alelo recessivo, e a cor castanha, por um dominante. Em uma população de 100 animais, foram encontrados 16 azuis. Com relação a essa população, considere as seguintes afirmativas:

   1. Ela não pode estar em equilíbrio de Hardy-Weinberg.
   2. Se houver 48 heterozigotos, ela estará em equilíbrio de Hardy-Weinberg.
   3. Se houver 30 heterozigotos, é possível que a seleção natural seja a causa do aumento do número de heterozigotos.
   4. A endogamia pode ser a causa do desvio em relação ao equilíbrio de Hardy-Weinberg se houver 76 animais castanhos.

   Assinale a alternativa CORRETA.
   a) Somente a afirmativa 1 é verdadeira.
   b) Somente as afirmativas 1 e 2 são verdadeiras.
   c) Somente as afirmativas 1 e 3 são verdadeiras.
   d) Somente as afirmativas 2 e 4 são verdadeiras.
   e) Somente as afirmativas 3 e 4 são verdadeiras.

Ecologia

Conceitos básicos de ecologia

Ecologia é o estudo das interações entre os organismos e seu ambiente. O ambiente integra os fatores abióticos (condições físico-químicas) e os fatores bióticos (seres vivos).

Ecossistema é todo conjunto de seres vivos que ocupam determinado espaço natural com características relativamente homogêneas. Ele abrange as interações entre todos os organismos e as interações dos organismos com o ambiente físico. A reunião de todos os ecossistemas da Terra compõe a biosfera.

A **biosfera** é formada tanto pelos seres vivos como pelos ambientes que habitam. Ela abrange:

- a atmosfera: camada de gases diversos que envolve o planeta, como o gás nitrogênio, o gás oxigênio e o ozônio;
- a hidrosfera: camada formada por oceanos e mares, rios e lagos, águas subterrâneas e vapor de água;
- a litosfera: camada que compreende a crosta terrestre e a região superior do manto terrestre.

Biótopo é o espaço físico do ecossistema. **Biocenose**, ou comunidade, é o conjunto de seres vivos que habitam um biótopo.

O biótopo e a biocenose condicionam-se mutuamente e, juntos, formam o ecossistema.

População é um grupo de indivíduos da mesma espécie. O conjunto de populações que habitam determinada área forma a biocenose.

Bioma designa uma área com características físicas (clima, umidade etc.) homogêneas, com fauna e flora típicas.

> Diferentemente do conceito de **ecossistema**, a definição de **bioma** não inclui as inter-relações entre os organismos e seu meio.

Fatores limitantes são os fatores bióticos e abióticos que afetam o crescimento e a reprodução de uma população. Por exemplo, a pequena quantidade de presas (fator biótico) disponíveis a determinado predador pode ser um fator limitante ao crescimento populacional deste. Temperatura, luminosidade, pH e salinidade são exemplos de fatores abióticos que afetam a sobrevivência, o crescimento e a reprodução dos seres vivos.

Nicho ecológico é o conjunto de fatores físicos e biológicos responsáveis pelo crescimento e pela reprodução de uma espécie. Assim, o nicho de uma espécie pode ser entendido como o "papel" que ela exerce em seu hábitat. Hábitat é o local onde determinado organismo vive.

Relações tróficas nos ecossistemas

O fluxo de energia e de matéria que caracteriza todos os ecossistemas define as **relações tróficas** (de alimentação) entre seus componentes bióticos. Assim, um organismo influencia o fluxo da energia e dos nutrientes no ecossistema pelo alimento que consome e pelo tipo de predador pelo qual é consumido.

Os organismos são agrupados em **níveis tróficos**, ou grupos alimentares, de acordo com a forma como obtêm matéria e energia. Há quatro níveis tróficos:

- **produtores**: organismos autótrofos fotossintetizantes ou quimiossintetizantes;
- **consumidores primários**: organismos heterótrofos que se alimentam dos produtores;
- **consumidores secundários**: carnívoros, ou seja, organismos heterótrofos que se alimentam dos consumidores primários;
- **decompositores**: organismos, principalmente fungos e bactérias, que se alimentam de restos orgânicos oriundos dos níveis tróficos anteriores.

Em alguns ecossistemas, existem consumidores de terceira ou quarta ordem.

A relação entre os organismos de diferentes níveis tróficos de um ecossistema é denominada **cadeia alimentar**, ou **cadeia trófica**. Exemplo:

planta → gafanhoto → pássaro → onça

(As setas indicam a direção do fluxo de matéria.)

É importante notar que o fluxo de matéria não obedece a uma sequência linear, uma vez que os organismos de uma cadeia trófica também podem participar de outras cadeias interligadas. O que ocorre, de fato, são várias interações tróficas interligadas, denominadas **teias alimentares**, ou **teias tróficas**.

Fluxo de energia

A **energia solar** é a principal fonte de energia disponível para os ecossistemas. Apesar de a Terra receber grande quantidade de energia luminosa do Sol, apenas cerca de 2% dessa energia é incorporada pelos ecossistemas.

Com exceção dos poucos organismos quimioautotróficos (bactérias e arqueobactérias), a energia luminosa solar é transformada em **energia química** pelos organismos autótrofos por meio da **fotossíntese**. Essa é a única forma de energia utilizada por todos os consumidores da cadeia alimentar. Assim, a energia química assimilada pelos autótrofos, e estocada na matéria orgânica presente nos tecidos das plantas, pode ser utilizada pelos autótrofos e consumida pelos heterótrofos.

De um nível trófico para outro, sempre há **redução** na quantidade de energia disponível. Uma parte da energia assimilada na matéria orgânica é gasta pelos próprios autótrofos em seu metabolismo, por meio da respiração, e perdida sob a forma de calor. Assim, em cada nível trófico, aproximadamente 90% da energia recebida é perdida, restando apenas 10% para o nível trófico seguinte. A eficiência de um ecossistema é determinada pela relação entre a energia recebida e a energia perdida. Geralmente, quanto menor a perda de energia, maior é a **eficiência do ecossistema**, o que determina sua **produtividade**.

Na cadeia alimentar, o fluxo de energia é sempre **unidirecional**, não se fecha em um ciclo.

Ciclos de matéria

Enquanto a energia flui pelos ecossistemas, a matéria é constantemente **reaproveitada**: sintetizada pelos produtores, é transferida para os demais níveis tróficos até sua decomposição.

Empregando água e gás carbônico, os produtores sintetizam moléculas de **glicose**. Parte dessas moléculas é consumida nas atividades metabólicas, como na respiração aeróbia, e a parte não utilizada pode ser armazenada na forma de moléculas de **amido**.

Quando o produtor é ingerido, o amido é transferido para o consumidor primário, que pode aproveitá-lo na produção de energia. Parte da energia ingerida é armazenada e outra parte é liberada no ambiente por meio das fezes. Restos orgânicos sofrem a ação dos **decompositores**, que devolvem ao ambiente os átomos que constituíam aqueles organismos, e podem, então, ser incorporados por outros seres.

Biomassa e produção

Biomassa é a quantidade de matéria orgânica presente nos organismos de um ecossistema. Ela pode ser medida em calorias (energia) ou em gramas (peso seco) e pode ser calculada para um ecossistema, para determinado nível trófico ou para uma única espécie.

Produção é o aumento de biomassa medido por unidade de tempo, considerando que, durante o período de crescimento, tanto plantas quanto animais têm sua biomassa aumentada.

No nível trófico dos produtores, a produção de biomassa é dita **produtividade primária**; quando o nível trófico considerado é de consumidores, a produção de biomassa é chamada **produtividade secundária**.

O conceito de **produção primária** permite analisar a eficiência de um ecossistema.

A **produção primária bruta** (P_b) é a quantidade total de energia luminosa convertida pelos produtores em energia química presente nas moléculas orgânicas. Assim, a produção primária bruta inclui a matéria orgânica utilizada como fonte de energia para a respiração.

A **produção primária líquida** (P_l) é a quantidade de matéria orgânica incorporada pelos produtores, excluindo-se a matéria orgânica utilizada na respiração.

Pirâmides tróficas ou pirâmides ecológicas

Elas podem expressar o número de indivíduos, a biomassa ou a quantidade de energia presente em cada nível trófico. Na base, estão os produtores, e nos níveis seguintes, os consumidores.

As **pirâmides de números** representam quantos indivíduos há em cada nível, porém não são muito significativas, porque não consideram o tamanho dos indivíduos.

As **pirâmides de biomassa**, expressas em gramas de peso seco por unidade de área em cada nível trófico, possibilitam comparações entre diferentes ecossistemas. Nelas, as amostras dos organismos se referem a um certo momento. Embora, de modo geral, a biomassa diminua em direção aos níveis tróficos superiores, a pirâmide de biomassa de um dado ecossistema pode ser invertida. É o caso de um ecossistema marinho, no qual as algas (pequenos produtores), apesar de terem ciclo de vida muito curto, apresentam alta taxa de reprodução. Assim, em dado momento, a biomassa das algas é pequena, mas sustenta grande quantidade de animais (zooplâncton). Por isso, a respectiva pirâmide de biomassa apresenta-se invertida.

As **pirâmides de energia** indicam a quantidade de energia em determinado nível trófico, expressa em grama por metro quadrado por ano ($g/m^2/ano$). São as pirâmides que melhor informam o fluxo energético ao longo de um ecossistema, já que consideram a taxa de produção em determinado período. Elas nunca são invertidas, pois a energia em um nível trófico sempre será maior que a energia disponível no nível superior.

◼ Ciclos biogeoquímicos

A composição química dos organismos difere da composição da matéria não viva. Dos cerca de 90 elementos químicos conhecidos que existem na natureza, aproximadamente 35 formam as moléculas orgânicas, que constituem os organismos, vivos ou mortos. Esse grupo de elementos circula pela biosfera, entre os compartimentos abióticos (biótopo) e bióticos (biocenose). O circuito realizado por um elemento (ou substância, no caso da água) dentro dos ecossistemas é chamado **ciclo biogeoquímico**.

Entre os principais ciclos biogeoquímicos, estão os ciclos da **água**, do **carbono**, do **oxigênio** e do **nitrogênio**, que serão resumidos a seguir.

Os quatro elementos mais abundantes nos organismos em relação ao número total de átomos são o hidrogênio, o oxigênio, o carbono e o nitrogênio. Destes, o hidrogênio, o nitrogênio e o carbono são muito mais abundantes na matéria viva do que na matéria não viva. Quando consideramos a composição em massa seca, o carbono perfaz de 50% a 60% da matéria das células vivas, enquanto na massa da matéria não viva, carbono, hidrogênio e nitrogênio juntos perfazem muito menos que 1%.

Ciclo da água ou ciclo hidrológico

Cerca de 70% da superfície terrestre é recoberta por água. Aproximadamente 97,5% desse volume concentra-se nos ecossistemas marinhos, e os 2,5% restantes encontram-se nos ecossistemas terrestres ou de água doce, sendo 1,75% em estado sólido, nas geleiras e nos cumes permanentemente gelados de montanhas. Somente cerca de 0,75% da água doce está na forma líquida – em rios, lagos e no subterrâneo – e na forma de vapor de água – na atmosfera.

O **ciclo da água** (ou ciclo hidrológico) é o circuito da água – em todos os seus estados físicos – entre continentes, oceanos, organismos vivos e atmosfera.

O Sol fornece a energia necessária para a evaporação da água contida nos seres vivos e nos corpos de água – rios, lagos e principalmente mares e oceanos. Esse vapor se condensa em gotículas, formando as nuvens que, sob certas condições, precipitam-se em forma de chuva, neblina, orvalho, neve ou granizo.

Parte da água que chega à superfície terrestre se infiltra e parte fica temporariamente na superfície. Da parcela infiltrada, uma fração penetra mais profundamente, atingindo o lençol freático, que abastece rios e lagos, ou formando aquíferos. Da parcela superficial, uma parte evapora, voltando à atmosfera, outra se congela nos cumes de montanhas e nas geleiras, e uma parte escoa sobre a superfície.

Há, também, uma parcela da água precipitada que é absorvida pelo sistema radicular das plantas. Nos vegetais, a perda de água ocorre por transpiração, gutação ou transferência alimentar à cadeia de consumidores.

Os animais participam do ciclo ingerindo água diretamente ou pela ingestão de alimentos. O processo de eliminação pode ocorrer por meio de urina, fezes, respiração e transpiração.

A água é a substância mais abundante nos organismos, perfazendo 70% ou mais da massa da maioria das formas de vida.

Ciclo do carbono

O carbono é um dos elementos químicos mais abundantes nos organismos e, portanto, essencial para a vida na Terra. Além disso, está presente nas rochas da litosfera, nos combustíveis fósseis (carvão mineral e petróleo) e, na sua forma gasosa de CO_2, encontra-se dissolvido tanto na atmosfera quanto na água.

O CO_2 é componente essencial para a realização da fotossíntese, processo realizado exclusivamente pelos produtores, pelo qual conseguem fixar e transformar o CO_2 em matéria orgânica. Já os consumidores somente adquirem carbono pela nutrição, ao participarem de uma cadeia alimentar. O CO_2 retorna à atmosfera e à hidrosfera de duas maneiras: por meio da respiração celular de produtores e consumidores e pela atividade de decomposição realizada por bactérias e fungos, que têm papel fundamental no ciclo do carbono, pois decompõem a matéria orgânica oriunda de restos orgânicos, liberando CO_2.

> ### Emissões de CO_2 e o efeito estufa
>
> Algumas atividades humanas têm promovido considerável desequilíbrio no ciclo do carbono. De 1880 até 2008, as emissões de CO_2 aumentaram de 280 ppm (partes por milhão) para 385 ppm. Admite-se que esse aumento gradativo tem ocorrido principalmente devido à queima excessiva de combustíveis fósseis (carvão, petróleo e seus derivados) e aos desmatamentos. Embora as consequências desses aumentos ainda sejam bastante discutíveis, cientistas alertam para a intensificação do efeito estufa.
>
> O **efeito estufa** é um fenômeno natural que mantém a temperatura da Terra constante. Cerca de 35% da radiação solar que recebemos é refletida para o espaço, ficando os outros 65% retidos na Terra. Gases como CO_2, metano, óxidos de azoto e ozônio, presentes na atmosfera, retêm essa radiação na Terra, possibilitando a manutenção da temperatura constante. Porém, o rápido aumento na concentração de CO_2 e de outros gases na atmosfera, como o metano, contribui para a intensificação do efeito estufa para níveis indesejáveis e pode ocasionar um aumento na temperatura global estimado entre 2 °C e 6 °C para os próximos 100 anos.

Ciclo do oxigênio

O gás oxigênio (O_2) é o segundo componente mais abundante na atmosfera, perfazendo cerca de 21% de seus gases.

Ele está em troca permanente entre os organismos e o ambiente. Consumido no processo de respiração dos organismos aeróbios, o O_2 é devolvido para a atmosfera pela **fotossíntese** das plantas – processo responsável pela produção da maior parcela desse gás.

O O_2 também pode ser degradado, sobretudo pela ação de raios ultravioleta emitidos pelo Sol, resultando na formação de ozônio (O_3), que se concentra na chamada **camada de ozônio**, situada a 30 km ou 40 km de altura na atmosfera.

O buraco na camada de ozônio

A camada de ozônio, com cerca de 2 mm a 4 mm de espessura, funciona como um filtro protetor contra a radiação ultravioleta, prejudicial ao ser humano e a outros animais. Estima-se que cerca de 80% de toda essa radiação seja filtrada por essa camada. Gases nitrogenados, liberados por aviões e automóveis, e os clorofluorcarbonos (CFCs) têm efeito destrutivo sobre a camada de ozônio.

Em 1985, cientistas ingleses detectaram uma área mais rarefeita da camada de ozônio sobre a região da Antártida que ficou conhecida como o buraco da camada de ozônio. Tal destruição deve aumentar a incidência de radiação ultravioleta sobre a superfície terrestre, fato que pode intensificar a taxa de mutações nos seres vivos e as alterações climáticas, com o aquecimento da superfície do planeta.

Ciclo do nitrogênio

Além de carbono e de oxigênio, todos os seres vivos necessitam de nitrogênio, essencial na síntese das unidades nitrogenadas constituintes das proteínas e dos ácidos nucleicos.

Apesar de 78% da atmosfera ser constituída de nitrogênio gasoso (N_2), relativamente poucos organismos são capazes de aproveitar esse gás. Os vegetais só podem usá-lo na forma de amônia (NH_3) ou de nitrato (NO_3), já os animais aproveitam-no em forma de aminoácidos. A transformação do nitrogênio gasoso nessas substâncias se dá pelo processo denominado **fixação**. Observe o esquema ao lado.

Como há pouco nitrogênio na crosta terrestre, todos os organismos vivos dependem do nitrogênio gasoso e dos **organismos fixadores de nitrogênio**, como certos gêneros de bactérias do solo (*Azotobacter*, *Clotridium* e *Rhizobium*) e algumas cianobactérias (*Nostoc*, *Anabaena*), que habitam água doce, salgada e também o solo.

O processo realizado por esses organismos pode ser exemplificado pelas bactérias do gênero *Rhizobium*, que normalmente vivem no solo e alcançam o sistema radicular de espécies de leguminosas, onde fixam o N_2, transformando-o em amônia (NH_3), que é utilizada pelas plantas em seu desenvolvimento. Parte do nitrogênio fixado é fornecida à leguminosa, e o excesso é liberado no solo na forma de amônia ou nitrato (NO_3). Esse processo explica por que é aconselhável fazer rotação de culturas com períodos de cultivo de leguminosas, pois essas plantas repõem os sais de nitrogênio que os demais vegetais retiram do solo.

Outras bactérias presentes no solo e na água são responsáveis pelo processo de **nitrificação**, que ocorre em duas fases:

- **nitrozação**: a amônia (NH_3) liberada pelos fixadores de nitrogênio é oxidada por bactérias *Nitrosomonas*, que a transformam em nitritos (NO_2);
- **nitratação**: bactérias *Nitrobacter* oxidam os nitritos (NO_2), transformando-os em nitratos (NO_3). Estes podem então ser absorvidos e utilizados pelas plantas na produção de seus aminoácidos, que são transferidos para os animais por meio da cadeia alimentar.

A amônia disponível no solo pode ser oriunda tanto da fixação pelas bactérias e cianobactérias como da ação dos decompositores (fungos e bactérias). Esses organismos degradam os compostos nitrogenados contidos nos seres vivos, ou após sua morte ou quando eliminam excretas; utilizam então os resíduos nitrogenados na construção das próprias proteínas e liberam o excesso na forma de amônia.

Além das bactérias nitrificantes, existem bactérias (*Pseudomonas*) que transformam uma parte da amônia e dos nitratos do solo em nitrogênio gasoso (N_2), possibilitando seu retorno à atmosfera. Tal processo é conhecido como **desnitrificação**.

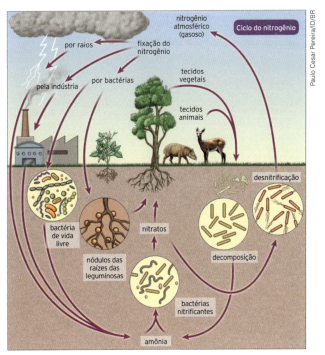

Representação do ciclo do nitrogênio na natureza.

Questões

1. **(UEPG-PR)** Sobre biosfera, assinale o que for CORRETO[1].
   01. Biosfera é o nome que se dá a todo o globo terrestre, único planeta conhecido que apresenta condições favoráveis ao surgimento e à manutenção da vida.
   02. A biosfera é uma camada de pequena espessura, em relação ao tamanho do globo terrestre, constituída de mares, rios, lagos, solo (até poucos metros de profundidade) e atmosfera (a uma altitude de poucos quilômetros), ou seja, ela compreende apenas as partes do planeta que contêm vida.
   04. A biosfera é dividida em biomas, que são grandes ecossistemas com características bióticas e abióticas particulares.
   08. Um bioma pode se apresentar em mais de uma região do planeta, como exemplos: a floresta tropical, o deserto e a floresta de coníferas.

   Resposta: Soma (___)

2. **(UFPel-RS)** A vida na Terra depende inteiramente da energia que vem do Sol. Portanto, os ecossistemas são unidades biológicas mantidas pela luz solar.

   Com relação ao fluxo de energia e matéria nos ecossistemas, são feitas as afirmativas:

   I. Os decompositores recebem energia de todos os níveis tróficos do ecossistema.
   II. Nos ecossistemas, a quantidade de energia disponível diminui à medida que vai sendo transferida de um nível trófico para outro.
   III. Os organismos fotossintetizantes – no caso, a maioria dos produtores – são o elo inicial na transferência de energia entre os níveis tróficos.
   IV. Na transferência de energia de um nível trófico para outro, ocorrem perdas energéticas por respiração, excreção e morte de parte dos organismos.

   Estão CORRETAS as afirmativas:
   a) I, III e IV apenas.
   b) II e III apenas.
   c) II e IV apenas.
   d) I, II, III e IV.

3. **(FGV-SP)** As figuras apresentam pirâmides ecológicas que expressam, graficamente, a estrutura dos níveis tróficos de uma cadeia alimentar em termos de energia, biomassa ou número de indivíduos. A base das pirâmides representa os produtores, no primeiro nível trófico.

   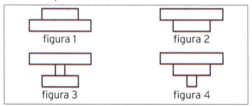

   Das quatro figuras apresentadas, pode-se dizer corretamente que:
   a) as figuras 1 e 4 podem representar pirâmides de energia.
   b) a figura 1 é a única que pode representar uma pirâmide de biomassa.
   c) a figura 2 pode representar uma pirâmide de biomassa na cadeia alimentar fitoplâncton → zooplâncton.
   d) a figura 3 é característica de uma pirâmide de números na situação em que o produtor é de grande porte, como na cadeia alimentar árvores → macacos → piolhos.
   e) a figura 4 pode representar uma pirâmide de energia na cadeia alimentar capim → ratos → cobras.

4. **(Unicamp-SP)** Os seres vivos têm níveis de organização acima do organismo, e a Ecologia é a área da Biologia que estuda as relações entre os organismos e destes com o ambiente em que vivem. Entre os vários níveis de organização, podem ser citados a população, a comunidade e o ecossistema.
   a) As figuras adiante representam a biomassa de níveis tróficos em dois tipos de ecossistema. Relacione cada uma das figuras com um ecossistema. Justifique.

---
[1] Dê como resposta a soma dos números associados às alternativas corretas.

b) Explique como o dióxido de enxofre (SO_2), liberado na atmosfera por diversas indústrias, pode afetar as populações dos diferentes níveis tróficos da pirâmide **A**.

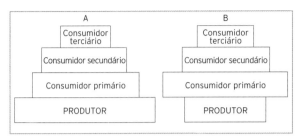

5. (Udesc) Com relação aos ciclos biogeoquímicos, analise as seguintes afirmativas:

I. No ciclo do carbono: as cadeias de carbono formam as moléculas orgânicas através dos seres autotróficos por meio da fotossíntese, na qual o gás carbônico é absorvido, fixado e transformado em matéria orgânica pelos produtores. O carbono volta ao ambiente através do gás carbônico por meio da respiração.

II. No ciclo do oxigênio: o gás oxigênio é produzido durante a construção de moléculas orgânicas pela respiração e consumido quando essas moléculas são oxidadas na fotossíntese.

III. No ciclo da água: a energia solar possui um papel importante, pois ela permite que a água em estado líquido sofra evaporação. O vapor de água, nas camadas mais altas e frias, condensa-se e forma nuvens que, posteriormente, precipitam-se na forma de chuva, e a água dessa chuva retorna ao solo formando rios, lagos, oceanos ou ainda se infiltrando no solo e formando os lençóis freáticos.

IV. No ciclo do nitrogênio: uma das etapas é a de fixação do nitrogênio, na qual algumas bactérias utilizam o nitrogênio atmosférico e fazem-no reagir com oxigênio para produzir nitrito, que será transformado em amônia no processo de nitrificação.

Assinale a alternativa CORRETA.
a) Somente as afirmativas II e IV são verdadeiras.
b) Somente as afirmativas I e II são verdadeiras.
c) Somente as afirmativas I, III e IV são verdadeiras.
d) Somente as afirmativas II, III e IV são verdadeiras.
e) Somente as afirmativas I e III são verdadeiras.

6. (Fuvest-SP) Uma das consequências do "efeito estufa" é o aquecimento dos oceanos. Esse aumento de temperatura provoca:
a) menor dissolução de CO_2 nas águas oceânicas, o que leva ao consumo de menor quantidade desse gás pelo fitoplâncton, contribuindo, assim, para o aumento do efeito estufa global.
b) menor dissolução de O_2 nas águas oceânicas, o que leva ao consumo de maior quantidade de CO_2 pelo fitoplâncton, contribuindo, assim, para a redução do efeito estufa global.
c) menor dissolução de CO_2 e O_2 nas águas oceânicas, o que leva ao consumo de maior quantidade de O_2 pelo fitoplâncton, contribuindo, assim, para a redução do efeito estufa global.
d) maior dissolução de CO_2 nas águas oceânicas, o que leva ao consumo de maior quantidade desse gás pelo fitoplâncton, contribuindo, assim, para a redução do efeito estufa global.
e) maior dissolução de O_2 nas águas oceânicas, o que leva à liberação de maior quantidade de CO_2 pelo fitoplâncton, contribuindo, assim, para o aumento do efeito estufa global.

Relações ecológicas e populações

Em uma comunidade, nenhuma espécie é totalmente independente das demais espécies: os indivíduos de uma espécie interagem entre si e também com os indivíduos das outras espécies. Assim, uma população depende das outras populações.

Tais relações, que podem ser mais ou menos diretas, regulam a densidade populacional, mantendo o equilíbrio na comunidade. As relações podem ser de natureza alimentar ou envolver aspectos como proteção e reprodução.

Quando ocorrem entre indivíduos de uma mesma espécie, as relações são chamadas **intraespecíficas**. Já as que se estabelecem entre indivíduos de espécies diferentes são ditas **interespecíficas**. Tanto uma como a outra podem ser:

- **harmônicas**: não há prejuízo para os organismos envolvidos, há benefício para ambos ou apenas um organismo é beneficiado e o outro não é afetado.
- **desarmônicas**: o benefício de um dos organismos resulta, obrigatoriamente, no prejuízo do outro.

■ Relações intraespecíficas

Nas relações entre indivíduos da mesma espécie, distinguem-se dois tipos principais: cooperação e competição.

Cooperação

São relações de **cooperação** aquelas em que os indivíduos se agrupam para obter vantagens. Por exemplo, aves migratórias, como gansos, voam na formação em V, o que diminui a resistência do ar e também o gasto energético dos organismos.

Quando os organismos obtêm vantagens pela vida em grupo mantendo-se unidos fisicamente, forma-se uma **colônia**. Nesse tipo de organização, existe um alto grau de dependência física entre os integrantes, com grandes limitações em relação à movimentação e profunda interdependência fisiológica. A relação de cooperação em colônias é comum entre corais, caravelas e algas. Em algumas colônias, como as de corais, todos os indivíduos são iguais e realizam as mesmas funções; já em outras, como as de caravela, os indivíduos são especializados em promover proteção, defesa, flutuação, natação ou reprodução, mas todos estão interligados.

Quando os organismos de uma mesma espécie mantêm-se unidos pela divisão do trabalho e pela solidariedade entre seus membros e são fisica-

mente independentes, constituem uma **sociedade**. Os organismos sociais podem movimentar-se livremente e abandonar o local de morada, deslocando-se pelo meio ambiente para coletar alimentos. Esse tipo particular de relação de cooperação é comum entre insetos sociais (como formigas, abelhas, vespas e cupins), em cuja sociedade os membros dividem-se em castas, com extrema especialização morfológica para o desempenho de determinada função. Por exemplo, entre as formigas saúvas operárias, há os soldados, que promovem a defesa da colônia, e por isso são maiores e têm mais veneno que as demais operárias; já as chamadas operárias jardineiras são pequenas e têm como função cuidar dos fungos que servem de alimento aos indivíduos do sauveiro.

Competição

São relações desarmônicas nas quais indivíduos de uma mesma espécie competem por recursos escassos, por exemplo, por água, alimento ou parceiros para a reprodução. A competição intraespecífica por recursos pode ser muito ou pouco evidente. Um exemplo de grande evidência ocorre entre os antílopes machos, cuja competição sexual ocorre por meio de lutas, às vezes violentas. Competições menos evidentes se instauram quando um indivíduo, ao utilizar determinado recurso, torna-o indisponível para os demais; por exemplo, uma espécie de planta que necessita de luz intensa e, ao crescer, faz sombra a seu redor, impedindo o crescimento de indivíduos mais jovens da mesma espécie.

■ Relações interespecíficas harmônicas

As relações entre indivíduos de espécies diferentes nas quais não há prejuízo são classificadas em quatro tipos: mutualismo, protocooperação, comensalismo e inquilinismo.

Mutualismo

É uma relação obrigatória que beneficia dois seres de espécies diferentes e intimamente associados. São exemplos de mutualismo as relações que se estabelecem entre: as algas e os fungos que formam os liquens; os cupins e os protozoários que vivem no intestino dos primeiros; as plantas e os fungos que formam as micorrizas em suas raízes; as bactérias do gênero *Rhizobium* e as leguminosas.

Nos liquens, a associação entre algas e fungos é tão íntima que ambos formam um novo tipo de organismo: as algas (azuis ou verdes), por serem autotróficas, fornecem ao fungo parte da matéria orgânica que produzem e, em troca, recebem proteção, umidade e sais minerais absorvidos pelos fungos. Essa relação permite que os liquens ocorram em lugares muito variados, como em árvores, rochas, montanhas e até no gelo.

Protocooperação

É a relação de dois seres de espécies diferentes que se beneficiam mutuamente, mas podem viver separados, ou seja, não é uma relação obrigatória. São alguns exemplos de protocooperação as relações que ocorrem entre: o paguro e algumas espécies de anêmona; o pássaro-palito e o crocodilo; o boi e a ave anu.

O paguro, também conhecido como caranguejo-ermitão ou bernardo-eremita, e algumas anêmonas constituem um exemplo clássico: o caranguejo, que costuma viver dentro de conchas vazias, obtém uma proteção extra, fornecida pelas anêmonas urticantes que vivem sobre a concha. Ao mesmo tempo, as anêmonas se beneficiam da movimentação fornecida pelo caranguejo e dos restos de alimentos por ele capturados.

Comensalismo

Ocorre quando duas espécies se associam, mas apenas uma se beneficia, enquanto a outra não é prejudicada ou beneficiada. Um exemplo típico é o tubarão e a rêmora. Nessa relação, a espécie beneficiada obtém restos alimentares da espécie hospedeira. Esta se fixa, com uma ventosa, na região ventral do tubarão e, além de obter restos de alimentos, consegue se locomover com o deslocamento do tubarão.

Inquilinismo

É a relação em que uma espécie (ectoparasita) vive sobre ou no interior do organismo da outra espécie, sendo que o inquilino se beneficia obtendo proteção ou suporte, enquanto o hospedeiro não é prejudicado. Um exemplo clássico é o das plantas epífitas, como orquídeas e bromélias, que se fixam nos troncos e ramos de árvores, onde encontram as condições ideais de luminosidade para seu desenvolvimento, sem com isso prejudicar as hospedeiras.

■ Relações interespecíficas desarmônicas

As relações entre indivíduos de espécies diferentes nas quais há algum prejuízo são classificadas em quatro tipos: competição, predação, herbivoria e parasitismo.

Competição

Similar à intraespecífica, a competição interespecífica acarreta prejuízos para ambas as espécies envolvidas. Esse tipo de relação ocorre quando duas espécies ocupam o mesmo nicho ecológico ou quando ocorre sobreposição parcial dos nichos e elas disputam alguns recursos comuns. Assim, quanto maior for a sobreposição de nichos ecológicos, maior será a competição. Um exemplo clássico de competição interespecífica, verificável em laboratório, é o de duas espécies de protistas que disputam o mesmo tipo de alimento: ambas são prejudicadas.

Predação

É a relação em que os indivíduos de uma espécie matam indivíduos de outra espécie para se alimentar. Um exemplo típico se dá entre animais carnívoros (predadores) e herbívoros (presas).

Herbivoria

É a relação entre um animal (herbívoro ou onívoro) que se alimenta de um produtor primário (planta ou alga), ocorrendo benefício apenas para o animal. Um exemplo é o do gafanhoto e as plantas de que se alimenta.

Parasitismo

Ocorre quando o indivíduo de uma espécie (o parasita) se instala no organismo do indivíduo de outra espécie (o hospedeiro) para dele extrair alimento, causando necessariamente prejuízo ao hospedeiro. Os parasitas – vírus, bactérias, protozoários, fungos, vermes, insetos e vegetais – são encontrados nos mais variados grupos de organismos. Um exemplo dessa relação ocorre entre o parasita vegetal cipó-chumbo e outro vegetal: o cipó-chumbo, uma planta sem clorofila, obtém a seiva elaborada de outras plantas, obrigatoriamente.

Veja no quadro exemplos de relações interespecíficas:

	Relação interespecífica	Espécie A	Espécie B
Harmônicas	mutualismo	algas	fungos
	protocooperação	paguro	anêmona
	comensalismo	rêmora	tubarão
	inquilinismo	bromélia	árvore
Desarmônicas	competição	*Paramecium aurelia*	*Paramecium caudatum*
	predação	leoa	búfalo
	herbivoria	gafanhoto	planta
	parasitismo	carrapato	cachorro

☐ Neutralidade
☐ Benefício
☐ Prejuízo

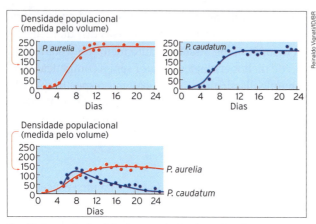

Densidade populacional de duas populações de protista, *Paramecium aurelia* e *Paramecium caudatum*, indicando a existência de competição.

▪ Dinâmica de populações

Dinâmica de populações é o estudo da variação do número de indivíduos das diversas populações que constituem um ecossistema.

População é a unidade biológica formada por um grupo de organismos da mesma espécie, vivendo em uma mesma área, em um mesmo intervalo de tempo.

Em um ecossistema, as populações podem ficar estáveis, aumentar ou diminuir. Para estudar uma população, é preciso conhecer suas variáveis, como densidade populacional, taxa de crescimento, taxas de natalidade e de mortalidade e taxas de imigração e de emigração. A abundância de uma população é determinada por relações ecológicas, condições ambientais e disponibilidade de recursos – fatores que agem conjuntamente.

Densidade populacional é o número de indivíduos de uma mesma espécie (N) por unidade de área (para populações terrestres) ou de volume (para populações aquáticas).

$$\text{Densidade populacional} = \frac{N}{\text{área ou volume}}$$

Taxa de crescimento absoluto de uma população (TCA) é a variação no número de indivíduos em um intervalo de tempo. Ela permite saber se uma população está crescendo, diminuindo ou se encontra-se estável.

$$\text{Taxa de crescimento absoluto} = \frac{N_f - N_i}{t_f - t_i}$$

em que N_f é o número de indivíduos no final do intervalo de tempo (t_f); N_i é o número de indivíduos no início do intervalo de tempo (t_i); t_f é o tempo final e t_i é o tempo inicial.

Potencial biótico

Em condições ambientais hipotéticas, em que não houvesse mortalidade e nenhum tipo de restrição à sobrevivência, qualquer população cresceria indefinidamente. A essa capacidade potencial de crescimento das populações chamamos **potencial biótico**.

O potencial biótico é bastante variável de uma espécie para outra. Estima-se que um casal de *Drosophila melanogaster* produziria cerca de $30\,368 \times 10^{52}$ indivíduos em um ano. Uma população cujo crescimento depende exclusivamente de seu potencial biótico apresenta uma curva de crescimento infinito (curva em **J**):

Embora todas as populações tenham capacidade de aumentar infinitamente, em geral observamos que, na natureza, o número de indivíduos de uma população mantém-se mais ou menos **constante**. Tal estabilidade ocorre porque as populações estão sujeitas à ação conjunta de fatores bióticos e abióticos que limitam seu crescimento.

O conjunto de fatores que impede o crescimento de uma população em sua velocidade máxima é denominado **resistência do meio** e se manifesta de diversas maneiras, por exemplo, por meio da relação com outras espécies (predadores, competidores, parasitas), da limitação de água, de alimento e de espaço, bem como de condições climáticas adversas. Assim, o **crescimento populacional real** é o padrão de crescimento de uma população limitado pela resistência do meio, o que graficamente é expresso por uma forma sigmoide (curva que lembra um **S**).

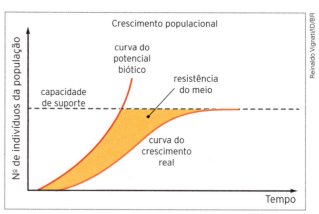

Disponível em: <http://www.ib.usp.br/ecologia/dinamica_populacoes_print.htm>. Acesso em: 13 out. 2009.

A curva correspondente ao crescimento real de uma população (curva alaranjada) tem a forma aproximada de um S.

Esse padrão pode ser descrito em três etapas:
- inicialmente, o crescimento é baixo, devido ao pequeno número de indivíduos na população;
- à medida que cresce o número de indivíduos, o crescimento populacional aumenta (curva exponencial), mas a resistência do meio também aumenta;
- a população chega ao número máximo de indivíduos quando atinge a **capacidade de suporte do meio**. Então, o crescimento da população se estabiliza.

Controle biológico de populações

Uma das técnicas que se podem empregar para o controle de pragas e ervas daninhas na agricultura é o chamado **controle biológico**, que introduz no ambiente um parasita ou predador da espécie que se deseja combater.

Um exemplo é o controle biológico realizado pela vespa *Trichogramma sp*. contra larvas de uma espécie de borboleta que se alimenta de folhas do algodoeiro. Os embriões da vespa alimentam-se do conteúdo dos ovos da borboleta, impedindo que as larvas se desenvolvam. Essa técnica reduz os gastos da produção, protege a cultura do algodão e o meio ambiente – por reduzir o uso de pesticidas.

■ Fatores abióticos determinantes dos ecossistemas

A enorme variedade entre os ecossistemas que se distribuem por nosso planeta é determinada tanto pela diversidade biológica e pelas relações entre os seres vivos quanto por fatores abióticos, como energia solar, latitude, altitude, solo, correntes oceânicas, correntes atmosféricas, etc.

O Sol é a fonte de energia que sustenta os organismos produtores e que promove os processos de transferência de matéria e energia. A **radiação solar** (ou insolação) não incide com a mesma intensidade nas diferentes latitudes, sendo maior nos trópicos que nos polos. A combinação da **inclinação do eixo de rotação** da Terra com seu **movimento de translação** faz que ora um hemisfério, ora outro fique mais exposto à radiação solar, o que determina a existência das estações do ano. Assim, quando a maior exposição ocorre no Sul, é verão nesse hemisfério e é inverno no hemisfério oposto, o Norte.

Outro fator que concorre para o estabelecimento de diferentes ecossistemas no planeta é a diversificada **absorção da energia solar**. Deve-se considerar que a atmosfera absorve quase duas vezes menos energia solar que a superfície terrestre, incluindo continentes e oceanos; além disso, se aquece e resfria mais rápido que as superfícies terrestres. Em comparação com os oceanos, as áreas continentais absorvem menos energia e se aquecem e resfriam com maior velocidade.

Tais diferenças de temperatura promovem a movimentação das **massas de ar** e das **correntes marítimas**. Esses movimentos determinam a distribuição, em direção aos polos da Terra, da energia solar que atinge os trópicos e também estabelecem um padrão de distribuição da água através das **chuvas**. A inter-relação de precipitação, umidade do ar e temperatura é determinante na variabilidade dos ecossistemas terrestres.

■ Sucessão ecológica

Influenciadas pelas mudanças ambientais que ocorrem ao longo do tempo, as espécies de um ecossistema são substituídas por um novo conjunto de espécies, mais bem-adaptadas às condições mais recentes. O processo de alteração contínua na composição das espécies dos ecossistemas é denominado **sucessão ecológica**.

- **Sucessão primária:** processo de colonização de hábitats desprovidos de vida como resultado de um distúrbio catastrófico ou da criação recente de hábitats. Os primeiros colonizadores de uma sucessão primária, como musgos e liquens, enfrentam condições extremamente desfavoráveis – baixa umidade, baixa fertilidade do solo, exposição a grandes variações de temperatura –, sendo chamados **comunidades pioneiras** (estágio pioneiro).
- **Sucessão secundária:** processo de restabelecimento de uma comunidade na qual a maioria dos seres vivos foi destruída por agentes de mudança drástica, como inundações e desmatamentos. As condições deixadas pelas espécies preexistentes e suas interações com as espécies colonizadoras desempenham papel fundamental na trajetória da sucessão secundária. À medida que as propriedades são alteradas, o ambiente torna-se mais favorável à colonização subsequente por **comunidades intermediárias** (estágio intermediário), formadas por espécies com demandas mais restritas quanto aos recursos ambientais. Tais comunidades podem ser mais diversas e ter biomassa maior que as comunidades pioneiras.

Conforme a sucessão progride, as propriedades do ambiente são alteradas até um ponto estável, que experimenta mudanças pouco significativas, tornando favorável a colonização de **comunidades clímax** (estágio de clímax), ainda mais exigentes quanto aos recursos ambientais que as comunidades intermediárias. Esse tipo de comunidade apresenta alta diversidade, maior biomassa, maior resistência a distúrbios externos e grande número de relações biológicas, quando comparada às comunidades intermediárias e às pioneiras.

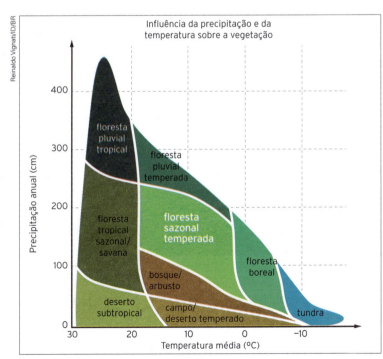

Fonte de pesquisa: RICKLEFS, Robert E. *A economia da natureza*. Rio de Janeiro: Guanabara Koogan, 2003. p. 98.

Questões

1. (UFC-CE) Um dos maiores problemas ambientais da atualidade é o representado pelas espécies exóticas invasoras, que são aquelas que, quando introduzidas em um hábitat fora de sua área natural de distribuição, causam impacto negativo no ambiente. Como exemplos de espécies invasoras no Brasil e de alguns dos problemas que elas causam, podemos citar: o verme-âncora, que vive fixado sobre peixes nativos, alimentando-se do sangue deles sem matá-los; o coral-sol, que disputa espaço para crescer com a espécie nativa (coral-cérebro); e o bagre-africano, que se alimenta de invertebrados nativos.

As relações ecológicas citadas acima são classificadas, respectivamente, como:

a) mutualismo, amensalismo, canibalismo.
b) inquilinismo, mimetismo, comensalismo.
c) comensalismo, parasitismo, mutualismo.
d) parasitismo, competição interespecífica, predação.
e) protocooperação, competição intraespecífica, esclavagismo[1].

2. (Cefet-MG) Alguns mamíferos herbívoros abrigam em seu tubo digestório bactérias que transformam a celulose em carboidratos. Essa é uma relação de:

a) parasitismo.
b) mutualismo.
c) inquilinismo.
d) protocooperação.

3. (Udesc) Nos ecossistemas, os organismos de uma comunidade interagem continuamente. Analise as proposições em relação a isso.

I. O louva-a-deus se alimenta de outros insetos, por exemplo moscas e mariposas.

II. Após a cópula, a fêmea do louva-a-deus devora o macho.

III. Em uma mesma planta, encontram-se lagartas e besouros comendo as folhas.

IV. As formigas são insetos que apresentam divisão de castas, por exemplo operárias e soldados.

V. Os animais ruminantes, como boi e cabra, apresentam microrganismos simbiontes, como bactérias, no trato digestivo.

Assinale a alternativa que apresenta a sequência CORRETA de interações entre organismos.

a) (I) predação; (II) predação; (III) herbivoria; (IV) sociedade; (V) mutualismo.
b) (I) predação; (II) canibalismo; (III) competição; (IV) sociedade; (V) mutualismo.
c) (I) predação; (II) canibalismo; (III) herbivoria; (IV) sociedade; (V) infecção.
d) (I) canibalismo; (II) predação; (III) competição; (IV) agregação; (V) infecção.
e) (I) canibalismo; (II) canibalismo; (III) competição; (IV) individualismo; (V) comensalismo.

4. (UFPE) O uso de agrotóxicos na lavoura tem por objetivo evitar algumas pragas agrícolas, que causam grandes prejuízos econômicos. Contudo, esse uso afeta também populações naturais de insetos e organismos, os quais muitas vezes poderiam realizar o controle natural das pragas. Considerando o efeito dos agrotóxicos nas populações de insetos e nas suas relações ecológicas, observe o gráfico abaixo e analise as afirmações a seguir[2].

---

[1] Relação ecológica em que uma espécie se aproveita das atividades, do trabalho ou das substâncias produzidas por outra espécie, como a relação entre os humanos e as abelhas.
[2] Indique as alternativas falsas (F) e as verdadeiras (V).

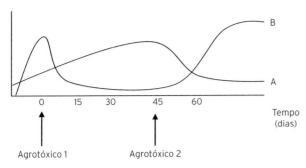

Legenda
A: população natural de insetos da espécie A
B: população de insetos pragas da lavoura da espécie B

( ) A herbivoria dos insetos A e B transfere energia dos produtores para os demais níveis tróficos da cadeia alimentar.

( ) O uso do agrotóxico 1 diminuiu a população de insetos pragas, enquanto os insetos A mostraram-se resistentes.

( ) A população de insetos A estabelece entre si uma relação ecológica de sociedade, caracterizada por organismos iguais geneticamente.

( ) A população de insetos A competiu com os insetos pragas, produzindo o controle biológico daqueles que sobreviveram ao agrotóxico 1.

( ) Os insetos pragas não são suscetíveis ao agrotóxico 2 e possuem uma relação ecológica negativa com a população de insetos A.

5. (FGV-SP) A comunidade clímax constitui a etapa final de uma sucessão ecológica. Considera-se que a comunidade chegou ao clímax quando:

a) as teias alimentares, menos complexas, são substituídas por cadeias alimentares.
b) a produção primária bruta é igual ao consumo.
c) cessam a competição interespecífica e a competição intraespecífica.
d) a produção primária líquida é alta.
e) a biomassa vegetal iguala-se à biomassa dos consumidores.

6. (Fuvest-SP) A partir da contagem de indivíduos de uma população experimental de protozoários, durante determinado tempo, obtiveram-se os pontos e a curva média registrados no gráfico a seguir. Tal gráfico permite avaliar a capacidade limite do ambiente, ou seja, sua carga biótica máxima.

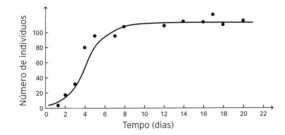

De acordo com o gráfico:

a) a capacidade limite do ambiente cresceu até o dia 6.
b) a capacidade limite do ambiente foi alcançada somente após o dia 20.
c) a taxa de mortalidade superou a de natalidade até o ponto em que a capacidade limite do ambiente foi alcançada.
d) a capacidade limite do ambiente aumentou com o aumento da população.
e) o tamanho da população ficou próximo da capacidade limite do ambiente entre os dias 8 e 20.

Biomas

Biomas do mundo

A distribuição dos seres vivos pelos ecossistemas depende de sua adaptação às condições ambientais. Os grandes ecossistemas, formados por comunidades de plantas e animais que ocupam um espaço caracterizado por condições específicas, constituem os **biomas**.

Para a classificação dos biomas terrestres, considera-se principalmente a vegetação típica de cada região, a qual é determinada indiretamente pelo clima. Os fatores latitude e altitude são os de maior influência sobre o clima. Dos polos em direção ao Equador (variação na latitude), os biomas vão se diversificando, com flora e fauna adaptadas às condições locais; ao mesmo tempo, também são encontrados biomas típicos de regiões frias em áreas de grande altitude próximas do Equador.

Tundra

Bioma que se estende ao redor das zonas polares. São regiões que recebem pouca energia solar e apresentam baixo índice pluviométrico. Durante o verão, quando há o degelo da neve, surge uma vegetação formada apenas por musgos, liquens e capim; não há vegetação arbórea. Nesse período, a fauna da **tundra ártica** (polo norte) é composta de aves migratórias, lobos, ursos-polares, insetos e roedores. Na **tundra antártica** (polo sul), no período do verão, encontram-se aves migratórias e grandes colônias de pinguins; não há mamíferos terrestres.

Quando a temperatura e a disponibilidade de água diminuem, os musgos entram em estado latente, o que lhes permite resistir ao frio até o retorno do verão.

Taiga

Esse bioma, também chamado de floresta boreal, localiza-se ao norte da Europa, da Sibéria e do Canadá.

Recebe maior quantidade de energia solar do que a tundra, e os níveis de precipitação anual ficam entre 400 mm e 1 000 mm, mas a temperatura média anual ainda é muito baixa (inferior a –5 °C).

Os solos são ácidos, pouco férteis e permanentemente úmidos devido à lenta evaporação. A vegetação predominante é formada por florestas de coníferas, que atingem até 100 m de altura, e a fauna é composta de mamíferos, aves migratórias, insetos e outros animais. As coníferas são adaptadas a solos pobres em nutrientes, e suas folhas duras, em formato de agulha, perdem pouca água por meio da transpiração. Uma adaptação aos biomas com clima predominantemente frio é o hábito migratório de algumas aves e mamíferos que se deslocam para regiões mais quentes quando a temperatura começa a baixar. Alguns mamíferos não migram durante o inverno, pois se adaptaram ao frio desacelerando o metabolismo para entrar em estado de hibernação e economizar energia, reduzindo as necessidades alimentares.

Floresta temperada sazonal

Bioma característico de regiões temperadas, com estações bem definidas, como o leste da América do Norte, o sul do Chile, a Europa Central, o leste da Ásia (Coreia, Japão e partes da China), o sul da Austrália e a Nova Zelândia.

O clima se caracteriza por invernos com neve e verões quentes, com chuvas abundantes. Os solos são profundos e ricos em nutrientes, possibilitando o crescimento de árvores altas (faias e carvalhos), que perdem suas folhas durante o outono, o inverno ou a estação seca. A característica caducifólia (decídua) é uma adaptação ao ambiente, já que as folhas largas e delgadas desses vegetais, sem cobertura impermeável, perderiam muita água. A fauna é variada, incluindo mamíferos (raposas, roedores, javalis e cervídeos), aves e insetos.

Bosque mediterrâneo

Bioma que ocorre no sul da Europa, norte da África, sudoeste dos Estados Unidos e em algumas regiões da Austrália e da América do Sul.

O clima é temperado, com verão seco e quente e inverno chuvoso com temperaturas mais amenas que as das florestas sazonais. A vegetação arbustiva é abundante, e a fauna é formada por répteis (lagartos e serpentes), pequenos mamíferos (coelhos e raposas), aves e insetos. As árvores apresentam folhas perenes, com cutículas protetoras espessas, e raízes longas, o que permite a absorção de águas profundas durante o verão seco.

Pradaria e estepe

As pradarias, ou campos, são encontradas na região central e no meio-oeste da América do Norte e na América do Sul meridional. As estepes, de aspecto semelhante, localizam-se na Ásia Central.

São biomas de vegetação formada sobretudo de gramíneas, apresentando raros arbustos e árvores. O solo geralmente é rico em nutrientes, pois a precipitação relativamente baixa (entre 300 mm e 850 mm anuais) e a decomposição lenta favorecem o acúmulo de matéria orgânica. Além de aves e muitos insetos, os grandes campos abrigam rebanhos de mamíferos herbívoros associados a grandes predadores, muitos dos quais têm sido caçados até a extinção. As espécies nativas têm cedido lugar a rebanhos de animais de criação e campos cultivados.

Savana

Bioma típico das zonas tropicais do planeta, incluindo África, América Central, América do Sul, Índia, sudeste da Ásia e Austrália.

As temperaturas médias anuais são elevadas. No verão as chuvas são abundantes, e o inverno é seco e prolongado. A precipitação média anual é de 900 mm a 1 500 mm. O solo é arenoso, ácido e pobre em nutrientes. Nele crescem gramíneas, herbáceas, arbustos e árvores esparsas, o que possibilita que fique a maior parte do tempo bem iluminado. As epífitas são raras, e as árvores frequentemente apresentam cascas espessas, sendo que a maioria perde as folhas na estação seca. As folhas são menores que as das espécies arbóreas das florestas pluviais, perdendo assim menos água por meio da transpiração. A fauna das savanas africanas apresenta grandes herbívoros (como antílopes e zebras), predadores de grande porte (como leões e guepardos), avestruzes e muitos insetos (como formigas e cupins).

Deserto

Ocorre nas zonas subtropicais da África, da Austrália, da Ásia e das Américas.

São regiões de clima seco, com chuvas muito raras, temperaturas elevadas durante o dia e muito baixas à noite. A fauna – constituída de insetos, répteis, aves e mamíferos – está bem adaptada às grandes variações térmicas. Muitos animais cavam tocas no solo para fugir do sol e permanecer em um ambiente úmido, bem como procuram alimento apenas no período noturno. Entre os mamíferos, as adaptações à falta de água são: formação de urina e fezes concentradas, escassez ou ausência de glândulas sudoríparas e tolerância à desidratação. A vegetação é pobre, com plantas que, adaptadas ao clima seco, apresentam raízes muito desenvolvidas, parte aérea reduzida e estômatos que se fecham nas horas mais quentes do dia. Nas cactáceas, as folhas transformam-se em espinhos, o que reduz a superfície foliar.

Floresta tropical

Bioma que ocorre na América do Sul, na América Central, na África Central e em algumas regiões da Ásia e da Oceania.

O clima é quente e úmido, pois, além de as regiões receberem grande quantidade de energia solar, as chuvas são abundantes e regulares, ultrapassando os 2 000 mm anuais. As temperaturas médias durante o ano podem ultrapassar 20 °C. Essas condições climáticas, tão favoráveis à vida, possibilitam o desenvolvimento de fauna e de flora exuberantes, possibilitando que as florestas tropicais sejam os biomas de maior biodiversidade do planeta, concentrando cerca de um terço das espécies vivas conhecidas. A vegetação arbórea é densa e variada, distribuída em, no mínimo, três estratos:

- **estrato superior** – formado pelas copas entrelaçadas de grandes árvores, dificulta a passagem da luz, do vento e da chuva. A altura dessas árvores fica em geral entre 30 m e 40 m, mas ocasionalmente podem surgir árvores emergentes, com mais de 50 m, que ultrapassam o dossel;
- **estrato intermediário** – composto de muitas epífitas e cipós, que se desenvolvem sobre os galhos do estrato superior;
- **estrato inferior** – vai desde o chão até cerca de 10 m de altura, é formado por arvoretas, arbustos e plantas herbáceas. As plantas são ombrófilas, ou seja, adaptadas a fazer fotossíntese com pouca luminosidade (500 vezes menor que a incidente no estrato superior).

A fauna das florestas tropicais é muito rica, com inúmeras espécies de mamíferos herbívoros e carnívoros (como veados, macacos, lêmures, esquilos, preguiças e felinos), de aves (como papagaios, colibris e sabiás), de répteis, de anfíbios (sapos, rãs, pererecas) e de insetos, os quais ocupam todos os estratos da vegetação. Em decorrência do predomínio de alta umidade, os anfíbios formam um grupo particularmente abundante. O solo é relativamente pobre em nutrientes, porém muito rico em matéria orgânica, que, oriunda de vegetais e animais, é decomposta com rapidez. Os sais minerais são arrastados pela água das chuvas até as camadas mais profundas do solo (lixiviação), onde são absorvidos pelas longas raízes das espécies vegetais.

■ Biomas do Brasil

O extenso território brasileiro abarca várias latitudes, que, associadas a um relevo variado, lhe conferem biomas diversificados. O Brasil tem seis grandes biomas: floresta Amazônica, Mata Atlântica, Pampa, Pantanal, Cerrado e Caatinga.

Floresta Amazônica

A **floresta Amazônica** é um bioma muito extenso e complexo que se estende por toda a região Norte do país e em partes das regiões Nordeste e Centro-Oeste, além de mais oito países vizinhos. O clima é quente e úmido durante todo o ano, portanto não há sazonalidade. As temperaturas médias anuais estão em torno de 25 °C, e a precipitação anual está entre 2 000 mm e 4 000 mm. A flora e a fauna apresentam alta biodiversidade, com muitas áreas de endemismo e diversas espécies ainda não descritas. Existem basicamente três tipos de florestas:

- **igapós** – matas que ocorrem em áreas planas, próximas às margens dos rios, sofrem inundação constante.

Têm solos pobres e as árvores não ultrapassam 20 m de altura. Abrigam plantas como vitória-régia, palmeiras diversas, aguapés, gramíneas e cipós;

- **matas de várzea** – ocorrem em áreas mais elevadas do que os igapós e sofrem inundações apenas durante as épocas de cheia dos rios. Possuem solo mais rico e maior biodiversidade do que os igapós. Suas árvores podem atingir de 25 m a 30 m de altura. As seringueiras e os cacaueiros são espécies típicas;
- **matas de terra firme** ou **matas pluviais** – ocupam áreas mais elevadas não sujeitas a inundação. Podem sustentar árvores de grande porte, com até 50 m de altura. Apresentam o perfil característico das florestas pluviais tropicais, com vários estratos de vegetação e dossel espesso que obstrui a passagem de luz. Cerca de 38% da floresta Amazônica é ocupada por matas de terra firme. Suas espécies típicas são: a castanha-do-pará, o guaraná, o pau-rosa, os cipós e as epífitas.

Mata Atlântica

A **Mata Atlântica** originalmente estendia-se ao longo da faixa próxima ao litoral, desde o Rio Grande do Norte até o Rio Grande do Sul, ocupando cerca de 8,5% do território nacional. Hoje os 7% restantes estão localizados em alguns trechos das encostas montanhosas.

Conta com grande número de espécies endêmicas, especialmente árvores e bromélias. O clima é quente e úmido e a temperatura média anual varia de acordo com a latitude e a altitude (entre 14 °C e 21 °C). Em geral, a mata é densa, mas apresenta variações especialmente nas regiões mais distantes do litoral, onde ocorrem as florestas semidecíduas. Canela, jequitibá, pau-brasil, jacarandá, peroba, ipê, jatobá, samambaias, musgos, avencas e epífitas são plantas específicas da região. As matas de araucária, típicas do Paraná e Santa Catarina, são uma subdivisão da Mata Atlântica.

A exploração dos recursos florestais desde o início da colonização colocou em risco de extinção grande parte das espécies da Mata Atlântica, como o mico-leão-dourado, o mono-carvoeiro e a preguiça-de-coleira. Os principais problemas atuais são a extração do palmito-juçara (*Euterpe edulis*) e o tráfico de animais silvestres.

Campos ou pampas

Os **Campos**, ou **pampas**, ocorrem em extensas planícies no Rio Grande do Sul que favorecem a propagação de ventos fortes e gelados. O clima é subtropical frio, com temperaturas médias anuais em torno de 19 °C e pluviosidade entre 500 mm e 1 000 mm anuais. A vegetação é composta de gramíneas, alguns arbustos e árvores. Esse bioma, com relevo plano, é adequado para a agricultura e a pecuária, atividades que têm ocasionado destruição da vegetação original.

Pantanal

O **Pantanal** é uma grande planície alagável localizada na região Centro-Oeste. Possui altitudes entre 100 m e 200 m.

Por estar localizado entre a Amazônia, o Cerrado e o chaco boliviano e paraguaio, é possível encontrar fauna e flora típicas desses três biomas. As chuvas abundantes no final da primavera e do verão provocam cheias que se mantêm durante grande parte do ano. No período de **vazante**, entre maio e julho, as águas escoam lentamente, formando lagoas, fundamentais para a sobrevivência da fauna e da flora. Entre agosto e outubro ocorre o período da **seca**, quando se desenvolve nas várzeas uma exuberante vegetação herbácea que alimenta a fauna nativa. A fauna e a flora são adaptadas às mudanças entre o período seco e o alagado. A fauna é muito exuberante, principalmente no período seco, no entanto o número de espécies endêmicas é baixo. Destacam-se aves, mamíferos de médio e grande portes, répteis e inúmeras espécies de peixes. A região ainda é bem preservada devido ao difícil acesso. Os maiores problemas são a pesca e a caça predatória, o tráfico de animais silvestres e a poluição das águas dos rios.

Cerrado

O **Cerrado** é a savana brasileira. Originalmente ocupava cerca de 25% do território nacional, na região central do Brasil. O clima é tropical sazonal com inverno seco. As temperaturas médias anuais estão entre 22 °C e 23 °C e a pluviosidade anual entre 1 200 mm e 1 800 mm, com chuvas concentradas entre setembro e maio. As características do solo, como pH baixo, baixa fertilidade, alta concentração de alumínio e pouca disponibilidade de água na superfície, são suficientes para sustentar apenas espécies adaptadas à escassez de nutrientes. Em geral, a vegetação arbórea e arbustiva apresenta ramos e caules tortuosos, cascas e folhas grossas, raízes profundas (até 20 m de profundidade) e perda de folhas na estação seca.

A vegetação herbácea, com raízes superficiais, absorve rapidamente a água durante a estação chuvosa. Durante a estação seca, as folhas secam, mas a vegetação permanece viva graças ao acúmulo de nutrientes em estruturas de armazenamentos, como bulbos e caules subterrâneos. No período seco, as queimadas, naturais ou antrópicas, são frequentes, pois há grande quantidade de matéria seca.

O Cerrado não é homogêneo, pois pode apresentar desde um aspecto de floresta, chamado **cerradão** (predomínio de espécies arbóreas e arbustivas), passando por formas intermediárias, como o **cerrado típico** (estratos arbóreo, arbustivo e herbáceo desenvolvidos) e o **campo sujo**, até um aspecto de campo com gramíneas e poucas árvores, o chamado **campo limpo**. Essas fisionomias do Cerrado são determinadas pelo tipo de solo e pela frequência e intensidade do fogo. Apesar das adaptações ao fogo e ao período seco, as queimadas frequentes impedem o estabelecimento da vegetação lenhosa. A biodiversidade é alta (mais de 5 mil espécies vegetais), assim como o endemismo das plantas superiores e da fauna. Entre os vertebrados podemos citar répteis, aves (emas, siriemas, tucanuçus, carcarás, papagaios e corujas-buraqueiras) e mamíferos (tatus, tamanduás, veados, caititus, antas, lobos-guará, felinos).

A agricultura, especialmente a cultura de soja e milho, e a pecuária têm sido os principais responsáveis pela rápida devastação desse bioma.

Caatinga

A **Caatinga** é o bioma encontrado nas regiões áridas do Nordeste brasileiro. Ocupa cerca de 11% do território nacional. O clima é semiárido, com chuvas escassas e irregulares e temperatura média elevada. Os solos são pedregosos e secos, ocasionando rápida evaporação das águas.

A maioria dos rios e cursos de água é intermitente, ou seja, seca a maior parte do ano e reaparece na época de chuva, quando as árvores produzem folhas e pequenas plantas forram o chão.

A vegetação é formada por várias espécies de cactos (mandacaru, xiquexique e facheiro), árvores (juazeiro, barriguda, aroeira, umbu, baraúna e maniçoba) e arbustos que perdem suas folhas na estação seca e possuem espinhos. Exemplos de adaptações desses vegetais à escassez de água: transformação das folhas em espinhos, número de estômatos relativamente menor do que em plantas encontradas em outras regiões, rápida abertura e fechamento dos estômatos, folhas com espessas cutículas protetoras e raízes com alto poder de absorção e armazenamento de água.

A diversidade da flora é mediana. A fauna é relativamente pobre quando comparada à de outros biomas. Estima-se que entre 30% e 50% da região já foi alterada pelo homem e o restante encontra-se bastante fragmentado.

▪ Ecossistemas aquáticos

Os ecossistemas aquáticos são classificados com base na salinidade, na profundidade e na mobilidade das águas.

Os ecossistemas aquáticos podem ser divididos em três grandes grupos, de acordo com a salinidade:
- ecossistemas marinhos, ou de água salgada;
- ecossistemas de água doce;
- manguezais.

Ecossistemas marinhos

São divididos em zonas ecológicas definidas de acordo com a profundidade:
- **zona litoral** (ou entre marés) – é delimitada pelas marés mais altas e mais baixas. Os organismos que aí vivem apresentam adaptações à exposição ao sol e às condições de submersão;
- **zona nerítica** – é a região entre o limite da maré mais baixa e o limite da plataforma continental, que atinge profundidades em torno de 200 m. A produtividade dessa região é elevada, pois a quantidade de luz é alta e as correntezas deslocam do fundo do mar para a superfície sedimentos com nutrientes, usados pelos produtores;
- **zona oceânica** – ocorre entre o limite da zona nerítica até regiões de águas muito profundas. Nessa região, geralmente a produtividade é baixa, devido à escassez de nutrientes;
- **zona bentônica** – corresponde ao assoalho marinho.

Organismos marinhos

O **plâncton** geralmente é formado por organismos microscópicos que são carregados pelas correntes oceânicas. O **fitoplâncton** é composto de algas unicelulares e cianobactérias, seres fotossintetizantes que servem de alimento para o **zooplâncton**, formado por protozoários, larvas, microcrustáceos e outros organismos. O **nécton** é composto de animais que se deslocam ativamente, superando as correntezas, como peixes, cefalópodes e mamíferos aquáticos. Os **bentos** são organismos que vivem próximos ao assoalho marinho.

Ecossistemas de água doce

Têm baixa quantidade de sais dissolvidos na água. São os **rios** e **cursos de água** e os **lagos** e **charcos** (água com pouco movimento).

O rio pode ser dividido em três regiões, ao longo de seu curso, que dependem da inclinação do terreno:
- **cabeceira** – tem inclinação mais acentuada; a correnteza impede o desenvolvimento do fitoplâncton, sendo as águas límpidas e transparentes;
- **curso médio** – tem menor inclinação, diminuindo, assim, a velocidade da água. Apresenta vegetação abundante, organismos planctônicos, larvas de insetos, moluscos, vermes e peixes. Sedimentos finos podem ficar em suspensão;
- **curso baixo** – as águas têm velocidade menor ainda. Corresponde à porção final do rio, quando deságua em outro curso de água, em um lago ou no mar.

Os **lagos** são massas de água acumulada em depressões dos terrenos. Como os biomas marinhos, podem ser divididos em regiões ecológicas:
- **zona litoral** – onde ficam suas margens;
- **zona limnética** – onde é encontrado o fitoplâncton;
- **zona bentônica** – é o fundo, onde se acumulam sedimentos.

O lago também pode apresentar **zonação vertical** quando é profundo.

Manguezais

Caracterizam-se pelo encontro das águas dos rios com o mar. Por isso, têm águas salobras, cuja salinidade varia de acordo com as marés. Correspondem aos estuários costeiros rasos e às áreas alagadas pelas marés altas. A salinidade é bem tolerada por árvores e arbustos perenes, cujas raízes retêm lama e sedimentos transportados pela água. O movimento das marés possibilita o transporte do material orgânico rio acima e para as zonas costeiras mais afastadas do estuário.

Os manguezais têm grande importância ecológica, pois é o hábitat de muitas espécies. São berçários naturais ameaçados por fazendas de camarão, poluição aquática, desvios das fontes de água doce continentais e corte das florestas.

Questões

1. **(PUC-SP)** Analise com atenção as combinações ambientais a seguir:
   - Combinação 1: clima quente e chuvoso + relevo de baixas altitudes + grande disponibilidade de água doce
   - Combinação 2: clima muito frio o ano inteiro + relevo irregular, montanhoso e bem elevado + águas congeladas

   A seguir, identifique a afirmação CORRETA:
   a) As duas combinações oferecem boas condições para a formação de biomas exuberantes, embora, na combinação 2, com baixa biodiversidade.
   b) A combinação 2 é o ambiente das grandes florestas temperadas que aparecem nos topos das cordilheiras.
   c) A combinação 1 é o ambiente das maiores florestas tropicais do planeta, marcadas pela grande diversidade biológica.
   d) A combinação 2 é o ambiente das grandes florestas de altitude dos altiplanos das cordilheiras do planeta.
   e) A combinação 1 é o ambiente das grandes savanas das áreas tropicais, portadoras de uma grande biodiversidade.

2. **(PUC-PR)** Cerca de 30% de todas as drogas fabricadas no mundo resultam de substâncias extraídas das florestas: de plantas ou de animais. As florestas tropicais e equatoriais são as principais fornecedoras, não havendo ainda nenhuma compensação para os respectivos países.
   É fácil avaliar a importância da biodiversidade dos ecossistemas da zona intertropical:
   a) notadamente no Canadá e Alasca, onde a vegetação de coníferas ocupa extensão impressionante.
   b) representados, por exemplo, pela vegetação que recobre a maior parte das penínsulas Balcânica e Escandinava.
   c) existentes na metade norte da África, onde estão o Marrocos, a Argélia e a Líbia.
   d) onde se destacam o Brasil, a Indonésia e a República Democrática do Congo, com as maiores selvas equatoriais e tropicais do mundo.
   e) particularmente na taiga siberiana, que contém a mais extensa região florestal da Terra.

3. **(Mackenzie-SP)** Observando as grandes paisagens naturais da Terra, podemos afirmar que:
   I. a savana típica ocorre na África, nas zonas intermediárias entre as florestas tropicais e os desertos subtropicais.
   II. a estepe semiárida é o reduto natural do pastoreio nômade, que ainda pode ser encontrado na periferia do Saara e na Ásia Menor.
   III. solo de cor escura, conhecido como *tchernozion*, é encontrado nas grandes altitudes, domínio dos climas úmidos.

   Assinale:
   a) se somente a afirmativa I estiver correta.
   b) se somente as afirmativas II e III estiverem corretas.
   c) se somente a afirmativa II estiver correta.
   d) se as afirmativas I, II e III estiverem corretas.
   e) se somente as afirmativas I e II estiverem corretas.

4. **(Fuvest-SP)** Qual das alternativas indica CORRETAMENTE o tipo de bioma que prevalece nas regiões assinaladas?

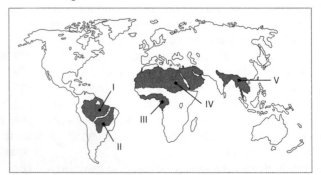

a) Floresta tropical em I, III e IV.
b) Floresta tropical em I, III e V.
c) Savana em I, III e IV.
d) Savana em II, III e IV.
e) Savana em II, IV e V.

5. (UEM-PR) Considerando os diferentes biomas e ecossistemas, assinale o que for CORRETO[1].

01. No deserto, como o Saara, a vegetação é pouco abundante e várias plantas se desenvolvem apenas nos curtos períodos de disponibilidade de água. A fauna é pobre, sendo constituída basicamente por alguns artrópodes, répteis e mamíferos.
02. No cerrado brasileiro, as árvores são de tronco liso, formam agrupamentos densos, compactos e alcançam grandes alturas. O lobo-guará e o tamanduá-bandeira não são encontrados nesse bioma.
04. Na tundra, que ocorre próxima à calota polar do hemisfério Norte, o clima é muito frio e seco, e as plantas herbáceas dividem o ambiente com musgos e liquens, que servem de alimento para o boi-almiscarado.
08. Nas florestas temperadas, com árvores caducifólias, como o carvalho, o clima é caracterizado por quatro estações bem definidas, o solo é rico em matéria orgânica e, enquanto muitas aves migram no inverno, os ursos hibernam.
16. O pantanal apresenta fauna muito rica e grande número de indivíduos por espécie. O material orgânico, trazido pelas inundações periódicas ocasionadas pelas águas que extravasam dos rios da bacia do rio Paraguai, contribui para a fertilidade do solo.

Resposta: Soma (___)

6. (UFSC) Sobre as formações fitogeográficas ou biomas existentes no Brasil, assinale a(s) proposição(ões) CORRETA(S)[1].

01. O Cerrado é uma formação fitogeográfica caracterizada por uma floresta tropical que cobre cerca de 40% do território brasileiro, ocorrendo na Região Norte.
02. O Mangue ocorre desde o Amapá até Santa Catarina e desenvolve-se em estuários, sendo utilizados por vários animais marinhos para reprodução.
04. A Caatinga é caracterizada por ser uma floresta úmida da região litorânea do Brasil, hoje muito devastada.
08. O Pampa ocorre na Região Centro-Oeste onde o clima é quente e seco. A flora e a fauna dessa região são extremamente diversificadas.
16. A Floresta Amazônica está localizada nos estados do Maranhão e do Piauí e as árvores típicas dessa formação são as palmeiras e os pinheiros.
32. O Pantanal ocorre nos estados do Mato Grosso do Sul e do Mato Grosso, caracterizando-se como uma região plana que é alagada nos meses de cheias dos rios.
64. A Mata Atlântica é uma formação que se estende de São Paulo ao Sul do país, onde predominam árvores como o babaçu e a carnaúba, e está muito bem preservada.

Resposta: Soma (___)

7. (PUC-RS) A floresta ombrófila mista, também conhecida como mata de araucária, ocorre em áreas de altitude do planalto meridional do Brasil. Como elementos característicos, encontram-se o pinheiro-brasileiro (*Araucaria angustifolia*), de onde se obtém o pinhão, e a samambaiaçu (*Dicksonia selowiana*), de onde se extraía o xaxim para a confecção de vasos para plantas. Segundo a classificação tradicional dos seres vivos, o pinheiro-brasileiro e a samambaiaçu são, respectivamente:

a) angiosperma e gimnosperma.
b) angiosperma e pteridófita.
c) gimnosperma e briófita.
d) gimnosperma e pteridófita.
e) pteridófita e gimnosperma.

---

[1] Dê como resposta a soma dos números associados às alternativas corretas.

8. **(Udesc)** O Brasil divide-se em seis grandes biomas, que, em conjunto, abrigam uma das maiores biodiversidades do mundo. Analise as descrições abaixo a respeito de cinco biomas brasileiros.

   I. Bioma caracterizado pela presença de uma grande diversidade de gramíneas. Estende-se por áreas de planície, apresentando um clima subtropical, com verões quentes e invernos frios. Devido à intensa exploração para a agricultura e a pecuária, apresenta apenas 36% de sua cobertura original.
   II. Segundo bioma em extensão do Brasil. Caracteriza-se pelo clima tropical-sazonal, com chuvas concentradas em um período do ano. O solo é ácido e pouco fértil, com plantas adaptadas a estas condições, com árvores de cascas grossas e troncos retorcidos. Dados atuais mostram que o bioma já perdeu quase 50% de sua cobertura original.
   III. Maior Floresta Pluvial Tropical do mundo. Caracteriza-se pela presença de um dossel fechado formado por árvores altas e um subdossel onde pode ser identificada uma grande quantidade de lianas e epífitas. Encontra-se ameaçada, tendo perdido aproximadamente 20% de sua cobertura original.
   IV. Bioma único no planeta, tombado como patrimônio natural da humanidade pela Unesco. Considerado a maior planície inundável do mundo, apresenta uma elevada biodiversidade, onde se destaca a fauna aquática. Dados atuais revelam que o bioma já perdeu aproximadamente 15% de sua cobertura original.
   V. Bioma que se estendia, originalmente, do Rio Grande do Norte ao Rio Grande do Sul, pela linha costeira do país. Apresenta clima que vai do tropical ao subtropical e uma grande diversidade de ecossistemas, como as Florestas Ombrófilas Densas, as Florestas Ombrófilas Mistas e as formações pioneiras. Apresenta apenas 7% de sua cobertura original.

   Assinale a alternativa que relaciona CORRETAMENTE a descrição do bioma com o seu nome.
   a) I. Pampa / II. Caatinga / III. Floresta Amazônica / IV. Pantanal / V. Floresta Atlântica
   b) I. Pampa / II. Floresta Atlântica / III. Pantanal / IV. Floresta Amazônica / V. Cerrado
   c) I. Cerrado / II. Pampa / III. Pantanal / IV. Floresta Amazônica / V. Floresta Atlântica
   d) I. Pantanal / II. Caatinga / III. Floresta Amazônica / IV. Pampa / V. Floresta Atlântica
   e) I. Pampa / II. Cerrado / III. Floresta Amazônica / IV. Pantanal / V. Floresta Atlântica

9. **(PUC-SP)** Nas áreas próximas a Brasília, encontramos parte do cerrado, um bioma que apresenta árvores de troncos tortuosos com folhas geralmente endurecidas. Algumas delas apresentam flores, como o ipê-amarelo e o ipê-roxo, e frutos como o pequi e a mangaba.

   Em um trecho da canção de Caetano Veloso denominada **Flor do Cerrado**, diz-se

   > Mas da próxima vez que for a Brasília
   > Eu trago uma flor do Cerrado pra você.

   Com relação às informações descritas acima a respeito desse bioma, foram feitas três afirmações:
   I. O aspecto da vegetação do cerrado deve-se à escassez de nutrientes no solo.
   II. O fato de as plantas apresentarem folhas endurecidas é uma adaptação para evitar a perda de água.
   III. As flores e os frutos referidos no texto indicam a presença de plantas do grupo das angiospermas nesse bioma.

   Assinale:
   a) se apenas uma das afirmações for verdadeira.
   b) se apenas as afirmações I e II forem verdadeiras.
   c) se apenas as afirmações I e III forem verdadeiras.
   d) se apenas as afirmações II e III forem verdadeiras.
   e) se as três afirmações forem verdadeiras.

10. (UFPel-RS) Os animais que vivem em zonas das marés – regiões banhadas pelas ondas – estão adaptados a permanecer fora da água duas vezes por dia, ou seja, durante as marés baixas. Muitos organismos simplesmente flutuam na água, sendo levados pelas variações da luz e temperatura. Estes constituem o _____. Outros nadam livremente, apresentando locomoção própria e sendo chamados de _____. E aqueles que vivem no fundo, onde a luz não os alcança, fixos no substrato, ou rastejando sobre ele, formam o _____.
Com base no texto e em seus conhecimentos, qual alternativa a seguir preenche corretamente as lacunas?
a) bentos – nécton – plâncton
b) plâncton – bentos – nécton
c) plâncton – nécton – bentos
d) bentos – plâncton – nécton
e) nécton – plâncton – bentos

11. (UFPel-RS)

"Nunca se imaginou que houvesse uma fauna tão rica que pode viver incrustada em grãos de areia e fragmentos de conchas pequenas". Essas são observações feitas por biólogos do Centro de Biologia Marinha da USP, após coletarem amostras de sedimento retirado do fundo oceânico do litoral norte de São Paulo. De profundidades que variavam de nove a quarenta e cinco metros emergiram treze espécies de invertebrados (cnidários, poliquetos e diminutos caramujos marinhos) que habitavam a superfície e os poros de fragmentos de conchas, o cascalho e os grãos da areia mais grossa.

Pesquisa Fapesp, n. 112, jun. 2005.

De acordo com o texto e seus conhecimentos é **correto** afirmar que:
a) a biodiversidade dos sedimentos do assoalho marinho (nécton) é representada por treze espécies distribuídas respectivamente dentro dos filos Cnidaria, Annelida e Gastropoda.
b) muitos invertebrados bentônicos encontram nos grãos de areia e nos fragmentos de conchas entre nove e quarenta e cinco metros (zona afótica) um local adequado para se fixarem.
c) os cnidários juntamente com os vermes marinhos (poliquetas) pertencem ao grupo de organismos milimétricos denominados de cordados invertebrados.
d) os biólogos que estudam os "bentos" são aqueles que se dedicam a toda e qualquer forma de biodiversidade que vive sobre ou sob o leito marinho.
e) o leito marinho em profundidades a partir dos quarenta e cinco metros é formado por fragmentos de conchas, cascalho e grãos da areia mais grossa, que serve de abrigo para os cordados invertebrados citados no texto.

12. (UFRGS-RS) Assinale a afirmação correta sobre os ecossistemas de água doce.
a) Lagos e lagoas constituem ambientes lóticos, pois não apresentam correntezas.
b) Nos lagos e lagoas, não são encontradas algas verdes, cianobactérias e diatomáceas.
c) Os rios são dependentes de matéria orgânica proveniente de outros ambientes.
d) Nos rios, a quantidade de sedimento diminui à medida que se aproxima a foz.
e) Lagos e lagoas eutróficas caracterizam-se por apresentar grande quantidade de oxigênio dissolvido.

13. (UFRJ) A biomassa pode ser definida como "a quantidade de matéria presente nos seres vivos de todos os tipos".

A figura a seguir mostra a distribuição da biomassa marinha em função da profundidade.

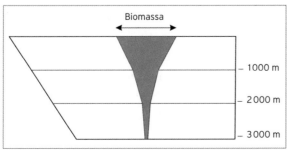

Explique por que ocorre a variação da biomassa em função da profundidade.

O ser humano e o ambiente

Após a Segunda Guerra Mundial, a população do planeta teve um grande crescimento. Atualmente está na marca de 7 bilhões de habitantes e poderá chegar a 9 bilhões em 2050.

A densidade populacional humana e o consumo exagerado de bens e produtos são fatores que exercem pressão sobre o meio ambiente, uma vez que utilizamos recursos naturais e geramos resíduos.

■ Gases poluentes

O impacto humano sobre a atmosfera começou a agravar-se durante a Revolução Industrial. Nos grandes centros urbanos, a presença de indústrias e o crescente número de automóveis passaram a ser as duas principais fontes de poluição do ar.

Os principais poluentes lançados na atmosfera são provenientes da queima de combustíveis fósseis, como carvão, petróleo e seus derivados. São eles:

- **monóxido de carbono** (CO) – é um gás incolor e inodoro muito presente nas grandes cidades devido ao intenso fluxo de veículos. Liga-se facilmente à molécula de hemoglobina, presente nas hemácias, e compete com o transporte do gás oxigênio no sangue. Se essa função for comprometida, as pessoas podem ficar debilitadas ou até morrer por asfixia se a concentração de CO for muito alta;
- **óxidos de nitrogênio** – seus principais derivados são o monóxido e o dióxido de nitrogênio (NO e NO_2, respectivamente). As indústrias de fertilizantes são as principais fontes de emissão desses gases, que podem causar doenças como enfisema pulmonar;
- **dióxido de enxofre** (SO_2) – é um gás produzido pela queima de gasolina e óleo *diesel*. Pode reagir com oxigênio, produzindo ácido sulfúrico, o que gera chuvas ácidas;
- **gás ozônio** (O_3) – forma na estratosfera uma camada protetora contra uma parte dos raios ultravioleta solares que incidem sobre a Terra. Uma parcela da radiação ultravioleta que é prejudicial aos organismos pode danificar o DNA, os pigmentos das plantas e as bactérias fotossintetizantes, comprometer a resposta imunitária e provocar tumores. Quando o ozônio está próximo ao solo, é considerado poluente, podendo causar danos à saúde e à vegetação.

Buraco na camada de ozônio

Desde a década de 1980, tem ocorrido acentuada diminuição nas concentrações do ozônio estratosférico, especialmente em latitudes elevadas, devido a emissões de compostos de clorofluorcarbonos (CFCs), aumentando os níveis de radiação ultravioleta prejudicial que atinge a superfície terrestre. No fim dos anos 1970, encontrou-se uma região mais rarefeita na camada de ozônio sobre a Antártida, denominada buraco da camada de ozônio. Os CFCs foram desenvolvidos para uso em aerossóis, solventes e sistemas de refrigeração, porém, na estratosfera, eles reagem com outros compostos e produzem moléculas de cloro que destroem o ozônio. Para atenuar essa destruição, em 1987, foi assinado o Protocolo de Montreal, visando à redução da produção e do consumo de produtos derivados dos CFCs.

Efeito estufa e aquecimento global

O **efeito estufa** é um fenômeno natural em que parte da radiação solar fica retida na atmosfera em forma de calor devido à presença de vapor de água e aos gases, como dióxido de carbono, metano, óxidos de nitrogênio e ozônio; sem tal efeito o planeta seria muito frio. No início do século XX já havia registros de aumento da temperatura da atmosfera, mas apenas na década de 1980 a tese do **aquecimento global** ganhou força, ou seja, a ideia de que a elevação da temperatura da atmosfera era resultado do aumento das emissões de gases de efeito estufa (GEE). Essa tese se baseia na associação entre registros de aumento da temperatura média do planeta e aumento da concentração de gás carbônico na atmosfera nos últimos 150 anos. Tais aumentos coincidem com a maior queima de combustíveis fósseis a partir da Revolução Industrial. Verificou-se aumento de cerca de 70% nas concentrações dos GEE entre 1970 e 2004.

■ Impacto humano sobre as águas

Utilizamos a água para diferentes finalidades, como abastecimento, irrigação, geração de energia elétrica, mineração, etc. No entanto, apenas cerca de 2,5% da água do planeta é apropriada para o consumo humano. Dois aspectos agravam esse quadro: o crescimento acelerado do consumo de água e a degradação da qualidade da água provocada pelas atividades humanas.

Uma das principais causas da degradação das águas são os **poluentes não biodegradáveis**, entre os quais podemos citar os compostos organoclorados e o petróleo.

Substâncias não biodegradáveis se decompõem muito lentamente ou não se decompõem por processos biológicos, permanecendo no ambiente por longo tempo. Alguns detergentes, pesticidas e derivados do petróleo.

Bioacumulação é o processo que afeta os diversos níveis tróficos da cadeia alimentar. Nesse processo, os poluentes tornam-se mais concentrados nos níveis mais altos da cadeia alimentar.

■ Impacto humano sobre o solo

O solo é um importante componente do ambiente físico por ser o meio onde vivem os microrganismos, as plantas e os animais. As principais formas de degradação antrópica dos solos são erosão, impermeabilização e poluição.

A **erosão** é um processo natural que produz e destrói o solo. O solo é produzido pela decomposição química dos minerais contidos na rocha matriz sob a ação de agentes físicos e de seres vivos. Entre as atividades humanas que podem acelerar a erosão, podemos citar a agricultura e o desmatamento, pois removem a cobertura vegetal, deixando o solo exposto à ação de chuvas e ventos. As partículas decompostas são transportadas até cursos de água e se acumulam em sedimentos no fundo de rios e represas, diminuindo a profundidade destes, até que fiquem assoreados. A erosão também é uma das principais causas dos desmoronamentos em época de chuva intensa.

■ Ameaças à biodiversidade

As comunidades variam significativamente em relação ao número de espécies. Florestas tropicais úmidas têm muito mais espécies de árvores do que florestas temperadas. É com base nesse conceito que foi criado o indicador chamado **diversidade de espécies**, que é a medida que combina tanto o número de espécies (riqueza de espécies) em uma comunidade quanto a abundância relativa de cada espécie.

Biodiversidade é o termo utilizado para descrever as variedades entre entidades ecológicas, que abrangem diversas escalas – desde a diversidade genética até a diversidade entre indivíduos de uma mesma espécie e entre ecossistemas.

Principais ameaças à biodiversidade:

- **destruição de hábitats** – é quando ocorre a conversão definitiva de um ecossistema para outra utilidade. O desmatamento e a poluição são fatores que levam à destruição de hábitats. A Mata Atlântica no Brasil é um exemplo de hábitat que tem sofrido grandes perdas. Mais de 92% dessa região foi desmatada para agricultura e urbanização. Essa floresta tropical úmida tem muitas espécies endêmicas. Das 904 espécies de mamíferos da América do Sul, 73 são endêmicas da Mata Atlântica, e 25 destas estão ameaçadas de extinção.

- **introdução de espécies exóticas** (espécies não nativas) – causa mudança nos ambientes bióticos. As espécies exóticas podem colocar em risco a biodiversidade de uma região, além de causar prejuízos econômicos. Um exemplo de espécie exótica é o caracol-africano (*Achatina fulica*), que, com alta taxa de reprodução e sem predadores naturais, espalhou-se por vários ambientes do Brasil, consumindo plantações e competindo com espécies nativas.

- **extinção de espécies** – fenômeno relativamente raro que geralmente acontece como resultado de alterações nos ecossistemas. Episódios de grandes extinções na Terra estão relacionados a processos naturais, como mudanças climáticas, atividades geológicas e impacto de meteoros. Porém, a causa das extinções atuais está relacionada ao desenvolvimento das sociedades humanas, pois há evidências de que a taxa de extinção de espécies começou a aumentar drasticamente a partir do século XVII. A extinção de uma espécie é um evento irreversível que pode comprometer a estabilidade dos ecossistemas naturais, bem como sua diversidade, pois interfere nas relações ecológicas estabelecidas entre as espécies. A extinção de uma **espécie-chave**, que tem grande efeito sobre a estrutura da comunidade, afeta outras espécies relacionadas a ela direta e indiretamente.

Questões

1. **(Mackenzie-SP)** A presença de certos gases na atmosfera tem preocupado cada vez mais a humanidade.

   A respeito deles, considere as afirmações I, II e III a seguir.

   I. O gás ozônio (O_3), na alta atmosfera, protege contra a radiação ultravioleta, mas, em baixas altitudes, ele é poluente.

   II. O CO_2 é apontado como principal causador do efeito estufa.

   III. O dióxido de nitrogênio (NO_2) e o gás metano (CH_4) pouco influem para o efeito estufa, pois suas concentrações são insignificantes.

   Assinale:

   a) se apenas I estiver correta.
   b) se apenas II estiver correta.
   c) se apenas III estiver correta.
   d) se apenas I e II estiverem corretas.
   e) se apenas II e III estiverem corretas.

2. **(UFG-GO)** Leia o texto a seguir.

   ### A "colaboração" do aquecimento global

   Estudos publicados na revista científica *Science* demonstraram que nos ovos do lagarto-barbado incubados em temperaturas entre 22 e 32 °C, a proporção de nascimentos entre machos e fêmeas foi em torno de 50% para cada sexo. Entretanto, acima de 34 °C havia uma distorção progressiva nessa proporção a favor das fêmeas, chegando ao extremo de, em uma das ninhadas, nascerem 94% de fêmeas e apenas 6% de machos.

   Planeta, São Paulo, ano 37, edição 437, p. 20, 2009. (Adaptado.)

   Levando-se em consideração o exposto no texto e as várias formas de interferência humana nos ecossistemas naturais, descreva:

   a) duas causas que promovem diretamente a elevação da temperatura média global;
   b) o cenário futuro para a população desses lagartos.

3. **(UPE)** Uma das grandes preocupações atuais é a manutenção da biodiversidade, representada pela variedade de seres vivos existentes em determinado local ou na Terra. Em geral, a extinção de espécies é um processo natural e lento, no entanto a principal causa da extinção das espécies é, na atualidade, a atividade humana. Analise as afirmativas a seguir:

   I. A diversidade da vida ao longo do tempo reflete as taxas de perdas e ganhos de novas espécies. A perda ocorrendo por extinção, e o ganho, por especiação. Assim, quando a taxa de especiação suplanta a de extinção em um táxon, a diversidade diminui neste. Quando a taxa de extinção supera a de especiação, a diversidade nele aumenta.

   II. O ser humano sempre selecionou espécies mais disponíveis e rentáveis para a agricultura e pecuária, mas essa uniformidade é saudável, pois diminui a sensibilidade ao ataque de pragas e a mudanças climáticas. Assim, espécies selvagens funcionam como um "banco genético", onde, por meio de enxertos e cruzamentos, são melhoradas as espécies domésticas e, até mesmo, salvas de extinção.

   III. A destruição de hábitats para ocupação humana, lavoura, pastagem, extração de recursos, exploração comercial excessiva, poluição e introdução de espécies exóticas são as principais causas para o aumento da atual taxa de extinção.

   IV. Para proteger a biodiversidade, é necessário se preservar o meio ambiente por meio de leis e do seu cumprimento, da promoção de campanhas educativas de respeito à natureza, bem como da criação e manutenção de unidades de conservação, como parques nacionais e reservas biológicas.

É preciso, também, combater a biopirataria, que envia seres vivos ao exterior para extração e pesquisa de medicamentos, cosméticos e outros produtos.

V. Quando uma espécie se extingue, libera espaço ecológico que pode ser explorado por outra espécie. Dessa forma, se ocorre extinção de um grupo taxonômico, irá haver a liberação de espaço, o que permitirá uma nova irradiação adaptativa de um grupo competidor.

Somente está CORRETO o que se afirma em:
a) I e II.
b) I, III e IV.
c) II e III.
d) II e V.
e) III, IV e V.

4. (Unesp)

O tabu das hidrelétricas na Amazônia

Segundo especialistas, o Brasil precisa de mais represas – inclusive na Amazônia – para evitar futuros apagões (...) e o maior empreendimento do Brasil nessa área é a usina hidrelétrica de Belo Monte, cuja construção enfrenta protestos ambientais.

A rejeição às grandes barragens é produto de um histórico de erros no setor. (...) O símbolo desses enganos é a usina de Balbina, erguida nos anos 80 no rio Uatumã, no estado do Amazonas. (...) Os construtores inundaram a área sem retirar as árvores, que viraram um grotesco paliteiro. A madeira em putrefação atraiu nuvens de mosquitos para a região, matou os peixes e gera metano, um gás tóxico e responsável pelas mudanças climáticas.

Época, 12 mar. 2011. Adaptado.

Barco navega pelo rio Xingu, na região da futura usina hidrelétrica Belo Monte.

Floresta apodrecendo no lago da Balbina.

Explique por que a não retirada das árvores levou à mortandade dos peixes e à produção de metano no lago de Balbina, e por que o metano é designado, no texto, como um gás responsável por mudanças climáticas.

TEXTO PARA A PRÓXIMA QUESTÃO:

Para obter-se o terreno para o plantio, o mato precisa ser derrubado, galhos e ramos cortados e, depois de secarem, precisam ser queimados. É um trabalho duro. Em geral é feito por grupos de homens acostumados com esse serviço e que são pagos por um chefe, o qual contrata o serviço com os donos das terras... Depois de mais ou menos 2 a 3 meses que o sol secou as folhas e os galhos, pode-se começar a queima do mato, um acontecimento notável, esperado com grande tensão.

MAIER, Max Hermann. *Um advogado de Frankfurt se torna cafeicultor na selva brasileira.* CDPH/UEL.

5. (UEL-PR) A prática da queimada, utilizada por agricultores para facilitar o plantio, tem efeitos prejudiciais para o solo. Assinale a alternativa que apresenta CORRETAMENTE o efeito da alta temperatura no solo durante a queimada.

a) Incorporação do carbono em compostos orgânicos produzidos em altas temperaturas.

b) Perda de nitrogênio causada pela sua incorporação em compostos insolúveis, formados pelas cinzas.

c) Aumento da concentração de íons hidrogênio, levando à acidez e à diminuição do oxigênio.

d) Eliminação de microrganismos responsáveis pelo processo de degradação da matéria orgânica.

e) Absorção de monóxido de carbono e compostos inorgânicos pelas bactérias nitrificantes, causando baixa fertilidade do solo.

6. (CP2-RJ) A notícia descrita abaixo retrata a consequência de um dos maiores problemas ambientais atuais.

O nível do Rio Negro, no auge da estação de cheia na Amazônia, em junho, deverá ficar quase 1 metro acima do registrado no ano passado. Nos próximos 75 dias, ele deve atingir entre 28,62 e 29,32 metros. A estimativa do Serviço Geológico do Brasil aponta que a cheia deste ano deverá ser de "média a grande".

"Embora deva ultrapassar o ápice da cheia de 2005 (28,10 metros), a deste ano deve ser 0,33 centímetros menor do que a maior dos últimos dez anos (1999, com 29,30 metros). Mas é possível que ultrapasse esse nível, indo de uma cheia média para grande", afirmou o gerente de hidrologia do Serviço Geológico do Brasil, Marco Oliveira. As cheias desse ano já deixaram 16 mil pessoas desabrigadas em quatro municípios amazonenses.

O Globo, 6 abr. 2009. (Adaptado.)

Localização do monte Nevado Mismi, na Cordilheira dos Andes, e a nascente do rio Amazonas.

Identifique o problema ambiental responsável por esses acontecimentos, explicando essa relação.

7. **(UFU-MG)** Durante o verão, é comum assistirmos, no Brasil, a inúmeros relatos de deslizamentos de terra e soterramentos causadores de tragédias humanas. Muitas dessas situações são consequências da ação antrópica no meio ambiente como, por exemplo, a construção de moradias em locais onde foram realizados desmatamentos ou até mesmo em antigos espaços de depósito de lixo.

   a) Explique o papel que a vegetação pode ter para evitar tragédias como as causadas por deslizamentos de terra e soterramentos.

   b) Comente três consequências para o meio ambiente (sem se esquecer de que o homem faz parte dele) decorrentes do depósito inadequado de lixo.

8. **(Fuvest-SP)** Há anos, a Amazônia brasileira tem sofrido danos ambientais, provocados por atividades como queimadas e implantação de áreas de pecuária para o gado bovino. Considere os possíveis danos ambientais resultantes dessas atividades:

   I. Aumento da concentração de dióxido de carbono (CO_2) atmosférico, como consequência da queima da vegetação.

   II. Aumento do processo de laterização, devido à perda de ferro (Fe) e alumínio (Aℓ) no horizonte **A** do solo.

   III. Aumento da concentração de metano (CH_4) atmosférico, liberado pela digestão animal.

   IV. Diminuição da fertilidade dos solos pela liberação de cátions Na^+, K^+, Ca^{2+} e Mg^{2+}, anteriormente absorvidos pelas raízes das plantas.

   Está CORRETO o que se afirma em:

   a) I e III, apenas.
   b) I, II e III, apenas.
   c) II e IV, apenas.
   d) III e IV, apenas.
   e) I, II, III e IV.

9. **(UFPR)** Uma área de pesquisa da ecologia, considerada fundamental para a exploração espacial, é a criação de ecossistemas controlados (biosferas artificiais) que possam prover alimentos, ar e vários recursos fundamentais para a sobrevivência de futuros colonizadores espaciais. A tarefa, certamente, não é nada fácil. A organização dos ecossistemas naturais resulta de um longo processo de coevolução. Em um experimento de biosfera artificial hipotético, são recriados ambientes e hábitats dentro de um domo de material plástico completamente vedado, com a esperança de que, pelo menos por um período, os ciclos biogeoquímicos se completem, regenerando recursos fundamentais à manutenção da vida. Nessa biosfera foram criados rios artificiais que deságuam em um minioceano, uma floresta, um minideserto e mesmo uma plantação de vegetais. Uma estação de tratamento impede que o esgoto *in natura* seja liberado nos rios artificiais e no minioceano. Por 100 dias tudo correu bem, até que foi detectado um desequilíbrio entre a concentração de oxigênio e gás carbônico na atmosfera do local – a concentração de oxigênio ficou excessivamente elevada e a de gás carbônico baixou bem mais do que era considerado ideal para o experimento. Quais das ações listadas abaixo devem ser consideradas, pelos membros da equipe da biosfera artificial, para corrigir esse problema?

   1. Aumentar a quantidade de nutrientes no minioceano para promover o aumento da produção de fitoplâncton e algas.
   2. Promover o aumento populacional de organismos herbívoros aquáticos e terrestres.
   3. Desviar uma porção do efluente da estação de tratamento de esgotos, que era direcionado para o minioceano, para o rio artificial.
   4. Aumentar a concentração de organismos decompositores nos diversos sistemas da biosfera artificial.
   5. Diminuir a intensidade de luz solar que chega ao interior da biosfera artificial.

   Podem ajudar a solucionar o problema detectado nessa biosfera artificial:

   a) as ações 1 e 2 apenas.
   b) as ações 1, 2 e 3 apenas.
   c) as ações 3 e 4 apenas.
   d) as ações 2, 3 e 5 apenas.
   e) as ações 1 e 5 apenas.

Usos da energia e suas fontes

Desde a era industrial, passamos os dois últimos séculos queimando combustíveis fósseis para gerar energia. Atualmente, 66% da energia elétrica de todo o mundo vem da queima desses combustíveis nas usinas termelétricas. Um dos maiores desafios do século XXI será desenvolver energias renováveis menos impactantes e evitar desperdícios.

Fonte de energia é toda substância ou corpo capaz de produzir energia, cuja transformação em outras formas energéticas pode ser realizada em larga escala. As fontes de energia conhecidas são classificadas em:

- **fontes primárias** – originam-se de processos fundamentais da natureza, como a energia solar e a atômica;
- **fontes secundárias** – são derivadas de fontes primárias, como a energia da biomassa (derivada da energia solar) e a das marés (proveniente da energia gravitacional).

Classificam-se também em renováveis e não renováveis:

- **fontes de energia renováveis** – são aquelas que estarão disponíveis por muitos anos ou cujo tempo de reposição é rápido, como a energia solar, a energia das marés, a energia hidrelétrica e a energia da biomassa (exceto petróleo, gás natural, carvão mineral, xisto e turfa);
- **fontes de energia não renováveis** – são aquelas cujo tempo de reposição é muito longo, como o petróleo, o carvão e o gás natural.

A **energia hidrelétrica** é obtida por meio do movimento das águas. No Brasil, cerca de 90% da energia consumida é proveniente das usinas hidrelétricas. É classificada como renovável, porque, após a construção da barragem, o lago é alimentado continuamente pela chuva e pelos cursos de água que nele deságuam.

Apesar de ser considerada uma energia limpa, a construção de uma usina hidrelétrica gera grandes impactos ambientais, pois altera o curso dos rios e inunda grandes extensões de terra, destruindo hábitats e, às vezes, até cidades. O represamento do rio e a formação do lago alteram os ecossistemas aquáticos, intensificam a proliferação de espécies de plantas flutuantes que prejudicam o ambiente aquático, privando-o de oxigênio e afetando muitas espécies de peixes. Os impactos sociais e culturais também são grandes, pois as populações indígenas e ribeirinhas são deslocadas para áreas distantes.

A **energia solar** pode ser aproveitada por meio da utilização de espelhos parabólicos, que concentram os raios solares, convertendo água em vapor e movimentando as turbinas geradoras de eletricidade. Outro processo utiliza painéis de células fotovoltaicas para captar a luz solar e gerar eletricidade para diversos usos.

A **energia das marés** é resultante do movimento da água do mar durante as marés. Ainda não é considerada uma fonte de energia efetiva, pois a tecnologia disponível atualmente tem custo alto se comparado à quantidade de energia produzida.

A **energia da biomassa** é proveniente de compostos orgânicos. Sua formas de aproveitamento são:
- combustão direta da madeira;
- cultivo de plantas, como cana-de-açúcar e milho, para a produção de álcool combustível;
- fermentação de resíduos orgânicos urbanos, industriais ou agrícolas para a produção de biogás, composto de metano e dióxido de carbono.

Energia eólica é a energia oriunda do vento, ou seja, do ar em movimento. A movimentação das pás das turbinas eólicas aciona um gerador de eletricidade. É uma energia renovável, com tecnologia relativamente simples, limpa e rendimento elevado. O Brasil tem grande potencial para a geração desse tipo de energia, porém sua participação na matriz energética ainda é muito pequena, responsável por apenas 0,24% da produção total de energia no país e por 1% nas Américas.

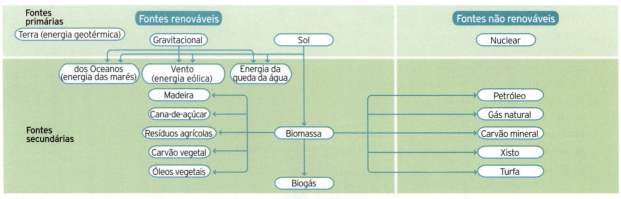

Principais fontes de energia.

Questões

1. **(Unesp)** Os carros híbridos, cujos motores funcionam a combustão interna (geralmente combustíveis fósseis) e eletricidade, são tidos como alternativa viável para reduzir a emissão veicular de dióxido de carbono (CO_2) para a atmosfera. Para testar se são realmente ecológicos, pesquisadores italianos compararam as emissões de dióxido de carbono de quatro homens, em três situações, correndo, caminhando e andando de bicicleta, com as emissões de dióxido de carbono de carros movidos a gasolina, de carros movidos a óleo *diesel* e de carros híbridos, quando cada um desses tipos de carros transportava esses mesmos quatro homens em percursos urbanos. Os resultados são apresentados no gráfico a seguir, onde as barras representam a emissão de CO_2 de cada tipo de carro, e as linhas vermelhas representam a emissão de CO_2 pelo grupo de quatro homens.

   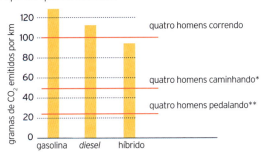

   *Baseado na velocidade de 5 km/hora
   **Baseado na velocidade de 50 km/hora

   Scientific American Brasil, jun. 2011. (Adaptado.)

   Considerando os resultados e as condições nas quais foi realizado o experimento, e considerando os processos de obtenção e produção da energia que permitem a movimentação dos músculos do homem, pode-se dizer corretamente que quatro homens:

   a) transportados por um carro híbrido apresentam a mesma taxa respiratória que quatro homens pedalando, e liberam para a atmosfera maior quantidade de dióxido de carbono que aquela liberada pelo carro híbrido que os está transportando.
   b) correndo consomem mais glicose que quatro homens pedalando ou quatro homens caminhando, e liberaram para a atmosfera maior quantidade de dióxido de carbono que aquela liberada por um carro híbrido que os estivesse transportando.
   c) pedalando consomem mais oxigênio que quatro homens caminhando ou correndo, e cada um desses grupos libera para a atmosfera maior quantidade de dióxido de carbono que aquela liberada por um veículo híbrido que os estivesse transportando.
   d) pedalando têm maior consumo energético que quatro homens caminhando ou quatro homens correndo, e cada um desses grupos libera para a atmosfera menor quantidade de dióxido de carbono que aquela liberada por qualquer veículo que os estivesse transportando.
   e) transportados por um veículo a gasolina ou por um veículo a *diesel* liberam para a atmosfera maior quantidade de dióxido de carbono que aquela liberada por quatro homens transportados por um veículo híbrido, ou por aquela liberada pelo carro híbrido que os está transportando.

2. **(UFRJ)** O processo da fotossíntese é uma forma de transferência da energia do Sol para os vegetais. Nesse processo, os vegetais captam CO_2 atmosférico e produzem O_2. Uma árvore contém, portanto, uma certa quantidade de energia acumulada do Sol.

   O carvão mineral (carvão fóssil) é formado essencialmente por árvores mortas e soterradas em eras passadas. Quando são queimados, tanto as árvores quanto o carvão liberam energia sob a forma de calor.

   Se a destruição das florestas e as taxas de queima de carvão mineral continuarem a aumentar, o que deverá acontecer com a temperatura da atmosfera terrestre? Justifique sua resposta.

Gabarito

Seres vivos: características e constituição

página 8

1. e 3. c
2. c 4. a
5. $(02 + 04 + 16) = 22$
6. c

Principais teorias sobre a origem da vida

página 11

1. e 2. a
3. a) O experimento de Miller e Urey testava a hipótese de moléculas orgânicas serem formadas a partir das substâncias e nas condições presentes na atmosfera primitiva, simuladas na ocasião.
   b) Aminoácidos.
   c) Os primeiros seres vivos teriam sido heterótrofos anaeróbios, que obtinham energia por meio da fermentação. Com o aparecimento de organismos autótrofos fotossintetizantes, houve acúmulo de O_2 na atmosfera.

Células e seus componentes

página 16

1. e 3. a
2. d 4. b
5. a) A: Glicoproteínas do glicocálice.
      B: Proteínas integrantes da membrana plasmática.
      C: Dupla camada de fosfolipídios.
   b) O transporte passivo não gasta energia, pois ocorre a favor do gradiente de concentração, ou seja, do lado mais concentrado para o menos concentrado. No transporte ativo, a movimentação de soluto é contra o gradiente de concentração, havendo consumo de energia.
   c) A osmose envolve a passagem de solvente, e não de soluto, do lado menos concentrado para o mais concentrado, por meio de uma membrana semipermeável.
6. a) Tubo I: Núcleo.
      Tubo II: Retículo endoplasmático rugoso ou granular.
      Tubo III: Cloroplasto.
   b) DNA, RNA, glicose, dentre outros.
   c) Tubo IV: Mitocôndria – DNA.
      Tubo V: Peroxissomo – oxidases.

Obtenção de energia pelas células

página 20

1. b 3. e 5. c
2. a 4. a 6. V-V-V-F-F
7. a) Fotossíntese.
   b) Cloroplastos, contendo pigmentos fotossintetizantes, e enzimas específicas.
   c) A equação da fotossíntese é:
   $$6\,CO_2 + 12\,H_2O \rightarrow$$
   $$C_6H_{12}O_6 + 6\,H_2O + 6\,O_2$$
   A respiração aeróbia é um processo inverso à fotossíntese.
   d) Na fotossíntese realizada pelas sulfobactérias, a substância doadora de hidrogênios é o ácido sulfídrico (H_2S) e não a água. Não há liberação de O_2.
   e) A luz azul garante maior eficiência na fotossíntese, pois a clorofila absorve mais energia nos espectros azul e vermelho.

Divisão celular, síntese de DNA, RNA e proteínas

página 26

1. $(01 + 04) = 5$ 3. e
2. e 4. c
5. a) A sequência do RNAm é UCC-GUU-AAU-UCC-GGC-AAG.
   b) Seria incorporado o terceiro aminoácido, determinado pela trinca TTA.
   c) UUA.
6. A substituição de um nucleotídeo por outro pode provocar a troca de um aminoácido por outro na proteína – isso quando a substituição não implicar a substituição apenas do nucleotídeo, sem alteração do aminoácido a ser incorporado, uma vez que o código genético é degenerado. Já a supressão de um nucleotídeo implicará a produção de uma proteína bastante alterada, dado que a tradução do RNAm produzido a partir desse DNA é realizada em trincas.
7. A primeira hipótese, de os ovos diploides serem originados por mitose, reforça a suposição de perda de variabilidade genética, já que todas as formigas geradas pela rainha são clones, com conteúdo genético idêntico. Já no segundo caso, não haveria essa desvantagem, pois durante a meiose ocorre o processo de *crossing over* ou permutação, permitindo a produção de ovos geneticamente distintos entre si, os quais permitiriam a existência de variabilidade genética na população.

Ciclos de vida e reprodução humana

página 32

1. c 2. d 3. d
4. $(01 + 04 + 16) = 21$
5. F–F–V–V–V
6. a) Porque as mulheres podem apresentar ciclo menstrual irregular, que provoca falhas no método.
   b) A pílula anticoncepcional impede a liberação do óvulo pela mulher, enquanto os demais não interferem nesse processo.

Embriologia

página 38

1. d 2. c 3. b
4. $(01 + 02 + 04 + 08) = 15$
5. a) Os gambás são animais marsupiais, cuja placenta é rudimentar, fazendo com que os filhotes nasçam imaturos e seu desenvolvimento se complete no interior do marsúpio, onde se alimentam de leite materno.
   b) A placenta, responsável, entre outras funções, pela nutrição, pela respiração e excreção do embrião.
6. a) a.1 – aumento do número de células;
      a.2 – aparecimento do arquêntero e do blastóporo;
      a.3 – início da organogênese.
   b) É a capacidade de uma célula dar origem a células de qualquer tipo.
   c) Porque as células do blastocisto ainda não estão diferenciadas em determinados tipos celulares, podendo originar mais tipos de células que aquelas presentes em gástrula ou nêurula.

Tecido epitelial, pele e anexos

página 42

1. c 3. d 5. e
2. d 4. d 6. a
7. c

Tecidos conjuntivos

página 48

1. d 3. a 5. b
2. a 4. b 6. d
7. a) As vacinas são substâncias empregadas para a prevenção de doenças, na chamada imunização ativa. Elas são constituídas por antígenos atenuados ou mortos, que não provocam a doença em si, mas estimulam o sistema imune a produzir anticorpos, impedindo que o organismo adoeça em caso de contato futuro com o antígeno.
   b) Quando se aplica a primeira dose da vacina, há produção de anticorpos e de células de memória, que reconhecem o antígeno rapidamente em um segundo contato. Ao se aplicar a dose de reforço, tais células de memória são ativadas, levando à produção de grande quantidade de anticorpos em curto período.

Tecidos muscular e nervoso

página 52

1. d 3. c 5. a
2. c 4. c 6. V-V-V-V-F

Sistemática

página 56

1. a 2. a 3. a 4. a
5. a) Ao gênero *Felis*.
   b) Porque eles pertencem todos à mesma espécie.
   c) Felidae, pois a terminação –*idae* refere-se à família.
6. O organismo 4, pois nele houve maior porcentagem de hibridação. Quanto mais semelhantes geneticamente dois organismos, maior a hibridação observada.

Vírus e bactérias

página 62

1. d 3. a 5. e 7. c
2. e 4. e 6. a 8. c
9. a) Bactérias podem ser usadas para a produção de medicamentos por meio da técnica do DNA recombinante. Essa técnica insere nas bactérias genes que produzem substâncias de interesse médico.
   b) O botulismo é uma infecção adquirida por meio da ingestão de alimentos contaminados com a bactéria *Clostridium botulinum*. O tétano ocorre quando ferimentos são infectados por esporos da bactéria *Clostridium tetani*, presentes no solo ou em objetos contaminados.

Protoctistas e fungos

página 66

1. d 2. c

3. $(01 + 02 + 16 + 32) = 51$

4. a   5. d   6. a

7. a) A amebíase pode ser prevenida com medidas de higiene e de saúde pública. Medidas de higiene: lavar as mãos antes de comer e após usar o banheiro, lavar os alimentos, ingerir água tratada ou fervida. Medidas de saúde pública: instalação de rede de esgoto.

     b) Cistos de ameba são ingeridos por meio de água ou alimento contaminados. O protozoário se desenvolve no sistema digestório e cistos são eliminados pelas fezes. Se as fezes não tiverem o destino adequado, podem contaminar solo, alimentos, ou água, infectando outras pessoas.

8. a) Os protozoários de água doce perderiam água e morreriam porque a água do mar constitui um meio hipertônico em relação aos protozoários de água doce.

     b) O mecanismo celular é a osmose.

9. Os liquens resultam de uma associação (mutualismo) entre fungos (reino Fungi) com cianobactérias (reino Monera) ou algas unicelulares (reino Protista). Nessa associação, os fungos, organismos heterótrofos, contribuem com um ambiente propício ao crescimento dos seus parceiros absorvendo água e minerais e do desprendimento do CO_2, além da proteção contra a agressão do ambiente natural. Em contrapartida, cianobactérias e algas, organismos fotossintetizantes, contribuem com a produção de compostos de carbono, a liberação de oxigênio e, ainda, a fixação de nitrogênio pelas cianobactérias.

Grupos de plantas

página 72

1. e   4. d

2. a   5. $(01 + 08) = 09$

3. c   6. b

7. a) A redução do número de cromossomos ocorre por meiose nos esporófitos (dentro dos estróbilos) para a produção dos grãos de pólen e dos óvulos.

     b) A pinha é o cone ou estróbilo; o pinhão é a semente.

Anatomia e morfologia das angiospermas

página 76

1. d   2. c   3. c   4. a

5. d

6. $(02 + 04 + 08 + 16) = 30$

7. e

8. a) 1, 2, 5, 7, 8. Arroz, feijão, tomate, ervilha e pêssego.

     b) Pêssego é uma drupa, pois apresenta endocarpo duro formando o caroço e, no interior desse fruto, existe uma semente. Tomate é uma baga, pois apresenta epicarpo firme e, no interior, várias sementes pequenas.

     c) Batata apresenta gemas laterais.

Fisiologia vegetal

página 80

1. a   3. b

2. a   4. a

5. c

6. a) Plantas A: Plantas de dia curto (PDC). Plantas B: Plantas de dia longo (PDL)

     b) Para as PDC, é o número mínimo de horas de escuro necessário para floração e, para as PDL, é o número máximo de horas de escuro.

     c) Em fotoperíodo de 12 horas de luz e de escuro, condição em que o fotoperíodo crítico é atingido para ambas.

7. a) O ovário da flor.

     b) À medida que as sementes se desenvolvem no interior do ovário, produzem auxinas e giberelinas que estimulam o desenvolvimento e o amadurecimento do fruto. Por isso, a aplicação desses hormônios em flores não polinizadas leva ao desenvolvimento do ovário formando frutos sem sementes.

Animais: poríferos, cnidários e moluscos

página 86

1. $(01 + 08) = 09$ 5. a

2. e   6. a

3. e   7. e

4. a   8. a

9. a

10. a) Planária, minhoca e besouro apresentam simetria bilateral, enquanto esponja, medusa (água-viva) e coral apresentam simetria radial.

     b) Na simetria bilateral, existe um eixo principal que divide o animal em duas partes. No caso da simetria radial, esse eixo não existe, logo o animal pode ser dividido em múltiplos planos de corte que passam pelo centro geométrico do corpo.

     c) A larva da estrela-do-mar apresenta simetria bilateral. Na fase adulta, a estrela-do-mar tem simetria do tipo radial.

Animais: platelmintos e nematoides

página 90

1. d   3. e

2. d   4. a

5. a

6. Embora a *Taenia solium* possua reprodução sexuada, ela é realizada com o mesmo indivíduo (autofecundação), enquanto o *Schistosoma mansoni* se reproduz com um indivíduo de sexo diferente (reprodução cruzada). Assim, a maior variabilidade genética deve ser encontrada em *Schistosoma mansoni*.

Animais: anelídeos, artrópodes e equinodermos

página 96

1. b   3. a   5. d

2. b   4. a   6. a

7. b

Animais: cordados

página 102

1. a   6. d

2. e   7. V-F-V-F-V

3. c   8. c

4. c   9. b

5. c   10. d

11. d

Fisiologia humana I

página 108

1. $(01 + 04 + 08 + 32) = 45$

2. e

3. b

4. a) Da maior para a menor concentração de oxigênio, temos: veia pulmonar, capilares e artéria pulmonar. A **veia pulmonar** apresenta maior concentração de O_2, pois transporta o sangue arterial vindo do pulmão (onde ocorrem trocas gasosas) e o leva de volta para o coração, de onde será bombeado para o corpo. Em seguida, os **capilares** têm uma quantidade menor de O_2, pois esse gás é repassado para os tecidos do corpo. Por último, com menor concentração de O_2, temos a **artéria pulmonar**, que transporta o sangue venoso do coração para os pulmões.

     b) O restante do CO_2 é transportado de duas maneiras: 70% sob a forma de íon bicarbonato (HCO_3^-) no plasma sanguíneo e 25% transportado pela hemoglobina (carboemoglobina).

5. Com o rompimento das paredes dos alvéolos e a formação de grandes bolsas, a superfície para as trocas gasosas diminui, causando a deficiência respiratória.

Fisiologia humana II

página 112

1. b   3. a

2. d   4. c

5. a

6. Como todo hormônio, a testosterona é liberada diretamente no sangue; por esse motivo, continua atuando normalmente sobre as células mesmo após a interrupção (corte) dos vasos deferentes.

Fisiologia humana III

página 118

1. a   3. b   5. b

2. d   4. c   6. c

7. b

8. a) A orelha (ouvido) é dividida em três partes: externa, média e interna. As células que podem ser lesadas pelo excesso de ruído são os cílios localizados na orelha interna.

     b) A **orelha externa** (ouvido externo) capta e conduz as ondas sonoras até o tímpano. Na **orelha média** (ouvido médio) estão os ossículos denominados martelo, bigorna e estribo, que propagam o som até as estruturas da **orelha interna** (ouvido interno), representada pela cóclea, que transforma o som em impulsos nervosos, através da vibração do fluido interno. Esses impulsos são conduzidos pelo nervo auditivo até o córtex cerebral. Nota: O termo "**orelha**" é o mais atual.

9. Mitose; metáfase.

Genética I

página 122

1. c   2. b   3. a   4. b

5. F-V-F-F-V

Gabarito

Genética II

página 128

1. e 3. c 5. e 7. e
2. b 4. c 6. e 8. c

Genética III

página 132

1. c 2. e 3. e 4. a
5. (01 + 08) = 09
6. c 8. b 10. d
7. c 9. e 11. a
12. A não disjunção ocorreu depois da formação do zigoto devido a uma divisão mitótica anômala. Para que o cariótipo anormal fosse detectado nas células pesquisadas, a não disjunção deveria ter acontecido antes da fecundação.
13. a) **Aneuploidia** é uma alteração no número de cromossomos, diferindo do normal da espécie. O gato de José apresenta uma trissomia (XXY) dos cromossomos sexuais.
    b) O macho normal (XY) não pode apresentar as duas cores, pois possui apenas um cromossomo sexual X. Assim, eles podem ser pretos (XPY) ou amarelos (XAY).

Biotecnologia

página 138

1. b 2. d 3. a
4. a) Tecido: meristema. As células deste tecido são indiferenciadas, podendo diferenciar-se nos demais tecidos vegetais.
    b) As células germinativas apresentam número haploide de cromossomas e as células somáticas apresentam número diploide de cromossomas.
5. a

Evolução e história da Terra

página 144

1. b
2. a) As alterações nas frequências fenotípicas ocorrem devido à especialização dos hábitos alimentares de cada tipo de ave/bico e a variação na densidade da população de suas presas. Até o ponto 2 da escala de tempo, a frequência de aves de bico largo e fino é constante no gráfico; a partir desse ponto, ocorre o aumento na frequência de aves de bico fino por causa da maior oferta de presas consumidas por essas aves. Também a partir do ponto 2, a frequência de indivíduos de bico largo caiu, porque a população de presas das quais estas aves se alimentam diminui.
    b) Darwin explica o mecanismo de adaptação como parte do processo evolutivo através da seleção natural. As espécies apresentam diferenças fenotípicas que são selecionadas de acordo com as características mais aptas à sua sobrevivência no meio em que vivem.
3. c 4. c 5. e

Seleção e adaptação

página 148

1. F-V-V-V-V 4. d
2. e 5. V-V-V-F-V
3. d 6. a

Genética das populações

página 152

1. V-F-V-V-F 2. V-F-F-V-V
3. A frequência dos genótipos AA, Aa e aa, é respectivamente: 0,36; 0,48; 0,16.
4. O gene B, da população 2. Porque ele fica protegido da seleção nos heterozigotos e sua frequência é maior que zero. Na população 1, todos os genes A1 são eliminados a cada geração, logo, sua frequência será zero.
5. a) As condições propostas por Hardy e Weinberg podem ser duas dentre as condições: não ocorrência de migrações, não ocorrência de mutações que introduzam novos genes, probabilidades iguais na escolha dos parceiros no processo de reprodução sexuada, número de indivíduos grande o suficiente para que eventos aleatórios não afetem as proporções estatísticas, não sujeição dos genes alelos à seleção natural, tendo todos os indivíduos a mesma possibilidade de sobrevivência.
    b) A evolução pode ser definida como sendo uma alteração progressiva das frequências gênicas em uma população. A população de jabutis ficou mais sujeita a variações gênicas aleatórias (deriva genética).
6. d 7. d

Ecologia

página 158

1. (02 + 04 + 08) = 14
2. d
3. c
4. a) Na pirâmide A, é possível observar relações alimentares do ambiente terrestre, no qual a biomassa diminui ao longo dos níveis tróficos. Na pirâmide B, observa-se um ambiente marinho, onde o produtor tem menor biomassa e, para garantir a nutrição dos consumidores primários, possui alta taxa reprodutiva.
    b) A reação do dióxido de enxofre (SO_2) liberado por diversas indústrias com o vapor de água na atmosfera produz o ácido sulfúrico (H_2SO_4)
5. e 6. a

Relações ecológicas e populações

página 164

1. d 4. V-V-F-V-V
2. b 5. b
3. b 6. e

Biomas

página 170

1. c 2. d 3. e 4. b
5. (01 + 04 + 08 + 16) = 29
6. (02 + 32) = 34
7. d 9. c 11. d
8. e 10. c 12. c
13. As regiões aquáticas mais profundas possuem menos iluminação que as camadas superiores. A fotossíntese realizada pelo fitoplâncton é intensa, gerando maior produção de matéria orgânica na superfície. Porém, com o aumento da profundidade, decai a quantidade de luz e, consequentemente, a quantidade de matéria orgânica, dado que há mais matéria consumida do que produzida.

O ser humano e o ambiente

página 176

1. d
2. a) CAUSA 1 – A concentração de CO_2 aumenta com a destruição da cobertura vegetal devido à consequente diminuição da taxa de fotossíntese e redução do sequestro do CO_2.
    CAUSA 2 – Para suprir as necessidades de alimento da população humana crescente, há um aumento na produtividade animal e vegetal, o que faz aumentar a concentração de gás metano.
    b) O cenário futuro dirige-se para a redução da população de lagartos, tendo em vista que a reprodução sexuada será comprometida devido à grande diferença na proporção de fêmeas em relação aos machos.
3. e
4. Com a inundação da área, as árvores presentes no local não sobreviveram. Desse modo, bactérias aeróbicas causaram a decomposição da matéria orgânica, o que ocasionou a diminuição da taxa de O_2 dissolvido na água e levou os peixes à morte. Isso ocorre porque, com a ausência de oxigênio, a decomposição anaeróbica produz metano, que, eliminado para a atmosfera, é um dos principais causadores do efeito estufa.
5. d
6. O aquecimento global causa o derretimento excessivo da neve dos Andes. Isso aumenta o volume dos rios, provocando enchentes.
7. a) As raízes das plantas "seguram" o solo, evitando os deslizamentos e, por reter o excesso de água, também o protegem contra a lixiviação.
    b) As consequências podem ser: produção de gás metano, que pode acentuar o efeito estufa; produção de chorume, que pode contaminar o lençol freático; exposição do lixo, que atrai insetos e ratos e aumenta a possibilidade de transmissão de diversas doenças.
8. a 9. a

Usos da energia e suas fontes

página 181

1. b
2. Tanto com a destruição das florestas quanto com o aumento das queimadas haverá aumento da quantidade de CO_2. Com esse aumento, a camada de ozônio se torna mais espessa e assim segura mais calor sobre a Terra, ou seja, aumentará a temperatura da Terra e intensificará o efeito estufa.
3. Tanto com a destruição das florestas quanto com o aumento das queimadas haverá aumento da quantidade de CO_2. Com esse aumento, a camada de ozônio se torna mais espessa e assim segura mais calor sobre a Terra, ou seja, aumentará a temperatura da Terra e intensificará o efeito estufa.